WIRTSCHAFTSPOLITISCHE STUDIEN

aus den Instituten für Europäische Wirtschaftspolitik
und für Industrie- und Gewerbepolitik
der Universität Hamburg
Heft 87

SCHRIFTLEITUNG: SUSANNE MILBERG

WIRTSCHAFTSPOLITISCHE
STUDIEN 87

Aus den Instituten für Europäische Wirtschaftspolitik und für Industrie- und Gewerbepolitik der Universität Hamburg · Herausgegeben von Harald Jürgensen und Erhard Kantzenbach

---

BERNHARD HNAT

Strukturwandel in der mineralölverarbeitenden Industrie der Bundesrepublik Deutschland

Untersuchung über das Anpassungsverhalten der Mineralölgesellschaften als Folge der Ölkrisen

VANDENHOECK & RUPRECHT IN GÖTTINGEN

Die Deutsche Bibliothek - CIP-Einheitsaufnahme

Hnat, Bernhard:
Strukturwandel in der mineralölverarbeitenden Industrie der Bundesrepublik Deutschland : Untersuchung über das Anpassungsverhalten der Mineralölgesellschaften als Folge der Ölkrisen / Bernhard Hnat. - Göttingen : Vandenhoeck und Ruprecht, 1992
(Wirtschaftspolitische Studien ; 87)
Zugl.: Hamburg, Univ., Diss., 1991
ISBN 3-525-12291-8
NE: GT

D 18

Vorwort der Herausgeber

Durch den Anstieg der Rohölpreise in den Jahren 1973/74 und 1980/81 wurden in der Mineralölwirtschaft ein drastischer Nachfragerückgang und eine Verlagerung der Produktionsstandorte ausgelöst. Die Mineralölindustrie stellte die Entwicklung vor erhebliche Anpassungsprobleme. Im Gegensatz zu mehreren anderen Industriezweigen in vergleichbaren Situationen vollzog die Mineralölindustrie die qualitativen und quantitativen Kapazitätsanpassungen relativ schnell und ohne staatliche Beihilfen. Diese Tatsache ließ es lohnend erscheinen, den Anpassungsprozeß einer eingehenden Analyse zu unterziehen.

Der Verfassser der vorliegenden Arbeit hat diese Analyse vorgenommen. Er hat insbesondere die Anpassungsschritte der sieben größten Mineralölanbieter der Bundesrepublik im einzelnen dargestellt und ihre betriebswirtschaftlichen Gründe erläutert. Aufgrund sorgfältiger Recherchen ist es gelungen, die einzelnen Anpassungsprozesse lückenlos darzustellen und zahlenmäßig zu belegen. In einem abschließenden Kapitel werden aus den Einzelprozessen typische Reaktionsmuster bei alternativen strukturellen Bedingungen abgeleitet. Die im Anhang veröffentlichten Statistiken können als wertvolle Quellen für weitere Untersuchungen dienen.

Erhard Kantzenbach — Harald Jürgensen

Vorwort des Verfassers

An dieser Stelle möchte ich mich zuerst bei meinem Doktorvater Herrn Prof.Dr.Erhard Kantzenbach für die Betreuung und Unterstützung meiner Dissertation bedanken. Mit seinen Ratschlägen und kritischen Anmerkungen gab er mir immer wieder wertvolle Anregungen für meine Untersuchung.

Mein Dank gilt aber auch den zahlreichen Gesprächspartnern in den Unternehmen und Verbänden. Ohne ihre Mithilfe und die bereitgestellten Daten wäre die Arbeit in dieser Form nicht möglich gewesen. Erwähnen möchte ich hier die Unterstützung durch Herrn Dr. Eich von der Esso AG, Herrn Dr. Mathiesen von der Mobil Oil AG, Herrn Ziebarth von der VEBA OEL AG und Herrn Rettich von der Wintershall AG.

Besonderen Dank schulde ich Herrn Dr. Müller-Michaelis von der Deutschen BP AG. Er ermöglichte es mir, einen ausführlichen Einblick in die Strukturen eines Mineralölkonzerns zu nehmen. Für ihre zahlreichen Anregungen und Diskussionsbeiträge möchte ich Herrn Brendel und Herrn Schoop von der Deutschen BP AG, Herrn Haarlaender von der Deutschen Shell AG und Herrn Kessler von der DEA Mineralöl AG danken. Ihre Bereitschaft zur Unterstützung möchte ich an dieser Stelle hervorheben, denn sie war eine wertvolle Hilfe bei der Abfassung der Arbeit.

Bernhard Hnat

Inhaltsverzeichnis

Verzeichnis der Tabellen im Text

Verzeichnis der Abbildungen im Text

Verzeichnis der Tabellen im Anhang

Abkürzungsverzeichnis

A	=	Ammoniak
API	=	American Petroleum Institut
ARA	=	Amsterdam-Rotterdam-Antwerpen
ARAL	=	Aromaten- und Aliphatenerzeuger
ARG	=	Aethylen-Rohrleitungs-Gesellschaft
AV	=	Absatzvolumen
b	=	barrel = 159 Liter
B	=	Benzol
BASF	=	Badische Anilin- und Soda-Fabrik
BEB	=	Brigitta & Elwerath Betriebsgesellschaft
BP	=	British Petroleum
C	=	Coker
C4	=	C4-Olefine
CEL	=	Centraleuropäische Leitung
CWH	=	Chemische Werke Hüls
DEA	=	Deutsche Erdöl Aktiengesellschaft
DEMINEX	=	Deutsche Mineralöl-Explorations-Gesellschaft
E	=	Ethylen
EC	=	Erdölchemie Dormagen
ERD	=	Erdölraffinerie Duisburg
ERIAG	=	Erdölraffinerie Ingolstadt AG
ERM	=	Erdölraffinerie Mannheim
ERN	=	Erdölraffinerie Neustadt
ERS	=	Erdölraffinerie Speyer
HC	=	Hydrocracker
K.A.	=	Keine Angabe
KC	=	Katalytischer Cracker
KG	=	Konversionsgrad

KK	=	Konversionskapazität
M	=	Methanol
NDO	=	Norddeutsche Oelleitung
NWO	=	Nordwestdeutsche Oelleitung
OJS	=	Oelwerke Julius Schindler
OGJ	=	Oil and Gas Journal
OMW	=	Oberrheinische Mineralölwerke
ÖMV	=	Österreichischer Mineralölverein
OPEC	=	Organization of Petroleum Exporting Countries
P	=	Propylen
PA	=	Paraffin
PDVSA	=	Petroleos de Venezuela SA
R	=	Reformer
RA	=	Rohölauslastung
RD	=	Rohöldestillation
RDK	=	Rohöldestillationskapazität
RE	=	Rohöleinsatz
RG	=	Reforminggrad
RMR	=	Rhein-Main-Rohrleitung
ROW	=	Rheinische Olefin-Werke
RRP	=	Rotterdam-Rhein-Pipeline
RWE	=	Rheinisch-Westfälische Elektrizitätswerke
SA	=	Schmierstoffanlagen
SCC	=	Societe Chimique des Charbonnages
SEPL	=	Südeuropäische Pipeline
SLR	=	Saarlandraffinerie
t	=	Tonne Jahreskapazität
T	=	Toluol
TAL	=	Transalpine Leitung
TC	=	Thermischer Cracker
tkm	=	Tonnenkilometer

UK	=	Union Rheinische Braunkohlen Kraftstoff AG
VAE	=	Vereinigte Arabische Emirate
VB	=	Visbreaker
VD	=	Vakuumdestillation
VEBA	=	Vereinigte Bergwerks-Aktiengesellschaft
VG	=	Versorgungsgrad
X	=	Xylol

1. Einführung

Die Bundesrepublik Deutschland war in den 70er und 80er Jahren von einer Reihe von Strukturkrisen in verschiedenen Branchen betroffen, die zu erheblichen staatlichen Subventionen führten und dadurch die gesamtwirtschaftliche Effizienz und das Wachstum der Volkswirtschaft beeinträchtigten. Trotz einer stark rückläufigen Nachfrage kam es in den betroffenen Branchen nur zu verzögerten Anpassungen der Produktionskapazitäten [1]. Eine der wenigen Branchen, die aus eigener Kraft überschüssige Kapazitäten abbauen konnte, war die Mineralölindustrie. Fehlende Subventionen war einer der Gründe für die nachhaltigen Anpassungen. Subventionen werden vornehmlich in Branchen mit hoher Personalintensität gewährt, um Arbeitsplätze in einem von einer Strukturkrise betroffenen Industriezweig zu sichern. Die niedrige Personalintensität in der Mineralölbranche rechtfertigte die Gewährung von Subventionen aus beschäftigungspolitischen Gründen nicht [2].

Die Mineralölindustrie ist durch eine hohe Unternehmenskonzentration und die Marktstufe der Mineralölverarbeitung durch eine extreme Kapitalintensität gekennzeichnet [3]. Die irreversiblen Investitionen erschweren naturgemäß den Marktaustritt bei einem sich dauerhaft abzeichnenden Nachfragerückgang und eine geringe Anbieteranzahl begünstigt oligopolistische Verhaltensweisen. Jene führen häufig zu einer Verzögerung der notwendigen Anpassungen, weil die Kosten über die Produktpreise an die Nachfrager weitergegeben werden. Die Ölkrisen von 1973 und 1979 verursachten erhebliche Preissteigerungen bei Rohölen und Mineralölprodukten mit

1) Mit dem Problem strukturell bedingter Überkapazitäten beschäftigen sich: TUCHTFELDT (1964) und BARTELS (1984).

2) Beim Bau einer Raffinerie sind Investitionen in Höhe von 500 Mio-1 Mrd DM notwendig. Zum Betrieb der Anlagen werden dagegen nur etwa 300-500 Mitarbeiter benötigt.

3) Zur Unternehmenskonzentration in der Mineralölwirtschaft siehe: MONOPOLKOMMISSION (1976), MÖNIG, SCHMITT, SCHNEIDER, SCHÜRMANN (1977) und HÖLKER, RAUDSZUS (1985).

gravierenden Auswirkungen auf die wirtschaftliche Entwicklung. Die Folge war ein starker Nachfragerückgang, der in allen Marktstufen des Mineralölgeschäftes - der Förderung, dem Transport, der Verarbeitung und dem Vertrieb - zu Überkapazitäten führte. Trotz der oligopolistischen Struktur auf dem Mineralölmarkt in der Bundesrepublik wurden als Reaktion zwischen 1973-1988 die Verarbeitungskapazitäten beträchtlich reduziert. Es stellte sich die Frage nach den Gründen für das Anpassungsverhalten.

In der vorliegenden Arbeit wird der Strukturwandel in der mineralölverarbeitenden Industrie als Folge der Ölkrisen und sich daraus ergebender Angebots- und Nachfrageveränderungen in der Bundesrepublik Deutschland betrachtet. Dabei wird untersucht, welche Faktoren den Anpassungsprozeß maßgeblich bestimmten. Zur Erklärung werden die theoretischen Ansätze der Marktschrankentheorie, der einzelwirtschaftlichen Kostenersparnisse und der vertikalen Integration herangezogen.

Die Marktschrankentheorie erklärt die unterschiedlichen Anpassungen zwischen den Verbraucherländern, weil es sich beim internationalen Mineralölmarkt um kein einheitliches Gebilde handelt, sondern um Marktgebiete mit abweichenden Zugangsmöglichkeiten. Diese Zugangsmöglichkeiten beeinflußten den Strukturwandel entscheidend, da sie zu stärkeren Anpassungen in der Bundesrepublik als im Ausland führten. Obwohl der Standort der Raffinerien ein wichtiges Kriterium darstellt, erklärt diese Theorie die in unterschiedlicher Höhe vorgenommenen Anpassungen zwischen einzelnen Anbietern nur unzureichend.

Bei Rohöl und Mineralölerzeugnissen handelt es sich um homogene Produkte. Die hohe Transparenz und die schwach ausgeprägten Nachfragepräferenzen auf dem Mineralölmarkt bedingen einen geringen Preissetzungsspielraum. Die Rentabilität wird durch die Kostenstrukturen in der Mineralölverarbeitung bestimmt. Daher ist die Produktionsstruktur ein weiteres Kriterium für die Anpassungen, die die Wettbewerbsfähigkeit der inländischen Mineralölverarbeitung bestimmte. Die einzelwirtschaftlichen Kostenersparnisse waren eine wichtige Bestimmungsgröße im Strukturwandel.

Aufgrund von Nachfrageveränderungen gewannen Weiterverarbeitungsanlagen zunehmend an Bedeutung, die sich wegen der Kostenersparnisse nur bei ausreichender Betriebsgröße der vorgelagerten Rohölverarbeitungsanlagen wirtschaftlich einsetzen ließen. Ebenso spielten Verbundvorteile eine bedeutende Rolle, da sich Kostenersparnisse bei der gemeinsamen Produktion mit der vorgelagerten Rohölförderung und nachgelagerten petrochemischen Verarbeitung ergaben.

Neben den genannten Kriterien erklären auch die Vorteile der vertikalen Integration das Anpassungsverhalten der Anbieter. Durch die Integration ergaben sich Kosten- und Erlösvorteile, die die Wettbewerbsfähigkeit der Unternehmen bestimmten. Betrachtet werden die Integration in die vorgelagerte Marktstufe der Förderung und in die nachgelagerten Stufen des Vertriebs und der Petrochemie. Dabei zeigen sich deutliche Unterschiede bei den Anpassungen in Abhängigkeit von der jeweiligen Unternehmensstruktur.

Zunächst werden im Kapitel 2.1. als Grundlage für die weitere Untersuchung die geographischen und produktionstechnischen Besonderheiten der Branche erläutert. Im Kapitel 2.2. wird ein Überblick über die Entwicklung der inländischen Branche nach den Ölkrisen unter Berücksichtigung der internationalen Einflüße gegeben. Dazu wird die Preisentwicklung bei Rohöl und Mineralölprodukten und die daraus resultierende Veränderung der Nachfrage sowie die Anpassung der Verarbeitungskapazitäten aufgezeigt. Zur Erklärung der Anpassungen werden in den anschließenden Kapiteln 2.3. bis 2.5. die Marktschranken auf dem deutschen und internationalen Markt, die einzelwirtschaftlichen Kostenersparnisse aufgrund von Größen- und Verbundvorteilen in der Mineralölverarbeitung und die Vorteile der vertikalen Integration in der Mineralölindustrie untersucht. In Fallstudien über die bedeutendsten inländischen Mineralölgesellschaften wird in Kapitel 3 geprüft, wie die untersuchten Kriterien die Unternehmensentscheidungen beeinflußten. Abschließend werden im Kapitel 4 die in den Fallstudien gewonnenen Daten ausgewertet und die theoretischen Erklärungen überprüft.

2. Produktionsbedingungen und Marktentwicklung in der Mineralölwirtschaft

Zunächst werden die Grundstrukturen der Mineralölwirtschaft aufgezeigt. Es folgt eine Darstellung der Entwicklung des Mineralölmarktes nach den Ölkrisen, welche die Anpassungen in der Mineralölwirtschaft auslösten. Die mineralölwirtschaftlichen Besonderheiten aufgrund von regionalen Märkten, einzelwirtschaftlichen Kostenvorteilen und Vorteilen einer vertikalen Integration übten einen bedeutenden Einfluß auf die Anpassungen aus. Diese Faktoren werden im Anschluß betrachtet.

2.1. Grundstrukturen der Mineralölverarbeitung

Als Grundlage für die weitere Untersuchung werden zunächst die Produktionsstufen in der Mineralölverarbeitung dargestellt. Darauf folgt eine Beschreibung der Verarbeitungsstandorte und der Verkehrsinfrastruktur für den Rohöl- und Mineralöltransport. Eine Übersicht über die wichtigsten weiterverarbeitenden Prozesse zur Herstellung petrochemischer Erzeugnisse aus Mineralölprodukten schließt sich an.

2.1.1. Prozeß der Mineralölverarbeitung

Bei der Mineralölverarbeitung handelt es sich um einen Kuppelproduktionsprozeß, bei dem die verschiedenen Mineralölprodukte in einem vorgegebenen Ausbeuteverhältnis anfallen [1]. Dieses Verhältnis ergibt sich durch die Vielzahl der im Rohöl enthaltenen

---

1) Zu den Grundlagen der Kuppelproduktion siehe: BÜHRENS (1979), RIEBEL (1979) und (1983) und SUNDHOFF (1968).

chemischen Verbindungen. Entsprechend dem Anteil der einzelnen Verbindungen unterscheiden sich die Rohölsorten hinsichtlich ihrer Ausbeute an leichten und schweren Produkten [1].

In der atmosphärischen Destillation oder Rohöldestillation werden die im Rohöl enthaltenen Kohlenwasserstoffe entsprechend ihrem Siedeverhalten in die Hauptproduktgruppen Flüssiggas, Rohbenzin, Mitteldestillat und atmosphärischer Rückstand getrennt [2]. Diese Produkte werden als Straight-Run-Produkte bezeichnet. An die Rohöldestillation schließt sich die Weiterverarbeitung an, zu der neben der Konversion auch die Nachbehandlung und Veredelung zählen. Im Refiningprozeß wird das Rohbenzin und Mitteldestillat entschwefelt. Zur Erzeugung hochoktaniger Kraftstoffe muß Rohbenzin anschließend im Reformer umgewandelt werden. Der bei der Destillation anfallende atmosphärische Rückstand kann entweder als schweres Heizöl am Markt abgesetzt oder weiterverarbeitet werden. Für die Weiterverarbeitung muß er in einer Vakuumdestillation in Vakuumgasöl und Vakuumrückstand aufgetrennt werden. Anschließend können die Vakuumprodukte für die Schmierstoff- und Bitumenherstellung verwendet werden.

Wegen des bedingt veränderbaren Ausbringungsverhältnisses bestimmt das auf das Kuppelproduktionsverhältnis bezogen am wenigsten nachgefragte Produkt die Auslastung der Kapazitäten. Bei der immer geringer werdenden Nachfrage nach schwerem Heizöl bestimmen dessen Absatzmöglichkeiten die Nutzung der Destil-

---

1) Zur Bewertung von Rohölen siehe: FRANKEL, NEWTON (1970) und TURNER (1969). Einen Überblick über die Ausbeute ausgewählter Rohölsorten gibt die Tab. A 1. Zur Optimierung der Verarbeitung beim Einsatz verschiedener Rohöle siehe: ZIMMERMANN (1982).

2) Siehe dazu die Abb. 1. Zu den Grundlagen der Mineralölverarbeitung siehe: BP (1989), PASS (1982) und RIEDIGER (1971).

Abb. 1: Verarbeitungsschema einer Raffinerie

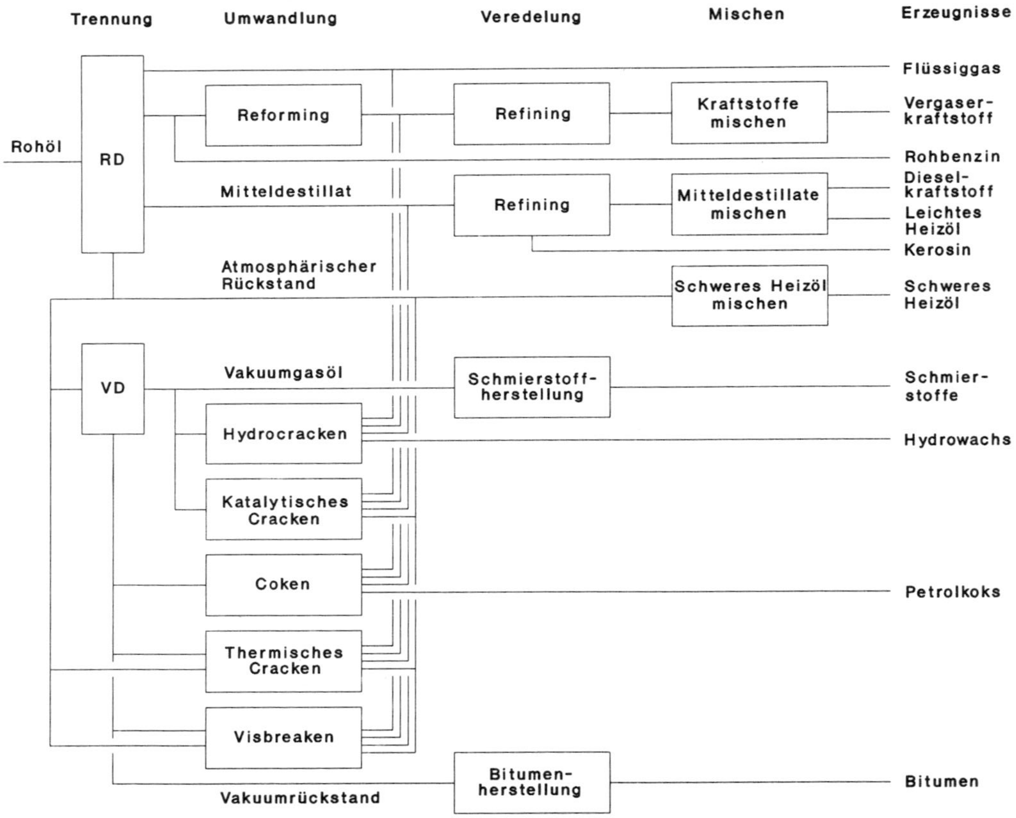

Quelle: MÜLLER (1987), S.89 und MWV (1985), S.18.

lationsanlagen. Daher ist eine Umwandlung (= Konversion) des Rückstands zu leichten Produkte durch Cracken erforderlich. Bei den angewandten Crackverfahren sind zwei Grundtypen zu unterscheiden [1]:

- Die allgemeinen thermischen Crackverfahren wandeln bei hohen Temperaturen und unter Druck den schweren Rückstand in leichtere Produkte um. Zu diesen Verfahren gehören das Visbreaken, das thermische Cracken im engeren Sinne [2] und das Coken [3]. Sie werden vorwiegend zur Erzeugung von Mitteldestillaten angewandt.

- Die katalytischen Verfahren spalten bei hohen Temperaturen und unter hohem Druck den Rückstand mittels eines Katalysators. Dieses Verfahren bietet eine hohe Ausbeute an Kraftstoffen. Das Hydrocracken ist eine Weiterentwicklung des katalytischen Verfahrens, bei dem zusätzlich Wasserstoff eingesetzt wird, wodurch sich eine höhere Ausbeute leichter Produkte ergibt.

---

1) Dabei werden die langkettigen Kohlenwasserstoffe in kürzere Moleküle gespalten. Zur Konversionstechnik siehe: BP (1989), S. 177 ff und PASS (1982), S. 75 ff. Einen Überblick über die in der Bundesrepublik angewandten Verfahren gibt die Tab. 1.

2) Visbreaker und thermische Cracker können auch kostengünstig durch den Umbau von Destillationsanlagen errichtet werden. Siehe: PASS (1982), S. 79.

3) Der beim Coken anfallende Koks wird in der rohstoff- und energieerzeugenden Industrie eingesetzt.

Tab. 1: Angewandte Konversionsverfahren in der Bundesrepublik

Verfahren	Visbreaken	Thermisches Cracken	Delayed Coken	Katalytisches Cracken	Hydrocracken
Verfahrensmerkmale	mildes thermisches Cracken	mittleres thermisches Cracken	scharfes thermisches Cracken	scharfes katalytisches Cracken	scharfes katalytisches Cracken mit Wasserstoff
Primäres Produktionsziel	Senkung der Viskosität von schwerem Rückstand	Erzeugung von Mitteldestillaten	Erzeugung von Mitteldestillaten und Koks	Erzeugung von Kraftstoff	Erzeugung von Kraftstoff oder Hydrowachs
Einsatzprodukt	Atmosphärischer Rückstand oder Vakuumrückstand	Atmosphärischer Rückstand oder Vakuumrückstand	Vakuumrückstand	Vakuumgasöl	Vakuumgasöl
Ausbeute					oder
- Gase	2%	8%	7%	21%	18% 7%
- Benzine	5%	12%	20%	47%	55% 28%
- Mitteldestillate	13%	35%	27%	20%	15% 56%
- HS-Komponenten	80%	45%	17%	7%	12% 11%
- Koks	0%	0%	29%	5%	0% 0%
Konversionsfaktor	0,33	0,66	1,70	1,00	1,30
Investitionskosten (bei 1 Mio t)	75 Mio DM	125 Mio DM	400 Mio DM	260 Mio DM	450 Mio DM

Quelle: MWV (1985), S. 22, SCHULTZE-TRAUTMANN (1981), S. 151 und EG-KOMMISSION (1988), S. A-11.

Mit steigendem Upgrading nehmen die Investitionen im allgemeinen zu, weil mit dem Konversionsfaktor [1] [2] der einzelnen Crackverfahren die technisch bedingte Komplexität der Anlagen und der spezifische Energieverbrauch zunehmen [3]. Bei den Verfahren mit hohem Upgrading [4] kann nur Vakuumgasöl oder Vakuumrückstand eingesetzt werden, so daß zusätzliche Investitionen zum Bau einer Vakuumdestillation erforderlich sind. Beim hydrierenden Cracken ist außerdem der Bau einer Wasserstoffanlage notwendig. Dafür zeichnet sich das katalytische und besonders das hydrierende Verfahren gegenüber den thermischen durch eine flexiblere Fahrweise aus. Die Zusammensetzung der Produktausbeute kann dadurch besser an die Nachfrage angepaßt werden.

Bedingt durch die Produktionstechnik zeichnet sich die Mineralölverarbeitung durch eine hohe Kapitalintensität aus. Wegen der spezifischen Verwendung der Anlagen führt die hohe Kapitalintensität zu extremen irreversiblen Investitionen. In den einzelnen Produktionsstufen sind unterschiedlich hohe Investitionen erforderlich.

---

1) Der Konversionsfaktor gibt den Anteil des Rückstands an, der zu leichteren Produkten umgewandelt wird. Das katalytische Crackverfahren wird dabei als Referenzverfahren mit dem Faktor 1 bewertet.

$$\text{Konversionsrate:} \quad \frac{\text{Crackkapazität}}{\text{Destillationskapazität}}$$

$$\text{Konversionsgrad:} \quad \frac{\text{Crackkapazität * Konversionsfaktor}}{\text{Destillationskapazität}}$$

2) Durch die Verarbeitung von schwerem Rückstand zu hochwertigen Produkten hat die Schmierstoffherstellung im weitesten Sinn den Charakter einer Konversionsanlage. Sie wird wie ein thermischer Cracker mit einem Konversionsfaktor von 0,66 bewertet.

3) Gegenüber einer einfachen Destillationsraffinerie ohne Konversion steigen bei einer komplexen Raffinerie mit einem Hydrocracker die Investitionskosten um das 1,75-fache und die Betriebskosten um das 2,2-fache an. Siehe: WELBERGEN (1978), S. 200.

4) Unter Upgrading ist die Umwandlung geringwertigen schweren Rückstands in höherwertige leichtere Destillate zu verstehen. Zu den Verfahren mit hohem Upgrading gehören die katalytischen Verfahren und das Coken.

Obwohl die Destillation als Maßgröße für die Kapazität einer Raffinerie herangezogen wird, ist sie die Produktionsstufe mit den geringsten spezifischen Investitionskosten [1] [2]. Die Produktionsstufen der Konversion und Veredelung stellen die eigentlichen kapitalintensiven Verarbeitungsprozesse dar:

Tab. 2: Investitionskosten verschiedener Verarbeitungsprozesse [3]

Destillation	30 - 45 DM/t
Refining	40 - 50 DM/t
Reforming	110 - 130 DM/t
Visbreaken, Thermisches Cracken	75 - 125 DM/t
Coken, Katalytisches Cracken, Hydrocracken	260 - 450 DM/t

1) Die Verarbeitungskapazität einer Raffinerie wird über die Destillationskapazität definiert, weil diese Prozeßstufe die einzige ist, die vom gesamten Rohöl durchlaufen wird und in den nachfolgenden Verarbeitungsstufen nur Teilmengen weiterverarbeitet werden.

2) Die Destillationskapazität ist keine feststehende Größe und hängt von den eingesetzten Rohölen, der Fahrweise der Anlagen, dem Produktionsziel wie Art, Menge und Qualität und der Betriebsdauer ab. Siehe: MWV (1983a), T 8. Zur Problematik von Kapazitätsmessungen siehe: LAYER (1979). Außerdem können sich Kapazitätsveränderungen bei der Modifizierung der Anlagenkonfiguration oder dem Einsatz von Rohölsorten anderer Ausbeute ergeben.

3) MÜLLER (1987), S. 93.

Wegen der hohen Investitionen und des sich daraus ergebenden hohen Fixkostenanteils ist die Auslastung ein entscheidendes Kriterium für die Höhe der Durchschnittskosten [1]. Aufgrund der unterschiedlichen Kapitalintensität der einzelnen Prozeßstufen hat die Auslastung der Destillation eine geringere Bedeutung für die Wirtschaftlichkeit als die der Weiterverarbeitungsanlagen.

2.1.2. Verarbeitungsstandorte und Mineralöltransport

Beim Transport von Rohöl und Mineralölprodukten lassen sich Betriebsgrößenvorteile realisieren, da mit zunehmendem Transportvolumen der Verkehrsmittel die durchschnittlichen Kosten sinken [2]. Daher werden große homogene Mengen Rohöl und Halbfertigprodukte mit Rohöltankern oder über Rohölpipelines zu den Raffinerien transportiert [3]. Nur zur flächendeckenden Verteilung der Fertigprodukte über kürzere Entfernungen von der Raffinerie zum Verbraucher werden der Schienen-, Straßen- und in geringem Umfang auch der Binnenschiffahrtsverkehr genutzt.

Um Fertigprodukte in großen Mengen über weitere Entfernungen kostengünstig zu transportieren, müssen Schiffahrtswege oder Produktpipelines zur Verfügung stehen [4]. Die Transportfähigkeit der Mineralölerzeugnisse wird durch die Produkteigenschaften

---

1) SCHÜRMANN (1984a), S. 128. Zum Gesamtkostenverlauf bei sinkender Auslastung siehe die Abb. 2 und: ROEDENBECK (1974), S. 37.

2) Zu den Kostenstrukturen im Mineralöltransport siehe: JÜRGENSEN (1972), S.74 ff und SCHÖNFELLINGER (1978), S. 78. Speziell zu den Transportkosten von Tankern und Pipelines in Abhängigkeit vom Fassungsvermögen siehe: MÜLLER (1971), S. 47 f und NAGEL (1968), S. 16.

3) Halbfertigerzeugnisse sind Straight-Run-Produkte, die zuge-kauft werden, um Produktionsengpässe auszugleichen. Werden sie in den verschiedenen Verarbeitungsanlagen der Raffinerie eingesetzt, erhält man absatzfähige Fertigerzeugnisse.

4) Zu den Eigenschaften der Transportmittel siehe: MWV (1980), S. 5 ff.

Abb. 2: Die Verarbeitungskosten in Abhängigkeit von der Auslastung

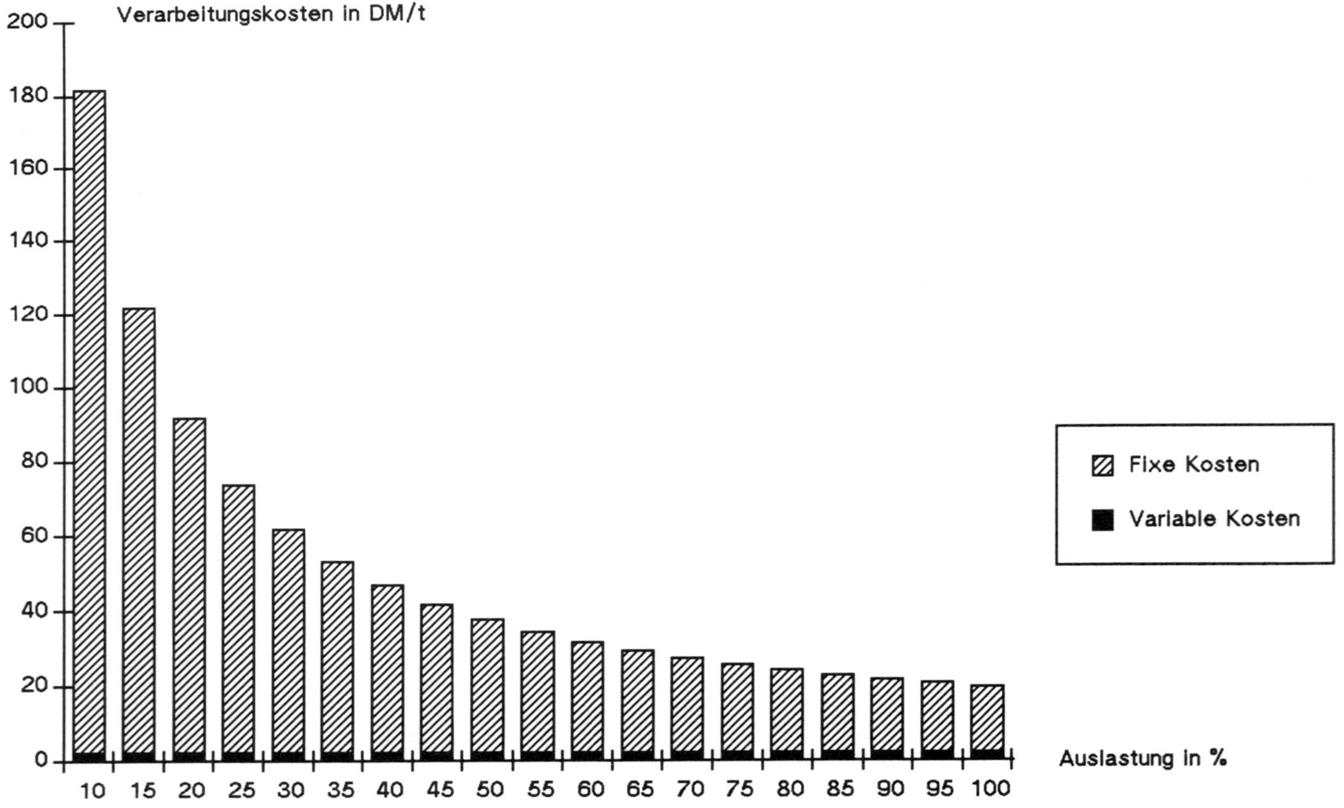

Quelle: WELBERGEN (1978), S 198.

bestimmt. Nur leichte und mittlere Destillate können in Pipelines transportiert werden. Wegen seiner niedrigen Viskosität ist der Transport schweren Rückstands in Rohrleitungen nicht möglich. Bei der Nutzung anderer Verkehrsmittel ist der Transport mit wesentlichen höheren Kosten verbunden als bei leichten und mittleren Destillaten [1].

Die Bedeutung der Raffineriestandorte und des Transportweges ergibt sich wegen der geographischen Trennung von Förder- und Verbrauchsregionen [2]. Auf dem Weg von der Rohölquelle zum Verbraucher stellt die Raffinerie denjenigen Punkt dar, an dem der Rohölstrom in eine Vielzahl kleinerer Produktenströme aufgeteilt wird. Für die Wahl eines Standortes ergeben sich somit zwei Möglichkeiten [3]:

- Die Raffinerien werden beschaffungsorientiert in der Nähe eines Rohölvorkommens errichtet, wodurch der Weg des Rohöls verkürzt, dafür aber ein längerer Transportweg der Fertigprodukte zu den Verbrauchszentren in Kauf genommen wird. Hierzu zählen neben den beschaffungsorientierten Exportraffinerien in den Förderländern auch die Verarbeitungsanlagen in den Einfuhrhäfen der Verbraucherländer.

- Die Raffinerien werden verbrauchsorientiert in den Nachfrageschwerpunkten errichtet. Der längere Weg des mengenmäßig umfangreichen aber homogenen Rohöltransportes wird durch den verkürzten Produktenweg kompensiert.

Während die beschaffungsorientierten Raffinerien durch ihren Standort verschiedene Märkte beliefern, orientieren sich die Raffinerien im Binnenland im allgemeinen am Bedarf des regionalen Marktes vor Ort. Erstere besitzen durch flexiblere Absatzmöglichkeiten Erlösvorteile, letztere verfügen über einen Kostenvorteil beim Transport.

---

1) Die Transportkosten für schweren Rückstand betragen ein Mehrfaches der Kosten für Rohöl.

2) BURCHARD (1980), S. 462.

3) MWV (1985), S. 12 und O.V. (1984c), S. 1/26.

In der Bundesrepublik bestehen vier in Verbrauchsschwerpunkten liegende Raffineriezentren [1]:

- Die norddeutschen Küstenstandorte einschließlich Emsland und Hannover (Nord).

- Die westdeutschen Standorte im Ruhrgebiet und Kölner Raum (West).

- Die südwestdeutschen Standorte am Oberrhein zwischen Frankfurt und Karlsruhe sowie im Saarland (Südwest).

- Die süddeutschen Standorte im Raum Ingolstadt und Burghausen (Süd).

Der Rotterdamer Markt hat aufgrund seiner zentralen Lage in Nordwesteuropa und der Konzentration hoher Verarbeitungs- und Lagerkapazitäten eine wichtige Bedeutung für die Beschaffung von Rohöl und Mineralölprodukten. Eine ähnliche, wenn auch etwas geringere Bedeutung für die Bundesrepublik hat der Mittelmeerraum als Mineralölmarkt. Durch die Nähe ergibt sich ein starker Einfluß des internationalen Mineralölmarktes auf die Angebots- und Nachfragesituation im nord-, west- und südwestdeutschen Marktgebiet und ein geringerer im süddeutschen Raum [2]. Der Einfluß der beiden internationalen Märkte auf das inländische Preisniveau wird durch die vorhandenen Wasserstraßen sowie Rohöl- und Produktpipelines bestimmt. Die vorhandenen Transportwege führen dazu, daß Angebots- und Nachfragedifferenzen zwischen den Märkten transportkostengünstig und reaktionsschnell ausgeglichen werden können:

- Der norddeutsche Markt wird über den internationalen Seeweg und die Norddeutsche Ölleitung (NDO) mit Rohöl versorgt. Fertigprodukte können mit Tankern in den Markt gelangen.

---

1) Siehe dazu die Abb. 3 und die Tab. A 2-3. Zur historischen Entwicklung der Raffineriezentren siehe: RIFFEL (1971) und STREICHER (1963), S. 64 ff.

2) Zur Bedeutung des Rotterdamer Marktes siehe: DIEDERICHS (1984b), JACOB (1985), MÖGLICH (1977), MÜLLER (1982) und SCHIFFER (1981b).

Abb. 3: Rohöl- und Produktpipelines in der Bundesrepublik

Quelle: MWV (1985), S.13.

- Der westdeutsche Markt kann über die Nordwestdeutsche Oelleitung (NWO) aus Wilhelmshaven und über die Rotterdam-Ruhr-Pipeline (RRP) aus Rotterdam mit Rohöl versorgt werden. Fertigprodukte können über den Rhein und die Rhein-Main-Rohrleitung (RMR) [1] vom Rotterdamer Markt importiert werden. Durch seine geographische Lage weist der westdeutsche Markt die kürzeste Entfernung zum Rotterdamer Markt auf.

- Der südwestdeutsche Markt wird über die Südeuropäische Pipeline (SEPL) und Transalpine Leitung (TAL) mit Rohöl und Wiedereinsatzprodukten aus dem Mittelmeerraum versorgt. Der Transport von Fertigprodukten kann nur über den Rhein und die RMR erfolgen. Aufgrund der Verkehrsinfrastruktur besteht zwischen den west- und südwestdeutschen Zentren die Möglichkeit zum Transport von Fertigprodukten.

- Der süddeutsche Markt wird über die TAL und Centraleuropäische Leitung (CEL) mit Rohöl versorgt. Der Import von Fertigerzeugnissen aus dem Raum Amsterdam-Rotterdam-Antwerpen (ARA) ist wegen fehlender Transportwege nicht möglich. Dagegen können aus den Anrainerstaaten der Donau Produkte eingeführt werden.

Wegen der Entfernung der Bundesrepublik zu den Förderregionen werden Rohöle und Mineralölprodukte aus dem Nahen Osten und Nordafrika vorwiegend in den süd- und südwestdeutschen Raffinerien, Rohöle aus der Nordsee und Produkte aus West-, Nord- und Osteuropa in den nord- und westdeutschen Raffinerien eingesetzt.

---

1) Siehe dazu: BUSCH, HILLMAN (1968).

2.1.3. Einsatz von Mineralöl in der Petrochemie

Die enge Verbindung zwischen der chemischen Industrie und der Mineralölindustrie ergibt sich durch den Einsatz von Mineralölprodukten in der petrochemischen Weiterverabeitung. Die Petrochemie stellt ein Bindeglied zwischen beiden Branchen dar. Sie bezieht etwa 90% ihrer Einsatzstoffe aus dem Mineralölbereich [1]. Zu den wichtigsten Einsatzstoffen gehören Rohbenzin sowie Mitteldestillat und schwerer Rückstand [2].

Bei den petrochemischen Prozeßstufen handelt es sich wie bei der Mineralölverarbeitung um kapitalintensive Produktionsanlagen. Die petrochemischen Prozesse lassen sich entsprechend der wichtigsten Produktionsschritte in drei Stufen einteilen [3], wobei die technischen Verflechtungen mit der Erzeugnisreife zunehmen. Gleichzeitig steigt mit fortschreitender Verarbeitungstiefe die Anzahl der Produkte und die Heterogenität der Erzeugnisse nimmt zu [4]:

- Petrochemische Primärprodukte oder Grundstoffe werden direkt aus Mineralölerzeugnissen hergestellt. Zu den wichtigsten gehören die Olefine und Aromaten sowie das Synthesegas.

- Aus den Primärprodukten werden Zwischen- oder Sekundärchemikalien erzeugt.

- Aus letzteren werden als Endprodukte die verschiedensten Kunststoffe und veredelten Chemikalien hergestellt.

---

1) WOLLER (1985), S.17. Daneben haben Erdgas und Kohle noch eine mengenmäßige Bedeutung.

2) Die eingesetzten Mengen der Produkte zeigen für 1988 einen Verbrauch von 10,8 Mio t Rohbenzin, 1,5 Mio t Mitteldestillat, 0,4 Mio t Raffinerie- und Flüssiggas und 2,0 Mio t schwerer Rückstand zu nicht-energetischen Zwecken eingesetzt. Siehe: MWV (1988a), S. 56.

3) MONOPOLKOMMISSION (1982), S. 250.

4) Einen Überblick über die wichtigsten Produktlinien gibt die Abb. 4.

Abb. 4: Die wichtigsten petrochemischen Produktlinien zwischen Mineralölverarbeitung und Chemie

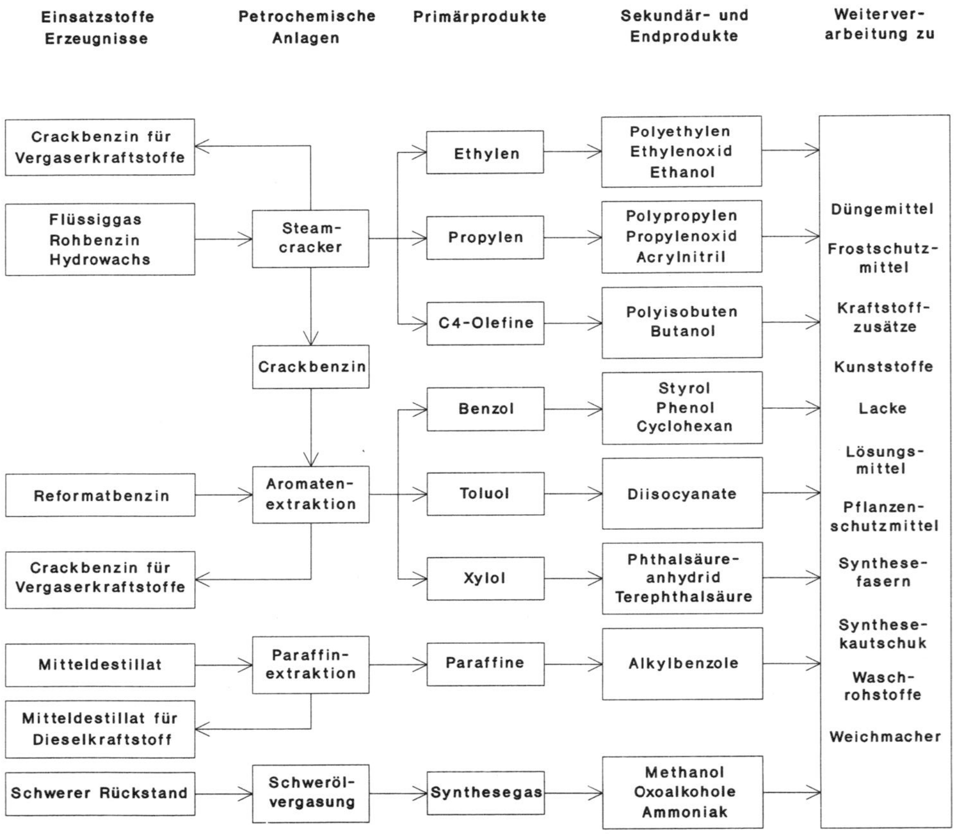

Quelle: BP (1982), S. 4 und MWV (1985), S. 32.

Die wesentlichen Verfahren zur Erzeugung der Primärprodukte sind:

- das Steamcracken zur Herstellung von Olefinen,
- die anschließende Aromatengewinnung,
- die Paraffingewinnung und
- die Schwerölvergasung zur Erzeugung von Synthesegas [1].

Wie die meisten chemischen Prozesse unterliegt auch die Olefinerzeugung dem technisch bedingten Ausbringungsverhältnis der Kuppelproduktion. Die Ausbeute der einzelnen Olefine kann durch die Variation der Produktionsbedingungen begrenzt verändert werden:

Tab. 3: Ausbeuten der wichtigsten Steamcracking-Produkte beim Einsatz von Rohbenzin mit unterschiedlicher Spaltschärfe [2]

	mild	mittel	scharf
Wasserstoff,Methan	11%	14%	18%
Ethylen	20%	25%	29%
Propylen	17%	17%	14%
Butadien	4%	5%	4%
Crackbenzin	33%	25%	22%
Schweres Heizöl	2%	3%	4%

---

1) So entfielen beim Verbrauch an Olefinen 1987 in Westeuropa 13,0 Mio t auf Ethylen und 7,8 Mio t auf Propylen. Der Aromatenverbrauch lag mit 5,2 Mio t Benzol und 2,2 Mio t Toluol deutlich niedriger. Siehe: BP (1989), S. 235 ff und VCI (1987b), S. 99.

2) BP (1982), S. 20. Von milder Spaltschärfe wird bei Temperaturen von 800 Grad C und von scharfer Spaltung bei 850 Grad C gesprochen: DIW (1985), S. 204.

Die wichtigsten Olefine sind Ethylen und Propylen, die überwiegend als Polyethylen und Polypropylen in der kunststoffverarbeitenden Industrie Verwendung finden. Das bei der Olefinerzeugung anfallende Crack- oder Pyrolysebenzin wird zur Herstellung hochoktaniger Kraftstoffe und zur Gewinnung von Aromaten eingesetzt [1].

In der Aromatenanlage werden aus Crackbenzin Benzol und Toluol sowie aus Reformatbenzin Xylole gewonnen. Die von den Aromaten teilweise gereinigten Benzine werden zur Erzeugung von Vergaserkraftstoff verwendet [2]. Im Gegensatz zu den Olefinen unterliegt die Aromatengewinnung nicht dem strengen Ausbringungsverhältnis der Kuppelproduktion. Die größte Bedeutung unter den Aromaten hat Benzol, welches vorwiegend zur Kunststoff- und Kunstfaserherstellung eingesetzt wird.

Synthesegas wird durch Schwerölvergasung aus schwerem Rückstand erzeugt [3]. Aus dem Synthesegas werden Ammoniak und Methanol hergestellt, die vorwiegend zur Erzeugung von Pharmazeutika und Agrarchemikalien verwendet werden. Durch die Umwandlung von schwerem Rückstand zu höherwertigen Produkten wird die Schwerölvergasung zu den Konversionsverfahren gezählt.

Daneben wird aus Mitteldestillat Paraffin gewonnen, das als petrochemischer Grundstoff zur Herstellung von Waschmittelrohstoffen dient. Das von Paraffin gereinigte Mitteldestillat wird zur Erzeugung von Dieselkraftstoff eingesetzt [4].

---

1) BP (1982), S. 15 ff.

2) REPENNING (1966), S. 36 und MWV (1985), S. 34.

3) BP (1982), S. 32 ff.

4) PASS (1982), S. 73 f.

2.2. Entwicklung der Mineralölmärkte nach den Ölkrisen

Zur Entwicklung des Mineralölmarktes wird zunächst der Preisverlauf betrachtet, um deren Auswirkung auf den Verbrauch zu erklären. Vor dem Hintergrund der veränderten Nachfrage werden die Anpassungen der Verarbeitungskapazitäten erörtert.

2.2.1. Preisentwicklung bei Rohöl und Mineralölprodukten

Bis zur Ölkrise von 1973 lag durch das bestehende Konzessionssystem die Kontrolle über die Ausbeutung der Rohölvorkommen bei den internationalen Mineralölkonzernen. Als Gegengewicht zu den Ölgesellschaften wurde bereits 1960 die Organization of Petroleum Exporting Countries (OPEC) von den wichtigsten Förderländern gegründet. Ihr Ziel war es, durch eine uneingeschränkte Souveränität über ihre Bodenschätze die Rohölpreise und -mengen nach eigenem Ermessen festzulegen. Die Wirksamkeit des Kartells blieb wegen Interessengegensätzen bis Anfang der 70er Jahre jedoch gering [1)].

Die Einigkeit innerhalb der OPEC kam erst durch Veränderungen auf dem Rohölmarkt zustande. Bedingt durch ein zunehmendes Rohölangebot aufgrund neuer Rohölfunde sank der Preis für den Rohstoff Anfang der 70er Jahre von 1,50 auf 1,00 US-$/b. Dies führte zu einer Verminderung der Einnahmen in den Förderländern, die nach dem bisherigen System nur einen Teil der Fördergewinne erhielten [2)]. Außerdem war das Rohöl gegenüber anderen Energieträgern konkurrenzlos günstig. Angeregt

---

1) Zur Entwicklung des Mineralölmarktes und der OPEC nach 1973 siehe: DEUTSCHE PRESSEAGENTUR (1986), HIELLE (1987), MARQUARDT (1983), SHELL (1986) und TORRENS (1981).

2) MARQUARDT (1983), S. 5.

durch die vergleichsweise höheren Preise für andere Energieträger wollten die Förderländer die Rohölpreise nicht mehr wie bisher üblich allein an den Förderkostenorientieren [1] [2].

Die Entwicklung wurde durch die politischen Ereignisse des israelisch-ägyptischen Konfliktes 1973 entscheidend beeinflußt. Sie beschleunigten die Einigung des Kartells über ein gemeinsames Angebotsverhalten. Zur Durchsetzung ihrer Ziele wurden die Konzessionäre schrittweise enteignet, so daß die Förderländer in der Lage waren, die Fördermengen und Rohölpreise selbst zu bestimmen. Die OPEC erhöhte im Herbst 1973 den offiziellen Rohölpreis für die Referenzsorte Arabian Light drastisch von 2,75 auf 10,84 US-$/b [3] [4]. Zur Stabilisierung des Preises wurden zwischen den Mitgliedern Förderquoten ausgehandelt. Mit der Festsetzung der Förderquoten ging ein zeitweiliges Ölembargo gegen einige westliche Länder einher.

Infolge der politischen Ereignisse im Iran kam es nach der 2.Ölkrise 1979 zu einem weiteren sprunghaften Preisanstieg. Die Ereignisse führten zu einer Einschränkung der iranischen Fördermenge, die von den anderen OPEC-Mitgliedern durch eine vermehrte

---

1) MARQUARDT (1983), S. 10 f. Der Rohölpreisverlauf seit 1950, verglichen mit einem kontinuierlichen Wertzuwachs von 3%, zeigt, daß die OPEC mit ihrer Preispolitik lediglich eine dem realen Wert des Rohöls entsprechende Preisangleichung anstrebte. Siehe: SCHÜRMANN (1983b), S.141 und SCHNEIDER (1975), S.345.

2) Zur Entwicklung des Rohölpreises siehe Abb.5.

3) Das saudi-arabische Rohöl der Sorte Arabian Light dient als Referenzgröße, auf den sich der von der OPEC verkündete offizielle Preis bezieht. Die Preise der meisten anderen Rohölsorten orientieren sich unter Berücksichtigung von Qualitätsunterschieden an diesem Referenzpreis.

4) Betrachtet wird der offizielle Rohölpreis für den Bezug auf Kontraktbasis. Der Preis für den Rohölbezug auf Spotbasis verlief weitgehend parallel zum Kontraktpreis und wich nur phasenweise ab. Kontraktpreise gelten für Rohöle, die aufgrund langfristiger Verträge gehandelt werden, während kurzfristig am internationalen Markt angebotene Rohöle zu Spotpreisen notiert werden. Zur Abweichung zwischen Kontrakt- und Spotpreisen siehe: NEU (1985), S. 161.

Abb. 5: Die Preisentwicklung für Rohöl auf dem internationalen und deutschen Markt

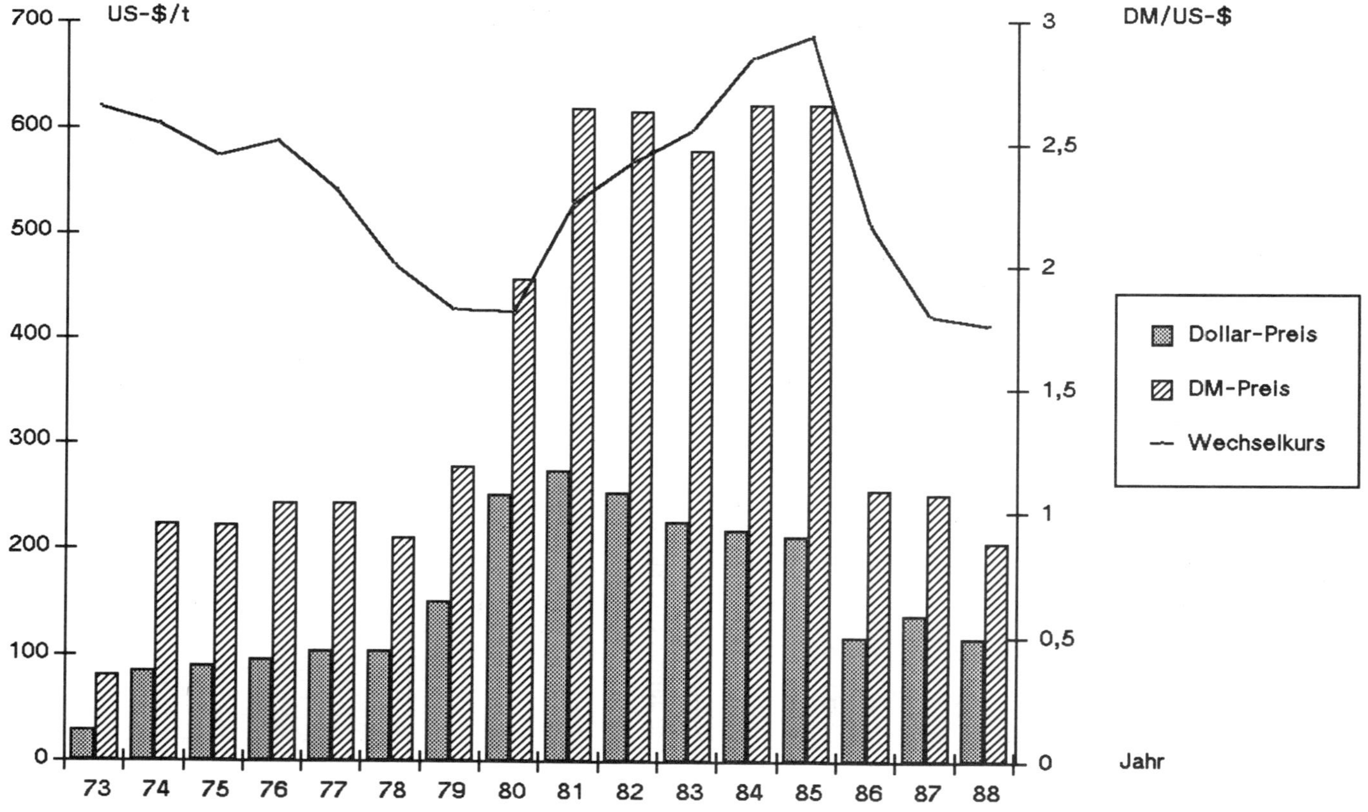

Quelle: DEUTSCHE BUNDESBANK (1989), S. 8 und MWV (1988b), S. 42.

Förderung nur teilweise ausgeglichen werden konnte. Durch eine befürchtete Wiederholung der Angebotsverknappung kam es zu einer spekulativ bedingten erhöhten Nachfrage nach Rohöl. Diese verstärkte das Ausmaß der ursprünglichen Angebotsverminderung [1]. Der offizielle Preis für die arabische Referenzsorte stieg deshalb zwischen 1979-1980 von 13,34 auf 28,00 US-$/b [2]. Bis 1982 erhöhte sich der Preis auf 34,00 US-$/b durch eine weitere Angebotsverknappung bedingt durch den Krieg zwischen Irak und Iran [3].

Nach diesen Ereignissen sank in den folgenden Jahren der Preis kontinuierlich und erreichte bis 1985 ein Niveau von 28,00 US-$/b. Der langsame Preisverfall war auf Entwicklungen zurückzuführen, die bereits durch die 1.Ölkrise ausgelöst wurden. Durch die bewußt gewordene Abhängigkeit vom Energieträger Rohöl wurde in den Industrieländern infolge eines sparsameren Umgangs zunehmend weniger Energie verbraucht. Außerdem wurde von den Mineralölgesellschaften eine verstärkte Exploration in Regionen außerhalb des OPEC-Kartells betrieben. Durch eine vermehrte Förderung, hauptsächlich in der Nordsee und in Alaska, konnte die Bezugsstruktur in den folgenden Jahren diversifiziert und die Abhängigkeit von den OPEC-Rohölen vermindert werden [4]. Die Diversifikation wurde ermöglicht, da sich durch den gestiegenen Rohölpreis die gegenüber den OPEC-Rohölen teurere Förderung zunehmend rentierte [5].

---

1) MARQUARDT (1983), S. 23 f.

2) BP (1989b), S. 14 und SCHMITT (1980), S. 127.

3) MARQUARDT (1983), S.25.

4) RUMMERT (1983), S. 444 und OSCHMANN (1978), S. 127. Während die OPEC 1973 noch 54% der gesamten weltweit angebotenen Rohölmengen auf dem Weltmarkt kontrollierte, sank der Anteil bis 1988 auf 34%. Noch stärker sank im gleichen Zeitraum der Anteil der OPEC-Bezüge von 91% auf 47% in der Bundesrepublik. Siehe: BP (1973-1988b) und MWV (1973-1988a,b).

5) Während bei der Rohölförderung im Nahen Osten Kosten zwischen 1-5 US-$/b anfallen, liegen diese beim Nordseerohöl zwischen 5-40 US-$/b. Siehe: SHELL (1985a), S. 4.

Der sich mit der Angebotsausweitung ergebende teilweise Preis-rückgang wurde durch die mangelnde Kartelldisziplin der OPEC-Mitglieder gefördert. Nach den hohen Verkaufserlösen in den 70er Jahren sanken die Einnahmen aus den Rohölexporten. Daher versuchten einige Förderländer, durch zusätzliche Angebotsmengen ihre Exporteinnahmen zu erhöhen und überschritten die vereinbarten Förderquoten [1]. Um den Preisverfall auf dem internationalen Mineralölmarkt zu bremsen, verringerte Saudi-Arabien seine Fördermengen kontinuierlich. Zur Durchsetzung seiner eigenen Förderrechte gab das Land 1986 aber seine Funktion als Ausgleichsanbieter auf. Dadurch wurde ein Preissturz ausgelöst, der mit der Einführung des Netback-Preissystems [2] noch beschleunigt wurde. Als Folge sank der Rohölpreis vorübergehend auf unter 10 US-$/b. Nach einer erneuten Einigung im Kartell konnte der Preis auf einem Niveau von 18,00 US-$/b wieder stabilisiert werden [3].

Die Preise für Mineralölprodukte entwickelten sich weitgehend parallel zu den Preisen für Rohöl. Wegen der weltweiten Überkapazitäten im Raffineriebereich kam es jedoch zu einem erhöhten Angebotsdruck, der die Verarbeitungsmargen schrumpfen ließ. Diese Entwicklung bewirkte einen geringeren Preisanstieg bei den Mineralölerzeugnissen als bei Rohöl [4].

Weil die amerikanische Währung auf dem internationalen Mineralölmarkt als Verrechnungswährung dient, wurde die Entwicklung der Rohöl- und Mineralölpreise in der Bundesrepublik zusätzlich durch den Wechselkurs des US-$ zur DM geprägt. In der

---

1) DEUTSCHE PRESSEAGENTUR (1986), S. 5. Zum Vergleich zwischen zulässiger und effektiver Förderquote der OPEC-Förderländer siehe: O.V. (1985b), S. 51.

2) Netback-Preis = Nettoertragspreis: Der Wert des Rohöls wird durch Abzug der Kosten für Verarbeitung und Transport vom Preis der Fertigprodukte an einem festgelegten Raffineriestandort ermittelt. Siehe: SHELL (1987), S. 5.

3) Zu den Auswirkungen siehe: RUMMERT (1986a), S. 381 f und (1986b), S. 676 und O.V. (1986a).

4) Zur Entwicklung der Rohöl- und Mineralölproduktpreise siehe Abb. 6.

Abb. 6: Die Preisentwicklung zwischen Rohöl und ausgewählten Mineralölprodukten

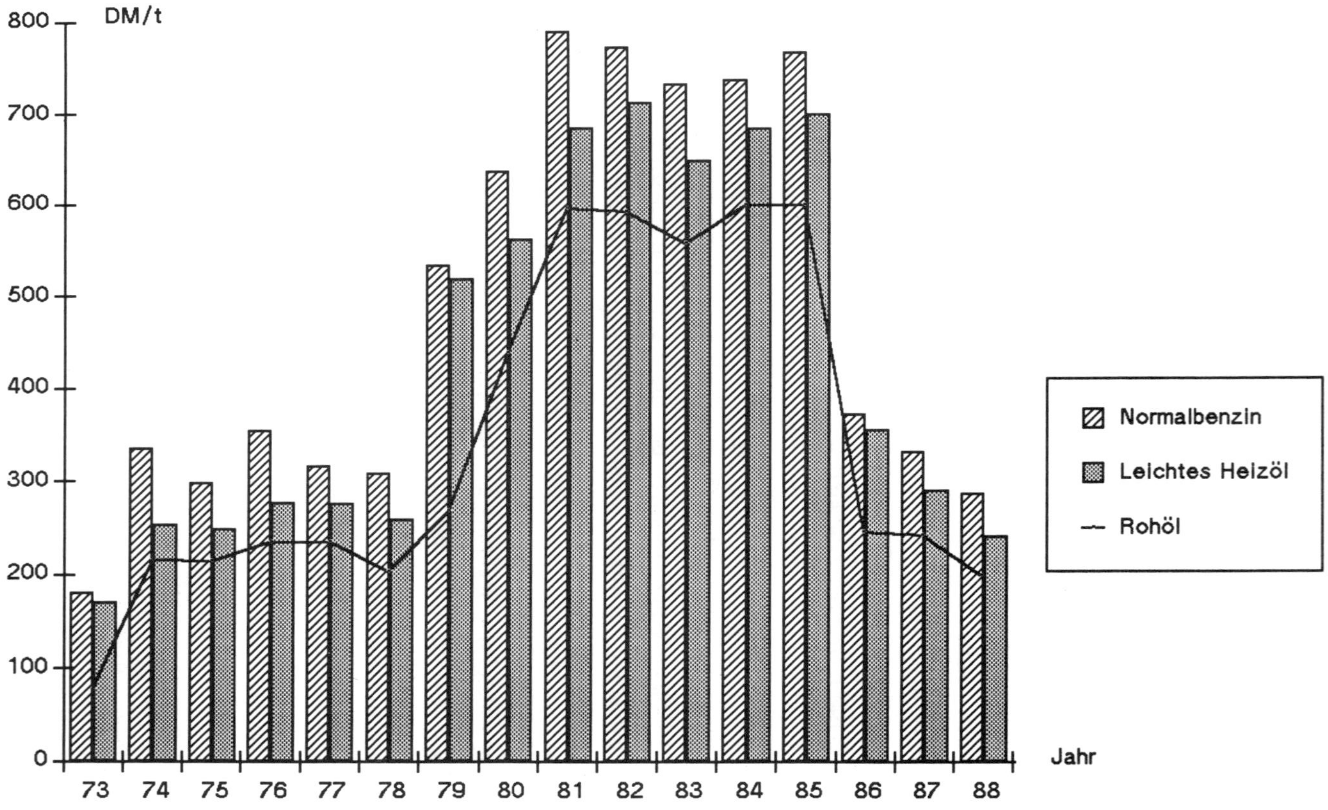

Quelle: MWV (1988), S. 42.

Bundesrepublik führte die Wechselkursentwicklung zu einem von der internationalen Entwicklung abweichenden Preisniveau [1]. Nach der 1.Ölkrise von 1973 wirkten sich die Preiserhöhungen auf dem internationalen Markt durch die Abwertung des US-$ vorerst nur in abgeschwächter Form auf das deutsche Preisniveau aus. Durch den ab 1980 einsetzenden Kursanstieg wurde die Preissteigerung als Folge der 2.Ölkrise noch verstärkt [2]. Der ab 1985 wieder einsetzende Kursverfall beschleunigte den Preisrückgang auf dem internationalen Markt, so daß die inländischen Rohöl- und Mineralölpreise auf das Niveau von 1974 sanken [3].

2.2.2. Veränderung der Mineralölnachfrage

Die Preissteigerungen für Rohöl und Mineralölprodukte nach den Ölkrisen führten zu einem langfristigen Nachfragerückgang in der Bundesrepublik [4]. Dabei kam es im Betrachtungszeitraum von 1973-1988 insgesamt zu einem Rückgang, der nur von einem temporären Anstieg unterbrochen wurde. Nach einem Nachfragerückgang zwischen 1973-1975 von 134,6 auf 116,2 Mio t stieg der Verbrauch aufgrund der konjunkturellen Entwicklung im Inland wieder an und erreichte 1979 mit 133,0 Mio t fast das Niveau von 1973. Erst die 2.Ölkrise und die Aufwertung des US-$ ab 1980 führten zu einem nachhaltigen Verbrauchsrückgang, der sich 1982 bei 100 Mio t

---

1) Siehe dazu Abb. 5.

2) SCHÜRMANN (1984b), S. 8 ff.

3) MÜLLER-MICHAELIS (1986), S. 10. Die Aufwertung der amerikanischen Währung führte zu einer 3. dollarbedingten Ölkrise: SCHÜRMANN (1985b), S. 3 und (1984a), S. 19 ff.

4) Zu den konjunkturellen Auswirkungen der Rohölverteuerungen siehe: HERBERG (1981).

stabilisierte. Im Gegensatz zum Preisanstieg und dem nachhaltigen Verbrauchsrückgang nach den Ölkrisen führten die 1986 drastisch gesunkenen Mineralölpreise nur zu einem geringfügigen Nachfrageanstieg [1].

Hinter dem allgemeinen Rückgang der Inlandsnachfrage verbirgt sich eine Veränderung der Nachfrage bei den einzelnen Mineralölprodukten, die unterschiedliche Entwicklungstendenzen aufweisen. Daher ist die Nachfrageentwicklung auf den einzelnen Produktmärkten isoliert zu betrachten [2].

Der Verbrauch des leichten Heizöls wird überwiegend durch die privaten Haushalte und in geringerem Umfang von der Industrie bestimmt [3]. Der Absatz ging im Betrachtungszeitraum von 52,0 Mio t um 30,1% auf 36,3 Mio t zurück. Der Rückgang läßt sich neben Maßnahmen zur Energieeinsparung durch den verstärkten Einsatz von Erdgas und Fernwärme erklären [4]. Die kommunale Förderung dieser Energieträger

---

1) BUDDENBERG (1986), S. 170 f.

2) Zur Entwicklung des Absatzes der einzelnen Mineralölprodukte siehe Abb. A 4.

3) Der Verbrauch in den Haushalten ist durch die überwiegende Verwendung für die Raumheizung weitgehend konjunkturunabhängig und stark witterungsbedingt. Siehe: SCHIFFER (1984), S. 63 und DEUTSCHE BP AG (1978), S. 13. Durch energiesparende Maßnahmen im Wohnungsbau sank der spezifische Verbrauch allein zwischen 1979 und 1984 - nicht witterungsbereinigt - von 29,4 l/qm um 24,8% auf 22,1 l/qm. Siehe: HACHMEIER, MOHNFELD (1986), S. 138 f.

4) MWV (1985a), S. 12 f. Der Anteil ölbeheizter Neubauten sank zwischen 1979-1984 von 55% auf 31%. Dagegen stieg der Anteil gasbeheizter Haushalte von 36 auf 56%. Siehe: HACHMEIER, MOHNFELD (1986), S. 138.

führte zu einer teilweisen Verdrängung des leichten Heizöls vom Wärmemarkt [1]. Der seit 1985 leicht angestiegene Verbrauch resultiert aus der teilweisen Zurücknahme dieser staatlichen Eingriffe [2].

Das schwere Heizöl wird überwiegend in der Industrie und zur Stromerzeugung eingesetzt, findet aber auch als Bunkerware in der Schiffahrt Verwendung. Der Absatz des schweren Heizöls verminderte sich innerhalb des Betrachtungszeitraumes von 29,7 Mio t um 73% auf 8,0 Mio t. Der Rückgang des Energieverbrauchs im Industriesektor ist besonders auf die Produktionseinbußen in der eisenerzeugenden sowie der Steine- und Erdenindustrie zurückzuführen, die vorwiegend schweres Heizöl einsetzen [3].

Während staatliche Eingriffe die Absatzmöglichkeiten für leichtes Heizöl erst seit 1980 einschränkten, kam es beim schweren Heizöl bereits seit dem Verstromungsgesetz von 1974 zu einem nachhaltigen Absatzrückgang [4]. Dem gesunkenen Verbrauch an schwerem Heizöl stand ein verstärkter Einsatz von Kohle und Kernenergie zur

---

1) Siehe dazu: SCHMIDT (1985), S. 8 ff. Die energiepolitische Zielsetzung des Staates, den Mineralölverbrauch zurückzudrängen, spiegelt sich in der Besteuerung wider. So wurde die Steuer für leichtes Heizöl zwischen 1973-1988 von 10,00 DM/t auf 20,00 DM/t verdoppelt. Siehe: BP (1988a), S. 71.

2) CRONENBERG (1985), S. 27.

3) SCHIFFER (1984), S. 42 ff.

4) SCHÜRMANN (1985b), S. 3. Mit diesem Gesetz wurde der Absatz der deutschen Steinkohle gefördert. Zu den staatlichen Maßnahmen, die den Absatz der Kohle begünstigten, gehörten Schutzzölle, Subventionen und Abnahmeverpflichtungen. Siehe im einzelnen: SEIDENFUS (1977), S. 229 f.

Stromerzeugung gegenüber [1]. Im Rahmen der Umweltschutzgesetzgebung wurde in den 80er Jahren das schwere Heizöl durch die Auflagen zur Schwefelemmission und der Verordnung für Großfeuerungsanlagen weiter zurückgedrängt [2].

Der Treibstoffmarkt verzeichnete als einziger wichtiger Produktmarkt ein nahezu stetiges Mengenwachstum. Mit Ausnahme eines leichten Verbrauchsrückgangs nach der 2.Ölkrise erhöhte sich zwischen 1973-1988 der Absatz des Vergaserkraftstoffes von 18,5 Mio t um 40,5% auf 26,0 Mio t. Der Verbrauchsanstieg beim Dieselkraftstoff von 10,8 Mio t um 51,8% auf 16,4 Mio t fiel noch höher aus. Einen ähnlich starken Zuwachs von 2,0 Mio t um 83,0% auf 3,7 Mio t wiesen die Flugtreibstoffe auf.

Trotz des steigenden Kraftstoffabsatzes ist eine gegenläufige Entwicklung auf diesem Teilmarkt zu berücksichtigen. Durch die Benzinpreiserhöhungen wurden im Automobilbau energiesparendere Motoren entwickelt, um den spezifischen Kraftstoffverbrauch zu senken. Durch den vermehrten Bestand an Kraftfahrzeugen nahm der Bedarf an Kraftstoffen insgesamt deutlich zu [3]. Der Bedarfsanstieg durch die höhere Gesamtfahrleistung war dabei größer als die Senkung aufgrund des geringeren spezifischen Verbrauchs [4]. Die Verbrauchsentwicklung bei den Flugtreibstoffen läßt sich ähnlich erklären.

---

1) MÖNIG, SCHMITT, SCHULZ, SCHÜRMANN (1977), S. 249 f.

2) Die Verdrängung des schweren Heizöls wird durch die Begrenzung des Schwefelgehaltes zur Verminderung des Ausstoßes von Schwefeldioxid begünstigt. Seit 1979 dürfen nur noch Heizöle mit weniger als 0,3% Schwefelgehalt abgesetzt werden.

3) Der Bestand stieg zwischen 1973-1988 von 17,0 auf 29,2 Mio Kraftfahrzeuge an. Siehe: SHELL (1989b), S. 20.

4) SCHIFFER (1984), S. 53 ff.

Die Nachfrage nach Rohbenzin ist weitgehend von der konjunkturellen Entwicklung in der chemischen Industrie abhängig [1]. Der Rohbenzinabsatz stieg zunächst von 1973-1980 von 5,6 Mio t um 42,8% auf 8,0 Mio t und sank anschließend bis 1988 um 22,0% auf 6,3 Mio t. Der trotz des konjunkturellen Aufschwungs gesunkene Verbrauch von Rohbenzin in der chemischen Industrie erklärt sich durch die teilweise Substitution des Rohstoffs durch andere Mineralölprodukte [2].

Der Verbrauchsrückgang bei Bitumenprodukten von 4,7 Mio t um 47,1% auf 2,5 Mio t hatte seine Ursache hauptsächlich in der rückläufigen Investitionstätigkeit im Straßenbau [3].

Der Absatz bei den Schmierstoffen wurde maßgeblich durch den Verbrauch von Motorenölen bestimmt. Dabei wurde der erhöhte Verbrauch aufgrund des gestiegenen Kfz-Bestandes durch den gesunkenen spezifischen Verbrauch überkompensiert, so daß sich eine geringfügige Absatzverminderung von 1,2 Mio t um 8,4% auf 1,1 Mio t ergab.

Der Inlandsabsatz bei den genannten Produktgruppen zeigt eine deutliche Veränderung der Anteile. Dem Rückgang an schweren Produkten stand ein Anstieg leichter gegenüber [4]. Der Nachfragerückgang läßt sich durch einen differenzierten Einsparungs- und Substitutionsprozeß erklären, der sich in eine kurz-, mittel- und langfristige Komponente unterteilt [5]:

---

1) SCHIFFER (1984), S. 71 f.

2) HACHMEIER, MOHNFELD (1986), S. 140.

3) BANNUSCHER, GIERKE (1977), S. 32.

4) Siehe dazu Abb. 7 und Abb. A 4-5.

5) JÜRGENSEN (1984), S. 165.

Abb. 7: Die Entwicklung der Nachfragestruktur

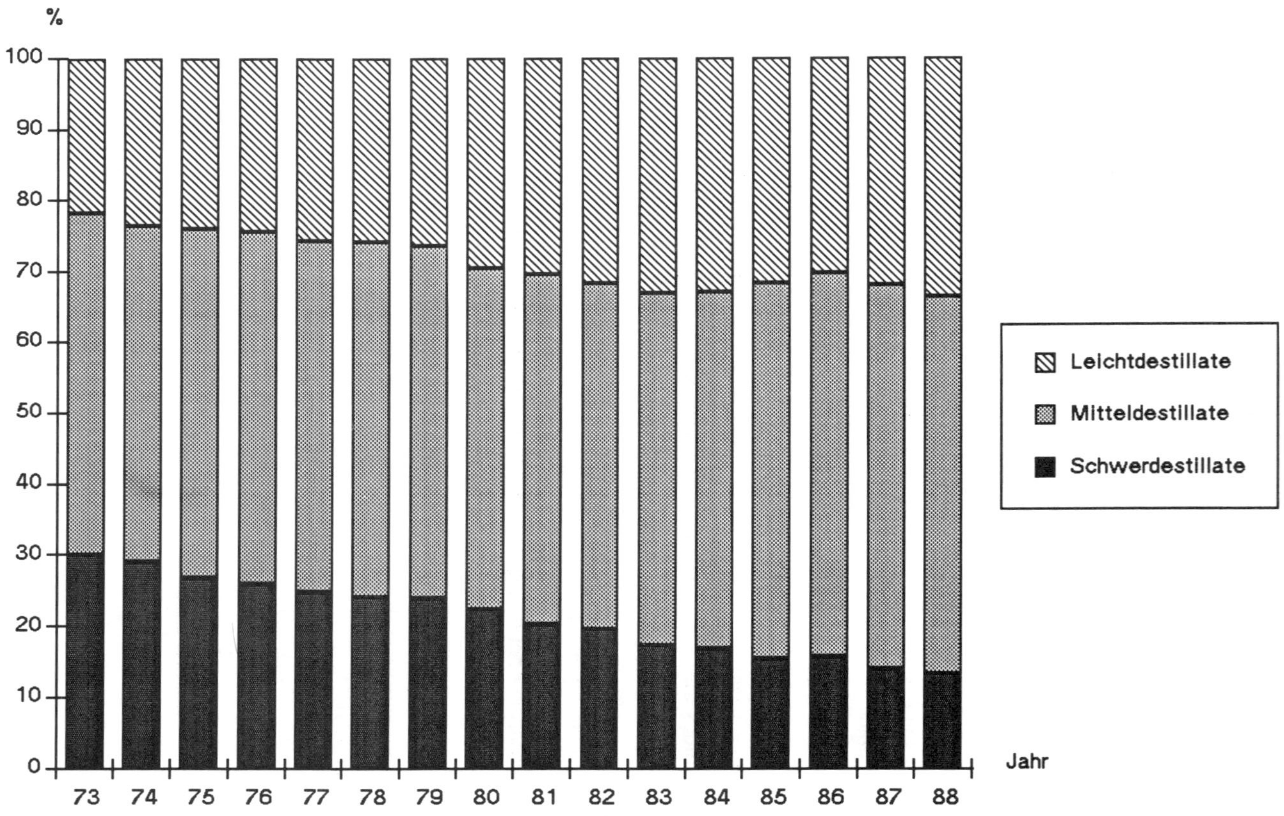

Quelle: MWV (1973-1988a,b).

- Kurzfristig bewirkte der sparsamere Umgang mit Energie eine Verbrauchsverminderung bei allen Mineralölprodukten.

- Mittelfristig wurde das Mineralöl im Wärmemarkt durch Energieträger wie Kohle, Atomkraft und Erdgas substituiert.

- Langfristig beeinflußten technische Innovationen in einigen Anwendungsbereichen die Verminderung des spezifischen Energieverbrauchs.

Abb. 8: Der Einsatz der wichtigsten Mineralölerzeugnisse in den verschiedenen Produktmärkten

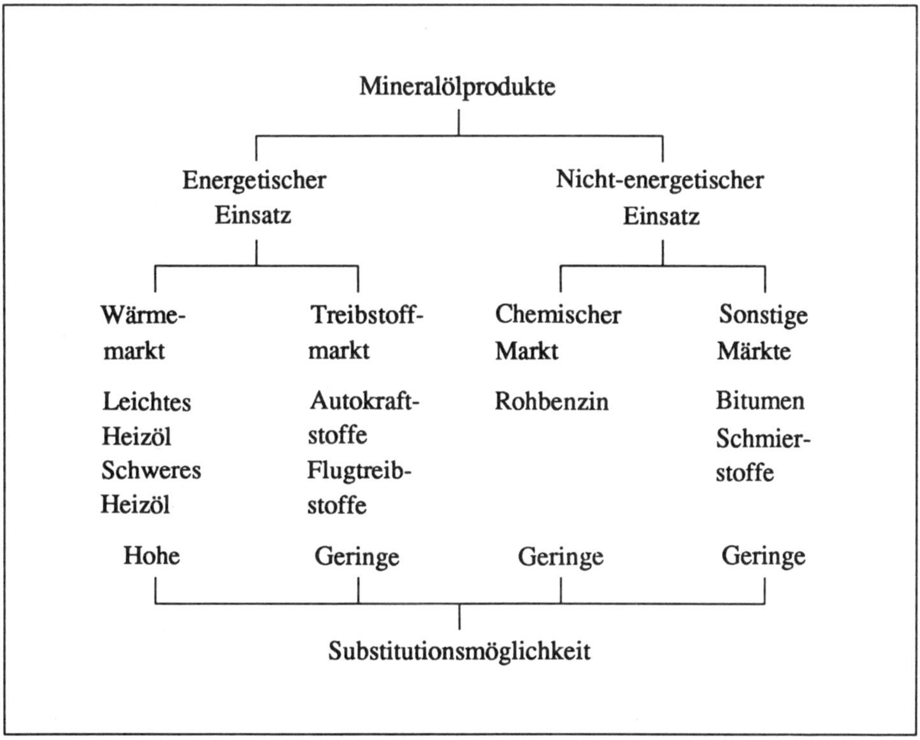

Während der auf kurzfristigen Maßnahmen beruhende gesunkene Verbrauch bei der Preissenkung 1986 wieder zu einem Nachfrageanstieg führte, bewirkten die mittel- und langfristigen Maßnahmen zur Energieeinsparung und -substitution einen größtenteils unumkehrbaren Verbrauchsrückgang [1]. Am Wärmemarkt standen alternative Energieträger zur Verfügung, die zu einer Verdrängung des leichten und schweren Heizöls führten. Dagegen fehlten alternative Einsatzstoffe auf dem Treibstoffmarkt und bei der nicht-energetischen Verwendung, so daß es auf diesen zu keinem solchen Absatzrückgang kam [2]. Die aus mittelfristigen Maßnahmen resultierende Substitution bewirkte nicht nur eine Senkung der Nachfrage, sondern auch eine Verschiebung der Bedarfsstruktur.

2.2.3. Anpassungen der Verarbeitungskapazitäten

Die Entwicklung der Destillationskapazitäten in der Bundesrepublik war durch einen insgesamt starken Rückgang zwischen 1973-1988 gekennzeichnet. Nachdem die Kapazitäten zunächst noch anstiegen und ihren höchsten Stand 1978 erreichten, wurden sie in den nachfolgenden Jahren drastisch reduziert. Innerhalb einer Dekade von 1978-1988 halbierten sich die Verarbeitungskapazitäten.

Durch den anhaltenden Nachfragezuwachs in den 50er und 60er Jahren wurde für die nächsten Dekaden mit einem anhaltenden Anstieg des Mineralölkonsums gerechnet. Diese Prognosen über den zunehmenden Verbrauch legten die Erweiterung der Kapazi-

1) Das Verhältnis des Mineralölverbrauchs zum Bruttoinlandsprodukt, das als Ölintensität bezeichnet wird, sank zwischen 1973-1983 um 35%. Diese Senkung der Ölintensität ist auf langfristig wirkende Maßnahmen zurückzuführen, die etwa 2/3 des Verbrauchsrückganges ausmachen. Siehe: SCHÜRMANN (1984c), S. 44. Als Folge dieser Entwicklung erhöhte sich der Verbrauch nach dem Preisverfall von 1986 nur geringfügig.

2) Siehe Abb. 8.

täten nahe [1]. Daher bestanden Anfang der 70er Jahre zahlreiche Ausbaupläne. Nach der 1.Ölkrise wurden diese Vorhaben trotz des Nachfrageeinbruchs von 1973 weitergeführt, weil der Mineralölverbrauch nach einem kurzfristigen Rückgang wieder anstieg [2].

Ein weiterer Grund für den Anstieg der Kapazitäten ergab sich durch die Rahmenbedingungen für Investitionen in der Mineralölverarbeitung. Wegen der Komplexität der Raffinerieanlagen und des hohen Investitionsvolumens benötigen Neubauten und Erweiterungen einen längeren Planungs- und Realisationszeitraum [3]. Wegen der sich daraus ergebenden verzögerten Reaktion ist der Kapazitätszuwachs zwischen 1973-1978 größtenteils auf Investitionen zurückzuführen, die bereits vor der 1.Ölkrise beschlossen oder begonnen wurden.

Erst nach dem Preisanstieg der 2.Ölkrise kam es zu einem nachhaltigen Verbrauchsrückgang. Aufgrund der daraus folgenden geringen Auslastung in den Raffinerien begannen die Unternehmen mit ersten Kapazitätsstillegungen [4]. Zunächst wurden nur einzelne Destillationsanlagen außer Betrieb genommen, um vollständige Raffinerie-

---

1) DEUTSCHE TEXACO (1972) und O.V. (1972d), S. 252 f. Die Investitionsentscheidungen im Raffineriebereich wurden an den Bedarfsprognosen für Mineralölprodukte ausgerichtet. Siehe: VERBOOM (1987), S. 324. Die Prognosen orientierten sich an der Vergangenheit und stellten häufig nur eine Extrapolation der bisherigen Entwicklung dar. Siehe: VERBOOM (1987), S. 321 und SCHÜRMANN (1986), S. 235 f.

2) FISCHER (1976), S. 44 f. Ohne die Auswirkungen der 2.Ölkrise wäre der Verbrauch vermutlich wieder angestiegen und der Kapazitätsüberhang in der Raffineriewirtschaft eine vorübergehende Erscheinung gewesen.

3) SCHÜRMANN (1984a), S. 128. Die Realisation eines Anlagenneubaus erfordert von der Entscheidung bis zur Inbetriebnahme 7-8 Jahre. Siehe dazu: STÜMKE (1981), S.332 und MWV (1984), S. 15.

4) Während es nach der 1.Ölkrise nur zu einem Stillstand bei den Ausbauplänen kam, wurden erst nach der 2.Ölkrise Kapazitäten stillgelegt. Siehe: BURCHARD (1981), S. 226.

schließungen zu vermeiden. Wegen des anhaltenden Rückganges der inländischen Verarbeitungsmengen wurden dann ab 1982 auch ganze Raffinerien geschlossen. Nachdem auf diese Weise bis Mitte der 80er Jahre die Kapazitäten im Inland drastisch reduziert wurden, fanden seit 1985 nur noch geringfügige Anpassungen statt [1].

Die Rentabilität in der Mineralölverarbeitung in Abhängigkeit von der Auslastung läßt sich am betriebswirtschaftlichen Ergebnis ablesen [2] [3]. Nach den Ölkrisen sank die Auslastung der Raffinerien bis 1982 von über 80% bis auf 57%, so daß erhebliche Verluste in der Mineralölverarbeitung entstanden. Eine wirtschaftliche Branchenauslastung von über 80% wurde erst nach den Kapazitätsanpassungen ab 1986 wieder erreicht [4].

Insgesamt wurden die Kapazitäten soweit reduziert, daß der inländische Verbrauch nicht mehr allein aus heimischen Raffinerien gedeckt werden konnte. Diese Entwicklung ist durch eine über den Verbrauchsrückgang hinausgehende Reduzierung der verarbeiteten Rohölmenge und eine gestiegene Versorgung des deutschen Marktes mit Produktimporten zu erklären. Während sich der Verbrauch im Betrachtungs-

---

1) Mit der Stillegung der Verarbeitungskapazitäten wurden die Anlagen in der Regel abgerissen. Manchmal wurden einzelne Anlagen umgebaut, um sie in anderen Produktionsprozessen weiter nutzen zu können. Nur in einem Fall wurde eine Raffinerie nach der Stillegung nicht abgerissen, sondern zwecks einer möglichen Wiederinbetriebnahme konserviert.

2) Zum Kapazitätsabbau und den Auswirkungen auf die Auslastung siehe Abb. 9.

3) Aufgrund betriebstechnisch bedingter Stillstandszeiten wird bereits bei einer Auslastung von 90% von einer vollständigen Nutzung der Anlagen gesprochen.

4) Über den eingeschränkten Aussagewert des betriebswirtschaftlichen Ergebnisses auf die Profitabilität des Downstream-Geschäftes wird hingewiesen. Allein aus steuerlichen Gründen besteht ein Anreiz, die Gewinne in Ländern mit hohem Ertragssteuersatz in den jeweiligen Marktstufen zu minimieren. Siehe: ADELMAN (1972), S. 166. Zum Downstream-Bereich werden die Marktstufen des Transports, der Verarbeitung und des Vertriebs gezählt. Dagegen wird die Marktstufe der Exploration und Förderung als Upstream-Bereich bezeichnet.

Abb. 9: Die Auslastung der Verarbeitungskapazitäten in der Bundesrepublik

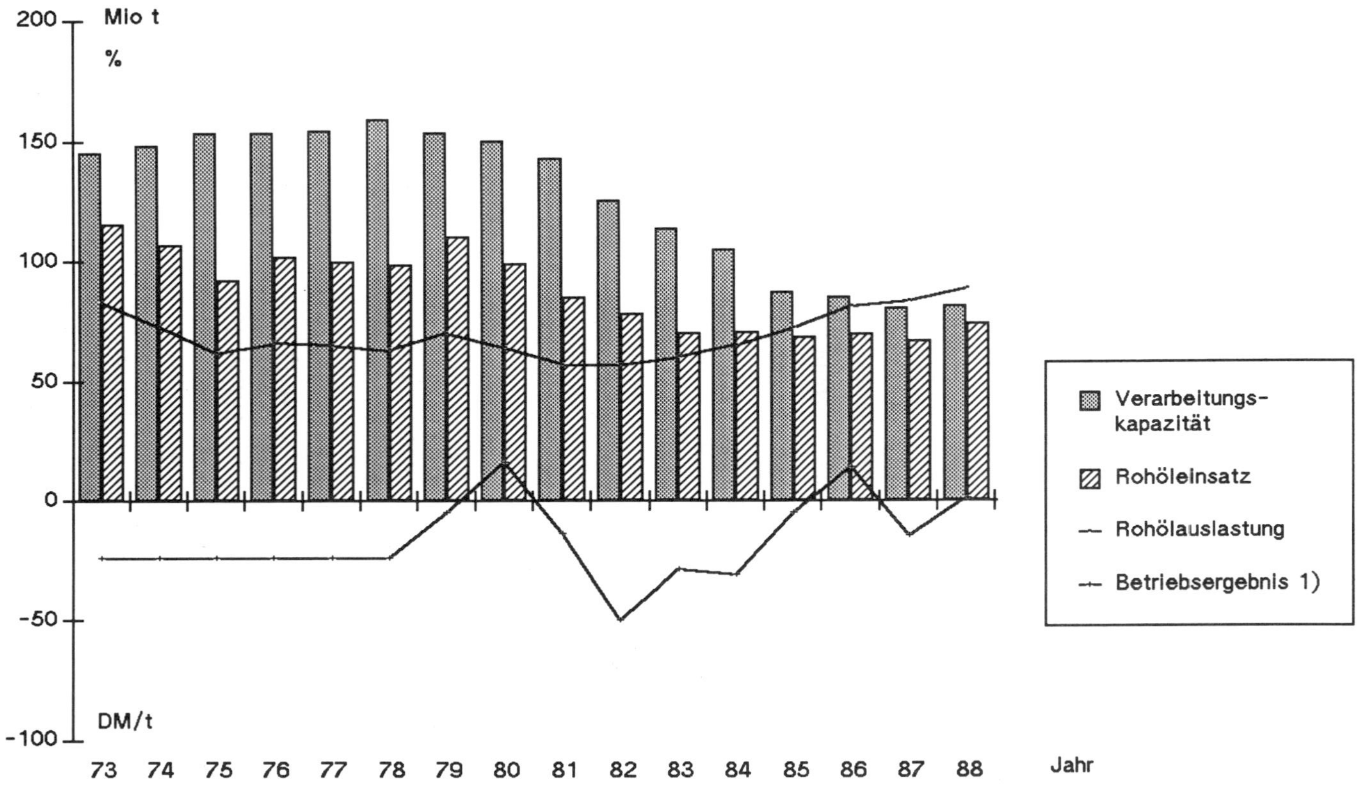

1) Für 1973-1978 liegt nur ein Durchschnittswert vor.

Quelle: MWV (1973-1988a,b) und HEUER, SCHMIDT, SCHULZ (1989), S. 81.

zeitraum von 134,5 Mio t um 20,9% auf 106,3 Mio t verminderte, sank die Menge der im Inland erzeugten Produkte von 102,5 Mio t um 32,5% auf 67,6 Mio t.

Bis zur 2.Ölkrise entwickelten sich die Importe parallel zum sinkenden Mineralölabsatz in der Bundesrepublik. Seit Anfang der 80er Jahre war jedoch ein gegenläufiger Trend festzustellen. Trotz eines weiter sinkenden Verbrauchs stiegen die Importe zu Beginn der 80er Jahre wieder an, weil durch den Nachfragerückgang nach der 2.Ölkrise und dadurch entstehender Raffinerieüberkapazitäten die Preise für Mineralölprodukte in geringerem Umfang stiegen als für Rohöle [1]. Der relativ geringe Anstieg der Produktpreise begünstigte die Importe von Mineralölprodukten und führte zu einem Rückgang der inländischen Mineralölverarbeitung [2]. Erst der Rohölpreisverfall von 1986 und der weltweite Nachfrageanstieg führten zu einem geringeren Produktangebot auf dem internationalen Markt und einem leichten Rückgang der Importe [3]. Insgesamt stiegen die Importe zwischen 1973-1988 trotz der starken zwischenzeitlichen Schwankungen nur von 43,3 Mio t um 5,1% auf 45,5 Mio t. Die Importquote erhöhte sich dagegen von 32,2% auf 42,8% [4].

Neben den erforderlichen Stillegungen bei den Destillationsanlagen aufgrund des Verbrauchsrückgangs und des Importanstiegs mußten die Konversionsanlagen wegen

---

1) Zeitweise waren Mineralölprodukte auf Spotbasis günstiger als Kontraktrohöle: DIEDERICHS (1984b), S. 2. Zur Entwicklung des Mineralölverbrauchs und der Verarbeitungskapazitäten in der Bundesrepublik und in Europa siehe Abb. 10 und 11.

2) Während sich der Einfuhrpreis für Rohöl zwischen 1979-1981 von 278 DM/t um 123% auf 619 DM/t erhöhte, stieg der Preis für Normalbenzin im gleichen Zeitraum von 534 DM/t um 48% auf 790 DM/t und für leichtes Heizöl von 519 DM/t um 32% auf 684 DM/t. Siehe: MWV (1988b), S.42.

3) SCHÜRMANN (1985d), S. 1667.

4) Zur Entwicklung des Mineralölaußenhandels siehe Tab. 4. Die Exporte der Bundesrepublik waren im Betrachtungszeitraum mengenmäßig von geringer Bedeutung. Sie bestanden vorwiegend aus Lieferungen in die Schweiz und nach Österreich sowie aus Lieferungen schweren Rückstands, die in ausländischen Raffinerien zur Weiterverarbeitung eingesetzt wurden.

Abb. 10: Die Entwicklung des Mineralölverbrauchs und der Verarbeitungskapazitäten in der Bundesrepublik

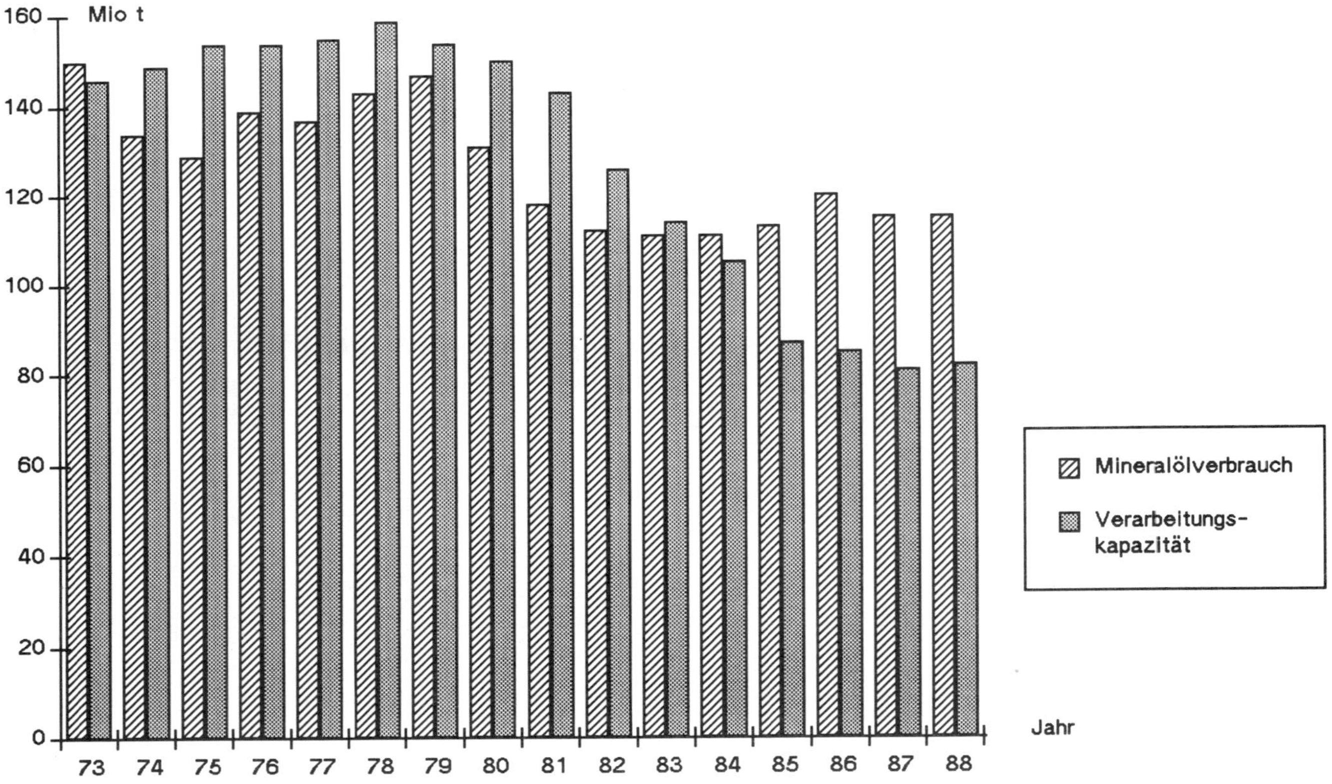

1) Einschließlich Bunker, Militär, Eigenverbrauch, Verlust, u.ä.

Quelle: MWV (1973-1988a,b).

Abb. 11: Die Entwicklung des Mineralölverbrauchs und der Verarbeitungskapazitäten in Europa

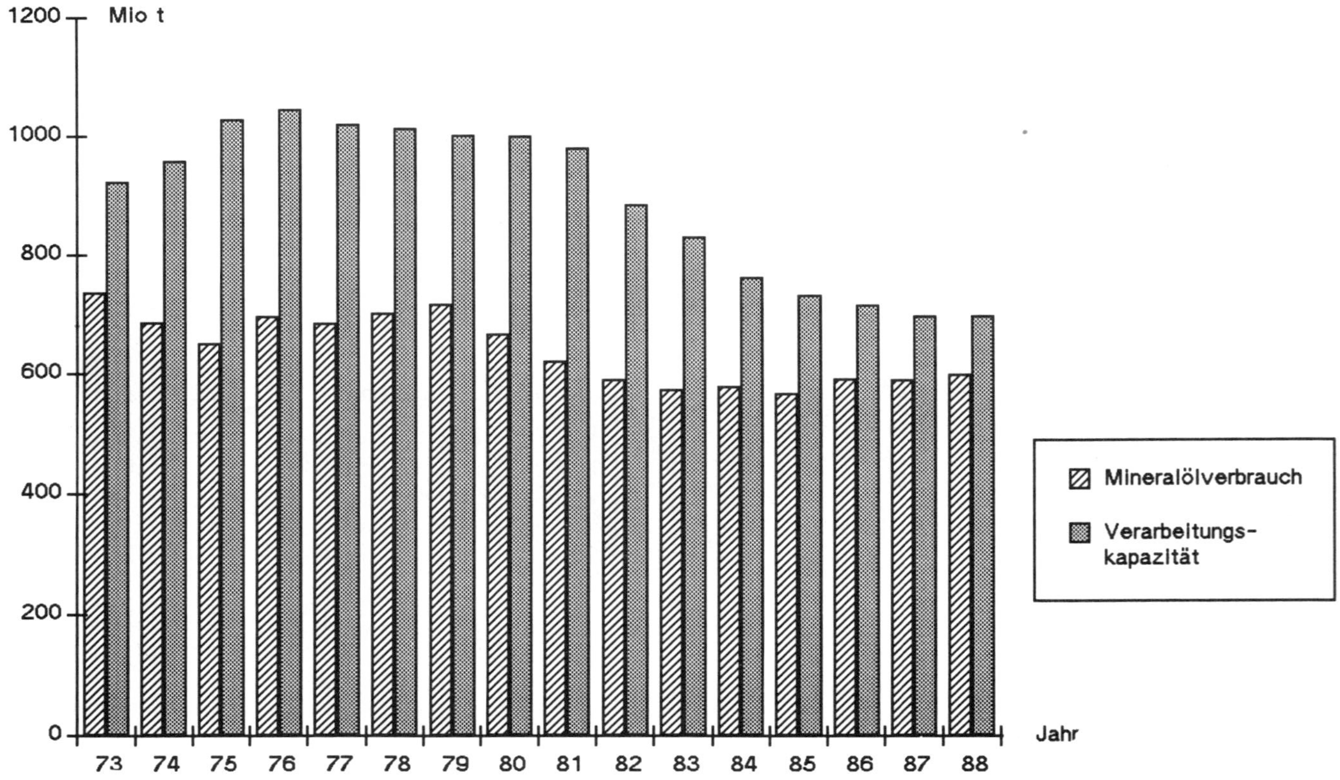

1) Einschließlich Bunker, Militär, Eigenverbrauch, Verlust, u.ä.

Quelle: MWV (1973-1988a,b).

Tab. 4: Der Mineralölaußenhandel der Bundesrepublik (1000 t)

	Inlands-verarbeitung 1)	Mineralöl-importe	Mineralöl-exporte	Inlands-verbrauch	Import-quote 2)	Export-quote 3)
1973	102472	43271	8835	134453	32%	9%
1974	92470	38914	9321	120208	32%	10%
1975	85371	39033	6436	115933	34%	8%
1976	91625	43599	6665	125499	35%	7%
1977	89432	42816	6452	123685	35%	7%
1978	98858	48803	6201	129547	38%	6%
1979	100040	43469	6735	132997	33%	7%
1980	87872	39753	7210	117891	34%	8%
1981	77072	36423	7287	105985	34%	9%
1982	70512	38665	7929	101208	38%	11%
1983	63921	43942	7369	100438	44%	12%
1984	64118	43761	6958	100885	43%	11%
1985	61498	47974	6377	102976	47%	10%
1986	60894	53153	4830	109370	49%	8%
1987	59747	50902	4835	105741	48%	8%
1988	67589	45450	6667	106313	43%	10%

1) Rohöl- und Produkteneinsatz abzgl. Eigenverbrauch, Bunker, Militär, Verlusten, u.ä.
2) Importe zu Inlandsverbrauch
3) Exporte zu Inlandsverarbeitung

Quelle: MWV (1973-1988a,b).

der strukturellen Nachfrageveränderung ausgebaut werden [1]. Mit dem Ausbau der Konversionskapazitäten wurde bereits nach der 1.Ölkrise begonnen.

Der Zuwachs bei diesen Anlagen wurde erst nach der 2.Ölkrise gebremst, als der Verbrauch drastisch sank und Destillationskapazitäten stillgelegt werden mußten. Dabei wurden auch Raffinerien geschlossen, die über Konversionskapazitäten verfügten. Der weitere Zuwachs bei den Crackkapazitäten wurde gebremst, weil die in den von der Stillegung betroffenen Raffinerien betriebenen Konversionsanlagen nur in Ausnahmefällen weiter genutzt wurden. Durch die Stillegung von 9,8 Mio t Crackkapazitäten kam es trotz der Errichtung von 22,6 Mio t nur zu einem Anstieg um 12,8 Mio t im Betrachtungszeitraum. Insgesamt stiegen die Konversionskapazitäten von 19,4 Mio t um 66% auf 32,2 Mio t, wodurch der Konversionsgrad von 12% auf 37% mehr als verdreifacht wurde [2].

Beim Ausbau der Konversionskapazitäten sind die Unterschiede einer absatz- und einer beschaffungsseitigen Komponente zu beachten. Die absatzseitige Komponente erlangte durch die verminderte Nachfrage nach schwerem Rückstand und die Erfordernisse einer Weiterverarbeitung ihre Bedeutung. Durch die verringerte Nachfrage ergab sich ein zunehmendes Preisdifferential zu Rohöl, daß den Rückstand zu einem kostengünstigen Ersatzrohstoff zur Erzeugung von Mineralölprodukten werden ließ. Der Ausbau der dazu notwendigen Konversionsanlagen ist daher auch auf eine beschaffungsseitige Komponente zurückzuführen [3].

---

1) Durch die verschärfte Umweltschutzgesetzgebung erhalten diese Produktionsprozesse eine zunehmende Bedeutung. Um die gestiegenen Anforderungen an die Produktqualität der Mineralölerzeugnisse zu erfüllen, wurden auch bei den Reforming- und Refininganlagen Kapazitätserweiterungen vorgenommen. Siehe dazu Tab. 5.

2) Zum Ausbau der Konversionsanlagen siehe Tab. 5.

3) SCHÜRMANN (1984a), S. 23 und S. 213. Zu den Investitionsüberlegungen beim Bau von Konversionsanlagen siehe: MÜLLER-MICHAELIS (1979), S. 121 f und WALLMANN (1969), S. 206 ff.

Tab. 5: Die Kapazitätsentwicklung bei den Weiterverarbeitungsanlagen (1000 t)

	Rohöl-destillation	Vakuum-destillation	Konversions-kapazität	Konversions-grad	Refining-kapazität	Refining-grad 1)	Reforming-kapazität	Reforming-grad 1)
1973	145610	26170	19410	13%	42100	29%	14900	10%
1974	148810	27070	19410	13%	43800	29%	16200	11%
1975	153860	26770	18985	12%	47700	31%	17500	11%
1976	153860	26770	19370	13%	48200	31%	17400	11%
1977	154530	28570	20485	13%	47800	31%	18100	12%
1978	159430	33590	24415	15%	57300	36%	19400	12%
1979	153880	33340	25985	17%	61400	40%	19600	13%
1980	150380	34790	29435	20%	61800	41%	19500	13%
1981	143380	33890	32805	23%	62200	43%	19500	14%
1982	125980	32340	31125	25%	58300	46%	18400	15%
1983	113980	35510	33660	30%	59300	52%	18500	16%
1984	105280	35300	33120	31%	54300	52%	16500	16%
1985	87250	35790	32015	37%	48400	55%	13900	16%
1986	85250	36050	30780	36%	47100	55%	13900	16%
1987	80450	35660	30920	38%	44500	55%	13400	17%
1988	81500	36210	32180	39%	46800	57%	13600	17%

1) Der Refining- bzw. Reforminggrad gibt das Kapazitätsverhältnis der jeweiligen Anlagen zur Rohöldestillation an.

Quelle: MWV (1985), S. 36 und (1973-1988a,b), OGJ (1973-1988) und MWV-Angaben.

Die Investitionen in Konversionsanlagen orientierten sich daher an der Entwicklung des Preisdifferentials zwischen schwerem Rückstand und leichten Produkten [1]. Seit 1973 sank die Nachfrage nach Rückstand über den allgemeinen Verbrauchsrückgang hinaus. Dadurch stieg der Preis für schweren Rückstand besonders nach der 2.Ölkrise in wesentlich geringerem Umfang als der für leichte Produkte. Mit der zunehmenden Preisdifferenz wurde eine Weiterverarbeitung rentabler [2]. Als Folge dieser Entwicklung stiegen auch die importierten Mengen an Halbfertigprodukten, die den Anteil der aus Rohöl erzeugten Produkte zurückdrängten [3]. Bedingt durch den Ausbau der Crackkapazitäten bis Mitte der 80er Jahre erhöhte sich die konversionsbedingte Nachfrage nach schwerem Rückstand und das Angebot an leichten Produkten [4]. Die sich ab Mitte der 80er Jahre daraus ergebende verminderte Preisdifferenz bewirkte bis zum Ende des Betrachtungszeitraumes nur noch einen geringen Kapazitätszuwachs bei den Konversionsanlagen [5].

Durch die Entwicklung auf dem internationalen Mineralölmarkt waren die Preise für Crackprodukte im Betrachtungszeitraum starken Schwankungen ausgesetzt [6]. Es bestand folglich Unsicherheit über die Rentabilität von Investitionen in Konversionsanlagen. Da der Betrieb von Crackern nur bei ausreichendem Preisdifferential wirt-

---

1) Zur Entwicklung des Preisdifferentials zwischen leichten Produkten und schwerem Rückstand siehe Abb. 12.

2) Zu den Investitionen einer Konversionsanlage kommen Betriebskosten von 100-140 DM/t, so daß sich eine Weiterverarbeitung nur bei einem Preisunterschied zwischen schwerem Rückstand und Fertigprodukten von 170-200 DM/t lohnt: MÖNIG, SCHMITT, SCHULZ, SCHÜRMANN (1977), S. 299.

3) Siehe dazu Tab. 6.

4) Während zu Beginn der 80er Jahre die Endverbrauchernachfrage nach schwerem Rückstand stärker zurückging als die konversionsbedingte Nachfrage anstieg, kehrte sich das Verhältnis Mitte der 80er Jahre um und bewirkte wieder eine Verringerung des Preisdifferentials zwischen leichten Destillaten und Rückstand. Siehe dazu: ECKHARDT, ERZINGER (1986), S. 50.

5) Siehe: HACHMEIER, MOHNFELD (1986), S. 149 f.

6) SCHÜRMANN (1983a), S. 132.

Abb. 12: Die Preisentwicklung zwischen schwerem Rückstand und leichten Produkten

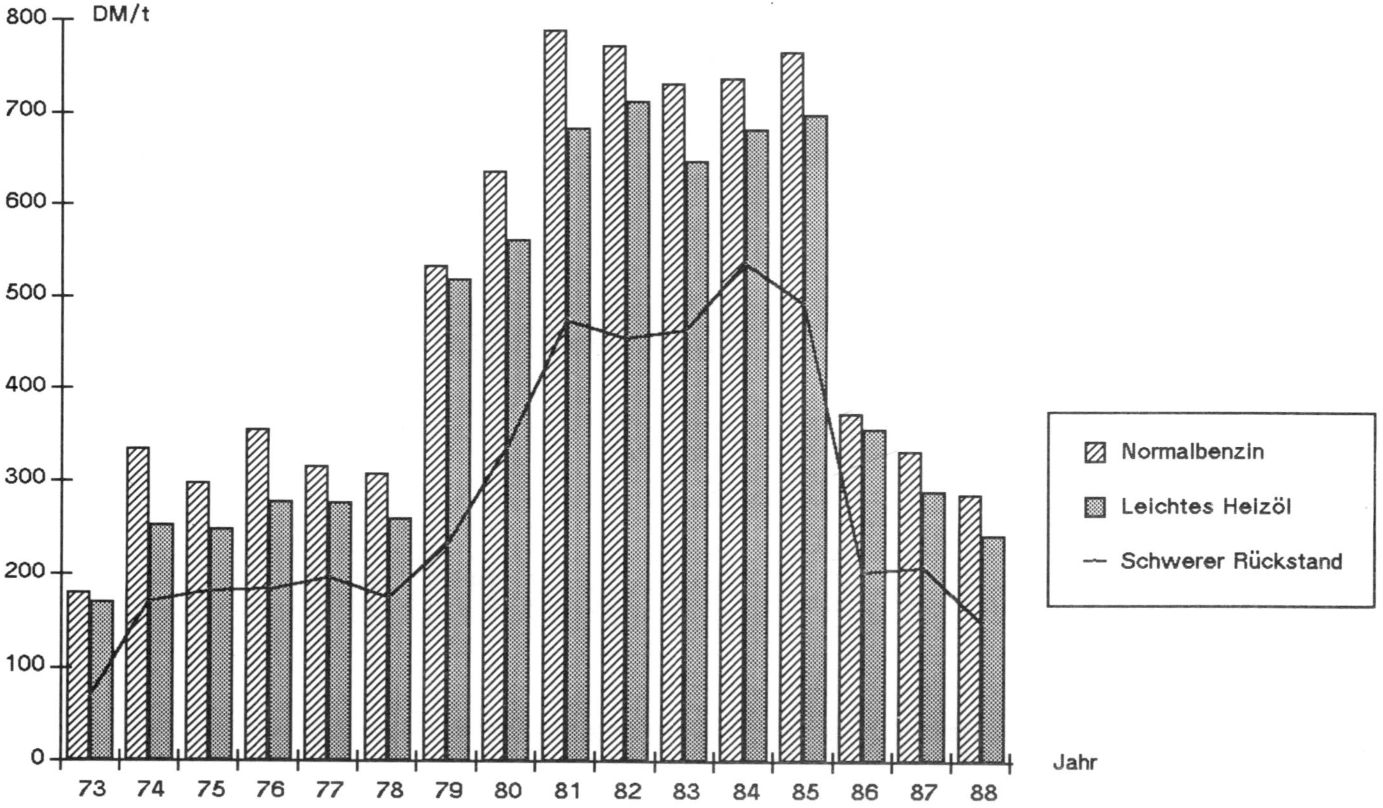

Quelle: BP (1989b), S. 15.

Tab. 6: Der Einsatz von Halbfertigprodukten in der Mineralölverarbeitung (1000 t)

	Rohöl-destillation 1)	Rohöl-einsatz	Rohöl-auslastung 2)	Produkt-einsatz 3)	Mineralöl-einsatz 4)	Produkt-anteil	Mineralöl-auslastung 2)
1973	145610	116172	83%	7570	123742	6%	89%
1974	148810	107068	73%	7669	114737	7%	78%
1975	153860	92374	62%	6529	98903	7%	67%
1976	153860	102204	66%	7783	109987	7%	72%
1977	154530	100223	65%	7552	107775	7%	70%
1978	159430	98701	63%	8370	107071	8%	68%
1979	153880	110600	70%	8619	119219	7%	75%
1980	150380	99210	64%	14972	114182	13%	74%
1981	143380	85063	57%	15207	100270	15%	67%
1982	125980	78354	57%	17457	95811	18%	70%
1983	113980	70532	60%	21267	91799	23%	78%
1984	105280	70950	65%	20320	91270	22%	83%
1985	87250	68806	72%	20179	88985	23%	94%
1986	85250	69832	81%	16703	86535	19%	101%
1987	80450	67099	83%	15943	83042	19%	103%
1988	81500	74422	88%	14980	89402	17%	106%

1) Kapazität am Jahresende
2) Bezogen auf die Jahresdurchschnittskapazität
3) Durch die Umstellung der Statistik sind die Zahlen vor und nach 1980 nur bedingt vergleichbar. Siehe dazu: LEFELDT (1982). Aufgrund der statistischen Erhebungsmethode beeinhaltet der Produkteinsatz sowohl Importe als auch Bezüge aus inländischen Raffinerien.
4) Mineralöleinsatz = Rohöl- und Produkteinsatz

Quelle: MWV (1973-1988a,b).

schaftlich ist, errichteten nur wenige Unternehmen vollständig neue Konversionsanlagen mit hohem Upgrading [1]. Häufiger wurden bestehende Anlagen mit geringen Investitionen in ihrer Kapazität erweitert.

1) EDYE (1978), S.125. Das Investitionsrisiko wird durch die lange Realisationszeit und Kapitalbindung von Raffinerieanlagen erhöht. Siehe: WELBERGEN (1975), S. 96, DIEDERICHS (1982), S. 26 und KOHLMORGEN (1978), S. 117 f.

2.3. Regionale Marktabgrenzungen

Die mineralölverarbeitende Industrie zeichnet sich durch hohe irreversible Investitionen aus, die Stillegungen von Verarbeitungskapazitäten bei strukturellen Nachfrageveränderungen erschweren [1]. Trotz dieses Hemmnisses kam es in der Bundesrepublik als Folge der Ölkrisen im Verhältnis zum Ausland zu einem drastischen Abbau von Kapazitäten. Der unterschiedliche Abbau läßt sich durch die regionale Struktur des internationalen Mineralölmarktes erklären. Zwischen den einzelnen regionalen Märkten bestehen Zugangsschranken, die auf nachfragebedingte Verarbeitungskosten, institutionelle Eingriffe und Transportkosten zurückzuführen sind [2] [3].

2.3.1. Nachfragebedingte Verarbeitungskosten

Die weltweite Nachfrage nach Mineralölprodukten ist durch komplementäre Verbrauchsstrukturen gekennzeichnet, die sich aufgrund unterschiedlichen Konsumverhaltens in den einzelnen Ländern ergeben. In den Industrieländern besteht eine höhere Nachfrage nach leichten und mittleren Destillaten als in den Entwicklungsländern und planwirtschaftlich regierten Staaten mit ihrem geringeren Straßen- und Luftverkehrsaufkommen. Dafür ist die Nachfrage nach schwerem Heizöl in den hochindustrialisierten Ländern mit ihrer vorwiegenden Investitions- und Verbrauchsgüterindustrie

---

1) Hohe Stillegungskosten führen zu einer Erhöhung der irreversiblen Investitionen und erschweren einen Marktaustritt zusätzlich. Siehe: HASENACK (1974), Sp. 650 f.

2) Zu den Marktschranken auf räumlichen Märkten siehe: KANTZENBACH (1984), S. 447 und AUTENRIETH (1982), S. 38.

3) Zu den Grundlagen der Markteintritts- und Marktaustrittsschranken siehe: BAIN (1962), BAUMOL, WILLIG (1981), CAVES, PORTER (1976) und (1977), DEMSETZ (1982), KRUSE (1985) und OTREMBA (1980).

und einem wachsenden Dienstleistungssektor geringer als in den weniger industrialisierten Volkswirtschaften mit ihrer ausgeprägteren Grundstoffindustrie [1].

Ebenso ist der Mineralölmarkt in Europa durch komplementäre Bedarfsstrukturen geprägt. Die Nachfrage in der Bundesrepublik weist im Vergleich zu den europäischen Ländern einen extrem hohen Anteil an Mitteldestillaten auf, während der Anteil des schweren Heizöls außerordentlich niedrig ist. Dazu komplementär ist die Nachfragestruktur in den Benelux- und Mittelmeerländern. In den Benelux-Staaten ist der Verbrauch an leichtem Heizöl aufgrund des weit verbreiteten Einsatzes von Erdgas und in den Mittelmeerländern wegen des milden Klimas und dem daraus resultierenden geringeren Einsatzes zur Wärmeerzeugung verhältnismäßig niedrig. Dagegen ist der Bedarf an schwerem Heizöl in den Benelux-Staaten infolge des hohen Bunkerbedarfs in der Schiffahrt und im Mittelmeerraum wegen der fehlenden Kohlevorkommen und des dadurch bedingten geringen Einsatzes dieses Energieträgers zur Stromerzeugung relativ hoch [2].

Diese komplementären Nachfragestrukturen werden zum Ausgleich von Angebot und Nachfrage zwischen den Märkten genutzt. Das grundsätzliche Problem der Mineralölverarbeitung ergibt sich nämlich durch diese Abweichungen. Aufgrund des Zwangsverhältnisses in der Kuppelproduktion läßt sich das Ausbeuteverhältnis in der Destillation nur eingeschränkt an die Nachfrage anpassen [3]. Unter dieser Voraussetzung gibt es zwei Möglichkeiten, das Angebot dem Bedarf anzupassen [4]:

---

1) Siehe Tab. 7.

2) KOHLMORGEN (1977), S. 285.

3) Zum betriebswirtschaftlichen Problem der Anpassung des Angebots an die Nachfrage bei Kuppelproduktion siehe: RIEBEL (1955), S. 111 ff.

4) KOHLMORGEN (1977), S. 284.

Tab. 7: Die Nachfragestruktur in den Weltregionen und der EG

	Welt		Nordamerika		Westeuropa		Australien		Japan		Restl. Welt	
	1973	1988	1973	1988	1973	1988	1973	1988	1973	1988	1973	1988
Benzin	25%	29%	38%	42%	18%	25%	32%	41%	16%	21%	18%	18%
Mitteldestillat	28%	35%	25%	29%	33%	40%	24%	35%	19%	35%	29%	39%
Schweres Heizöl	31%	19%	18%	9%	36%	20%	29%	7%	53%	28%	39%	27%
Nebenprodukte	15%	17%	19%	20%	13%	14%	14%	16%	12%	17%	14%	16%
Gesamt	100%	100%	100%	100%	100%	100%	100%	100%	100%	100%	100%	100%

	EG		Deutschland		Frankreich		Italien		Großbritann.		Benelux	
	1973	1988	1973	1988	1973	1988	1973	1988	1973	1988	1973	1988
Benzin	16%	27%	16%	27%	17%	28%	15%	20%	19%	37%	14%	29%
Mitteldestillat	38%	44%	48%	52%	43%	48%	25%	38%	28%	37%	38%	43%
Schweres Heizöl	33%	15%	22%	8%	31%	8%	48%	31%	40%	15%	29%	8%
Nebenprodukte	12%	14%	13%	14%	9%	15%	11%	11%	13%	10%	19%	19%
Gesamt	100%	100%	100%	100%	100%	100%	100%	100%	100%	100%	100%	100%

Quelle: BP (1973-1988b) und EUROSTAT (1973-1988).

- Das Ausbringungsverhältnis der einzelnen Produkte wird durch zusätzliche Konversionsanlagen dem Bedarf angepaßt. Die für die Anpassung notwendigen Crackanlagen verursachen aber erhöhte Verarbeitungskosten.

- Zwischen Ländern mit komplementärer Ausbringungs- und Bedarfsstruktur werden wechselseitige Lieferungen zum Ausgleich langfristiger oder temporärer Überschüsse durchgeführt. Dabei entstehen zwar keine zusätzlichen Kosten der Weiterverarbeitung, dafür aber Transportkosten.

Raffinerien in Ländern mit geringer Nachfrage nach leichten und mittleren Produkten müssen keine oder nur in geringem Umfang Crackanlagen betreiben. Leichte und mittlere Straight-Run-Produkte können kostengünstiger hergestellt werden als entsprechende Crackprodukte. Diese Raffinerien besitzen daher Verarbeitungskostenvorteile gegenüber solchen in Ländern mit hohem Verbrauch an leichten und mittleren Destillaten, die eine entsprechend umfangreichere Rückstandsumwandlung betreiben müssen. Werden die jeweiligen Überschußmengen in Länder mit komplementärer Nachfrage geliefert, sind die spezifischen Transportkosten der Destillate und die Transportkostenempfindlichkeit [1] zu berücksichtigen. Bei leichten und mittleren Destillaten sind die Transportkosten wegen der geringen Viskosität und die Transportkostenempfindlichkeit aufgrund des höheren Produktwertes niedriger als bei schweren Destillaten. Dadurch lassen sich leichte Produkte wirtschaftlicher transportieren als schwerer Rückstand. Dieser Sachverhalt bedingt, daß vermehrt leichte und in geringem Umfang schwere Produkte transportiert werden. Entsprechend sind Raffinerien in Ländern mit geringer Nachfrage nach leichten und mittleren Produkten besser ausgelastet und können kostengünstiger verarbeiten als solche in anderen Ländern.

---

1) Die Transportfähigkeit der Mineralölprodukte wird durch die Transportkostenempfindlichkeit ausgedrückt, die sich durch das Verhältnis der Transport- zu den Herstellungs- und Vertriebskosten ergibt. Siehe: KANTZENBACH (1984), S. 447.

Das Verhältnis von verarbeiteten und importierten Produktmengen wird durch die Grenzkosten des Transportes und der Weiterverarbeitung bestimmt. Bei gleichen Verkehrsmitteln in Abhängigkeit vom Transportvolumen sind die Grenzkosten konstant. Demgegenüber steigen die Grenzkosten der Weiterverabeitung mit dem Konversionsgrad. Ein Gleichgewicht wird erreicht, wenn die Grenzkosten beider Instrumente zum Ausgleich von Angebots- und Nachfrageschwankungen gleich sind.

Die steigende Nachfrage nach leichten Produkten führte in der Bundesrepublik dazu, daß schwerer Rückstand nur in geringerem Umfang abgesetzt werden konnte. Die Weiterverarbeitung oder der Transport des nicht absetzbaren schweren Rückstands in andere Märkte verursachte zusätzliche Kosten. Diese hohen Verarbeitungs- und Vertriebskosten begünstigten den preisgünstigen Import leichter Produkte aus Ländern mit komplementärer Angebots- und Nachfragestruktur zur Deckung des Inlandsbedarfes. Die Folge war, daß sich die Rohölverarbeitung in der Bundesrepublik am Absatzpotential für schweren Rückstand orientierte. Die dadurch verminderte Rohölmenge bestimmte die Auslastung der Verarbeitungskapazitäten [1]. Durch die teilweise Verlagerung der Mineralölverarbeitung in Länder mit hoher Nachfrage nach schweren Produkten mußten in der Bundesrepublik Kapazitätsanpassungen vorgenommen werden, die über den Verbrauchsrückgang hinausgingen.

2.3.2. Handelshemmnisse und Umweltschutzkosten

Institutionelle Hemmnisse werden zur Durchsetzung industrie- oder ordnungspolitischer Ziele errichtet. Vorrangiges Ziel dieser Eingriffe in die freie Marktwirtschaft ist der Schutz von im Strukturwandel befindlichen Branchen vor zu intensivem

---

1) Zur Produktstruktur der Importe siehe Tab. 8.

Tab. 8: Die Struktur der Importe nach Produktgruppen (Mio t)

	1973	1974	1975	1976	1977	1978	1979	1980	1981	1982	1983	1984	1985	1986	1987	1988
Rohbenzin	5340	5991	4534	5595	5908	6643	5892	5474	4991	5284	5818	5277	5666	5280	4733	4804
Vergaserkraftstoff	3368	2876	4118	3581	4299	4823	5469	5785	5610	6123	6958	6687	6670	7612	8999	9153
Dieselkraftstoff	1720	1595	2129	2535	2692	2653	3127	2816	2535	2315	2930	2807	3534	4132	5388	4191
Leichtes Heizöl	20364	17437	17343	18869	17926	19653	18779	14555	12052	12261	14364	14485	17339	21841	18250	14910
Schweres Heizöl	4682	3663	4248	4810	4473	6080	5170	6288	6607	7440	9010	9058	9159	8079	7098	5905
Nebenprodukte	7797	7352	6661	8209	7518	8951	5049	4835	4628	5242	4862	5447	5606	6209	6434	6487
Gesamtimporte	43271	38914	39033	43599	42816	48803	43486	39753	36423	38665	43942	43761	47974	53153	50902	45450
Rohbenzin	12%	15%	12%	13%	14%	14%	14%	14%	14%	14%	13%	12%	12%	10%	9%	11%
Vergaserkraftstoff	8%	7%	11%	8%	10%	10%	13%	15%	15%	16%	16%	15%	14%	14%	18%	20%
Dieselkraftstoff	4%	4%	5%	6%	6%	5%	7%	7%	7%	6%	7%	6%	7%	8%	11%	9%
Leichtes Heizöl	47%	45%	44%	43%	42%	40%	43%	37%	33%	32%	33%	33%	36%	41%	36%	33%
Schweres Heizöl	11%	9%	11%	11%	10%	12%	12%	16%	18%	19%	21%	21%	19%	15%	14%	13%
Nebenprodukte	18%	19%	17%	19%	18%	18%	12%	12%	13%	14%	11%	12%	12%	12%	13%	14%
Gesamtimporte	100%	100%	100%	100%	100%	100%	100%	100%	100%	100%	100%	100%	100%	100%	100%	100%

Quelle: MWV (1973-1988a,b).

Wettbewerb. Dabei steht die Versorgungssicherung der Volkswirtschaft mit notwendigen Produkten und die Arbeitsplatzsicherung der Beschäftigten häufig im Vordergrund [1)].

Der Zugang zu den meisten nationalen Mineralölmärkten in Westeuropa wurde durch institutionelle Eingriffe eingeschränkt. Während protektionistische Eingriffe in diesen Ländern die ansässige Raffineriewirtschaft vor zu starkem Wettbewerb vom internationalen Markt schützten, war der deutsche Markt für Produktimporte frei zugänglich. Protektionistische Maßnahmen waren auf dem europäischen Mineralölmarkt in Form von Einfuhrbeschränkungen, Preiskontrollen und der Subventionierung staatseigener Unternehmen zu beobachten [2)].

Die institutionelle Einflußnahme der Staaten bei der Einfuhr von Rohöl und Mineralölprodukten sicherte den inländischen Anbietern den Absatz der eigenen Verarbeitungsmengen. Durch die administrative Kontrolle des Angebots wurden höhere Erlöse als bei freiem Wettbewerb erzielt. In einigen Ländern wurde die Import- und Absatzregulierung durch eine staatliche Kontrolle der Preisbildung ergänzt. Die Endverbraucherpreise wurden nicht dem freien Wettbewerb von Angebot und Nachfrage überlassen, sondern an die Preisentwicklung für Rohöl gekoppelt. Mit garantierten Preisen wurden den Raffineuren ausreichende Erlöse zur Deckung der Verar-

1) WILLMS (1981), S. 355 f.

2) Weitere Einfuhrbeschränkungen ergaben sich durch nicht-harmonisierte Normenvorschriften für Mineralölprodukte und Importregulierungen indirekter Art wie z.B. Meldepflichten oder Bezugsauflagen. Siehe: GEWOS (1988), S. 40.

beitungskosten ermöglicht [1]. Zusätzlich wurde durch Subventionen die Wettbewerbsfähigkeit der heimischen Mineralölindustrie erhöht. So übernahm in einigen Ländern beispielsweise der Staat die Verluste staatseigener Gesellschaften [2].

Bis Ende der 70er Jahre gehörten die Bundesrepublik und die Schweiz zu den einzigen unreglementierten Märkten in Europa. Während sich in diesen Ländern die Verbraucherpreise auf dem Markt frei bildeten, waren sie in den übrigen Ländern der staatlichen Kontrolle unterworfen [3]. In Frankreich, Großbritannien und Italien lagen zudem Importbeschränkungen für Mineralölprodukte vor [4]. Zu Beginn der 80er Jahre wurden die staatlichen Maßnahmen zur Regulierung der Märkte in Großbritannien und Schweden aufgehoben. In Frankreich und Italien wurden die Märkte nur mit Einschränkungen liberalisiert, weil für einige Produkte weiterhin staatliche Kontrollen bestehen [5].

---

1) Bei administrierten Preisen konnten die anfallenden Kosten über den Preis weitergegeben werden. Die Unternehmen waren daher einem geringeren Rationalisierungszwang bei der Anpassung ihrer Kapazitäten ausgesetzt. Siehe: SCHIFFER (1982), S. 107.

2) In Italien war die Mineralölindustrie gesetzlich verpflichtet, das 1,3-fache des inländischen Verbrauchs an Verarbeitungskapazitäten bereitzustellen, damit ausreichende Reserven zur Verfügung stehen. Damit ließen sich Subventionen zur Übernahme der zusätzlichen Kostenbelastung rechtfertigen. Siehe: SCHMIDT (1985), S. 11. Dagegen fand in der Bundesrepublik keine Subventionierung der Verarbeitung durch den Staat statt. Siehe dazu: SACHVERSTÄNDIGENRAT (1983), S. 161 und O.V. (1981d), S. 16 f.

3) Eine ausführliche Darstellung bietet: SCHIFFER (1979), (1980a), (1980b), (1981a) und (1982).

4) In Frankreich müssen die Importeure 80% der Importe aus Termingeschäften mit anderen EG-Ländern abdecken, wodurch der Einfluß des Rotterdamer Marktes auf den Preis abgeschwächt wird: SCHAUFUSS (1985).

5) DIEDERICHS (1984a), S. 134.

Die gesamtwirtschaftlichen Auswirkungen staatlicher Eingriffe zum Schutz der dortigen Mineralölindustrie in den übrigen Ländern Europas führten dazu, daß in der Bundesrepublik die Preise für fast alle Mineralölprodukte wesentlich niedriger lagen als in den Ländern mit reglementierten Mineralölmärkten [1].

Eine indirekte Subventionierung fand auch in den planwirtschaftlich gesteuerten Ländern Osteuropas statt. Aufgrund des vorrangigen Ziels der Devisenerwirtschaftung wurden die Produktpreise nicht an den Verarbeitungskosten orientiert. Da auftretende Verluste vom Staat getragen wurden, ließen sich unabhängig von den tatsächlichen Kosten konkurrenzfähige Preise auf dem internationalen Markt erzielen [2].

Bei der Betrachtung der Importe nach ihrer Herkunft ist für den Untersuchungszeitraum ein hoher Anteil von Einfuhren aus den Benelux-Ländern zu verzeichnen [3]. Aufgrund der hohen Transitmengen, die über den Rotterdamer Markt nach Deutschland gelangen, ist die ursprüngliche Herkunft der Importe nicht eindeutig zu ermitteln [4]. Insgesamt läßt sich feststellen, daß die in den deutschen Markt einströmenden Importe in zunehmendem Maß nicht mehr aus den west-, sondern osteuropäischen Staaten kamen [5]. Dies läßt sich mit dem teilweisen Abbau institutioneller Eingriffe in Westeuropa und den nach wie vor bestehenden Eingriffen in den osteuropäischen Staaten erklären.

Die Wettbewerbssituation auf den nationalen Mineralölmarkten in Westeuropa wurde nicht nur durch institutionelle Eingriffe auf der Absatzseite bestimmt. Eine zunehmende Bedeutung gewannen im Betrachtungszeitraum gesetzgeberische Maßnahmen

1) SCHIFFER (1982), S. 106 f und O.V. (1981c).

2) FISCHER (1978), S. 1/29.

3) Zur Herkunft der Importe siehe Tab. 9.

4) DIEDERICHS (1984b), S. 2.

5) PAETOW (1985), S. 681.

Tab. 9: Die Struktur der Importe nach Herkunftsländern (1000 t)

	1973	1974	1975	1976	1977	1978	1979	1980	1981	1982	1983	1984	1985	1986	1987	1988
Belgien	2286	1712	2500	3273	4015	4416	3525	4266	3995	4138	4937	4484	2683	3810	3557	3268
DDR	1482	1596	1763	1980	1982	2034	2204	2715	2388	2456	2371	2501	2277	2465	3059	2918
Frankreich	3225	3130	3023	3423	3396	3925	3053	2621	2707	2338	2432	1536	1501	1789	1731	2025
Großbritannien	1349	1127	979	1399	1223	1443	1616	1154	984	1119	1567	1678	2991	3615	3106	2634
Italien	3622	3054	2531	1428	1462	2277	1465	483	447	384	468	340	615	854	540	282
Niederlande	22353	17941	17703	19436	18780	18893	17170	15086	13703	14044	16325	17134	19971	21908	21357	19206
Schweden	56	51	115	102	63	258	149	267	546	427	1481	1410	1468	1574	2131	1436
Sowjetunion	3056	3702	4447	5512	5313	6145	5711	4050	3974	5208	6192	6367	6629	6859	5094	4944
Sonstige Länder	5842	6601	5972	7046	6582	9412	8576	9111	7679	8551	8453	8527	9963	10499	10437	8737
Gesamtimporte	43271	38914	39033	43599	42816	48803	43469	39753	36423	38665	44226	43977	48098	53373	51012	45450
Belgien	5%	4%	6%	8%	9%	9%	8%	11%	11%	11%	11%	10%	6%	7%	7%	7%
DDR	3%	4%	5%	5%	5%	4%	5%	7%	7%	6%	5%	6%	5%	5%	6%	6%
Frankreich	7%	8%	8%	8%	8%	8%	7%	7%	7%	6%	5%	3%	3%	3%	3%	4%
Großbritannien	3%	3%	3%	3%	3%	3%	4%	3%	3%	3%	4%	4%	6%	7%	6%	6%
Italien	8%	8%	6%	3%	3%	5%	3%	1%	1%	1%	1%	1%	1%	2%	1%	1%
Niederlande	52%	46%	45%	45%	44%	39%	39%	38%	38%	36%	37%	39%	42%	41%	42%	42%
Schweden	0%	0%	0%	0%	0%	1%	0%	1%	1%	1%	3%	3%	3%	3%	4%	3%
Sowjetunion	7%	10%	11%	13%	12%	13%	13%	10%	11%	13%	14%	14%	14%	13%	10%	11%
Sonstige Länder	14%	17%	15%	16%	15%	19%	20%	23%	21%	22%	19%	19%	21%	20%	20%	19%
Gesamtimporte	100%	100%	100%	100%	100%	100%	100%	100%	100%	100%	100%	100%	100%	100%	100%	100%

Quelle: MWV (1973-1988a,b).

zum Umweltschutz, die sich auf die Verarbeitungskosten auswirkten. Die abweichenden Umweltschutzauflagen in den einzelnen Ländern führten zu einer unterschiedlichen Wettbewerbsfähigkeit der Raffinerien. Die im europäischen Vergleich strengsten gesetzgeberischen Maßnahmen zum Umweltschutz in der Bundesrepublik bewirkten, daß die inländischen Raffinerien mit den höchsten Kosten belastet wurden.

Tab. 10: Umweltschutzbedingte Verarbeitungskosten (* = geschätzt) [1]

	1985	1993*
Deutschland	7,00 DM/t	39,90 DM/t
Frankreich	2,20 DM/t	9,40 DM/t
Großbritannien	0,60 DM/t	14,50 DM/t
Niederlande	2,10 DM/t	35,30 DM/t

Bei den Umweltschutzauflagen ist zwischen verarbeitungs- und produktbezogenen Kosten zu differenzieren. Die verarbeitungsbezogenen Auflagen dienen der Vermeidung von Schadstoffemmissionen bei der Verarbeitung und Lagerung von Rohöl und Mineralölprodukten [2]. Da sie sich auf den Standort beziehen, führen sie zu unmittelbaren Kostennachteilen der inländischen gegenüber den ausländischen Anbietern.

1) CHEM SYSTEMS (1986), S. II-11.

2) MWV (1984), S. 18 ff.

Die wichtigsten produktbezogenen Umweltschutzauflagen schränken den Schwefelgehalt im Heizöl und den Bleigehalt im Vergaserkraftstoff ein [1]. Um diese Produkteigenschaften zu erfüllen, waren zusätzliche Investitionen in Entschwefelungs- und Reforminganlagen erforderlich [2]. Bei den gesetzlich vorgeschriebenen Produkteigenschaften unterliegen sowohl die im Inland verarbeiteten als auch die importierten Produktmengen der gleichen Kostenbelastung [3].

Wettbewerbsvorteile für ausländische Anbieter ergaben sich nur dann, wenn Teilmengen der Mineralölerzeugnisse auf Märkten mit weniger strengen Umweltschutzvorschriften abgesetzt werden konnten. Der Verarbeitungsprozeß wurde so gesteuert, daß beispielsweise der im Rohöl enthaltene Schwefel überhaupt nicht oder nur in geringem Umfang extrahiert werden mußte. Die Raffineure lieferten ihre Absatzmengen höherwertiger und umweltverträglicher Produkte in Märkte mit strengen Vorschriften und setzten die übrigen geringerwertigen Mengen auf Märkten mit niedrigeren Produktanforderungen ab [4]. Dadurch waren keine oder nur unwesentliche zusätzliche Investitionen in nachverarbeitende Anlagen erforderlich. Die Verarbeitungskosten lagen daher niedriger als in deutschen Raffinerien. Weil sich die ausländischen Anbieter aufgrund dieser geringfügigen Investitionen relativ schnell an die Produktanforderungen des

---

1) Das Bundesimmissionsschutzgesetz von 1975 legt den Schwefelgehalt in Dieselkraftstoff und leichtem Heizöl fest. Danach ist seit 1979 nur noch ein Schwefelgehalt von 0,3% erlaubt. Die 1983 in Kraft getretene Großfeuerungsanlagenverordnung legt die Grenzwerte für Schwefeldioxid beim Einsatz von schwerem Heizöl fest. Die Technische Anleitung Luft schränkt zusätzlich die Gasemission im gesamten Verarbeitungs- und Vertriebsbereich ein. Der Bleigehalt im Vergaserkraftstoff wurde 1976 von 0,40g/l auf 0,15g/l gesenkt und 1988 ganz verboten. Zu den umweltgesetzgeberischen Maßnahmen siehe im einzelnen: REHFELD (1986), S. 172 ff und MWV (1987), S. 4 f.

2) EG-KOMMISSION (1986), Zf. 57. Die Investitionen in Entschwefelungsanlagen steigen mit dem Entschwefelungsgrad überproportional an. Siehe: MWV (1984), S. 44.

3) Nach Schätzungen fallen 90% der umweltschutzbedingten Verarbeitungskosten bei den produktbezogenen Aufwendungen an. Siehe: GEWOS (1988), S. 46.

4) GEWOS (1988), S. 46 und EG-KOMMISSION (1988), S. 54.

deutschen Marktes anpassen konnten, stellten die gesetzlichen Qualitätsnormen nur ein geringes nichttarifäres Handelshemmnis dar [1]. Eine markteintrittshemmende Wirkung ergab sich durch die Umweltschutzauflagen nicht.

2.3.3. Transportkosten für Rohöl und Mineralölprodukte

Grundsätzlich stellen Transportkosten eine Marktschranke dar. Sie sind für den Produkthandel zwischen den Märkten eine wichtige Bestimmungsgröße. Bei gleichen Produktionskosten und vollkommenem Wettbewerb mit Preisen in Höhe der langfristigen Durchschnittskosten erfolgt wegen der zusätzlichen Transportkosten kein Marktzutritt. Erst Preisunterschiede aufgrund abweichender Produktionskosten oder Angebots- und Nachfragesituation ergeben einen Anreiz zum Markteintritt. Der Zutritt findet statt, wenn die Preisdifferenz zwischen einzelnen Märkten die Transportkosten übersteigt. Die Wahrscheinlichkeit des Zutritts nimmt zu, je kostengünstiger die zur Verfügung stehenden Transportmittel sind und je geringer die Entfernung ist.

Der Rückgang des Mineralölverbrauchs nach den Ölkrisen verursachte nicht nur in der Verarbeitung, sondern auch auf dem Transportmarkt Überkapazitäten. Die Frachtraten im Schiffsverkehr blieben daher im Vergleich zum Preisanstieg bei Rohöl weitgehend stabil [2]. Diese Kapazitätsentwicklung verminderte die Transportkostenempfindlichkeit und führte dazu, daß schon bei geringen Preisdifferenzen Veränderungen der Produktströme zwischen den Märkten auftraten.

Die Bundesrepublik befindet sich am Ende des Rohöltransportweges von der Förderquelle zum Verbraucher. Die exportorientierten Raffinerien in den Förderländern oder

---

1) SCHÜRMANN (1985c), S. 43.

2) Die niedrigen Frachtraten ergaben sich, da trotz gesunkener Schiffsneubauten und verstärkter Abwrackungen in den 80er Jahren weiterhin Überkapazitäten bestanden. Siehe: SHELL (1989a), S. 8 f.

Küstenhäfen der Verbraucherländer besitzen einen Kostenvorteil, weil Rohöl und Produkte auf direktem Weg transportiert werden können. Sobald die Preisdifferenz für Produkte zwischen den Märkten höher ist als der Kostenunterschied zwischen dem Rohöl- und Produkttransport, werden Produkte in die Bundesrepublik importiert. Dagegen muß beim Produktexport aus der Bundesrepublik ein Teil des bereits vom Rohöl zurückgelegten Transportweges nochmals bewältigt werden. Exporte lohnen sich daher erst, wenn die Preisdifferenz zwischen den Märkten diese Transportkosten übersteigt. Ein Export findet daher erst bei wesentlich größeren Preisdifferenzen statt als ein Import. Die geographische Lage der Bundesrepublik begünstigt den Import und erschwert den Export von Produkten.

Der Zustrom von Importen in die Bundesrepublik wird weiterhin durch die Verkehrsinfrastruktur geprägt. Die vorhandenen Wasserstraßen sowie Rohöl- und Produktpipelines bestimmen den Zugang zu den vier regionalen Märkten und beeinflußen das Preisniveau wesentlich [1]:

Der norddeutsche Markt kann aufgrund seiner Verkehrswege kostengünstig mit Fertigprodukten aus dem Ausland versorgt werden. Wegen der geringen Entfernung zum Rotterdamer Markt ergeben sich nur niedrige Transportkosten, die zu einem annähernd gleichen Preisniveau in beiden Märkten führen. Wegen des kürzeren Transportweges aus den nordwest- und osteuropäischen Ländern nach Norddeutschland statt in den ARA-Raum (Amsterdam-Rotterdam-Antwerpen) lagen die Preise in diesem Marktgebiet phasenweise auch unterhalb des Rotterdamer Niveaus.

Durch die Nähe des westdeutschen Marktes zum ARA-Gebiet ergeben sich sehr niedrige Transportkosten, so daß schon geringfügig höhere Preise im Inland zu Importen führen. Über die eigens für den Transport von Fertigprodukten verlegte Rhein-Main-Rohrlei-tung (RMR) können Mineralölerzeugnisse kostengünstig in den

1) DIEDERICHS (1984b), S. 8.

Westen und auch Südwesten geliefert werden [1]. Die niedrigen Kosten wurden aber auch durch Überkapazitäten in der Binnenschiffahrt verursacht, die zu einem intensiven Wettbewerb zwischen den Anbietern von Transportleistungen führten [2]. Zwar ist der innerdeutsche Binnenschiffsverkehr durch Tarifbestimmungen reglementiert. Bei grenzüberschreitenden Transporten auf dem Rhein gelten allerdings keine administrierten Preise, weil der Fluß den Status einer internationalen Wasserstraße besitzt [3].

Der südwestdeutsche Markt wird über den Rhein und die RMR mit Fertigprodukten aus Rotterdam und über die Südeuropäische Pipeline (SEPL) und Transalpine Leitung (TAL) aus dem Mittelmeerraum mit Halbfertigprodukten versorgt. Die Preisniveaus in Rotterdam und im Mittelmeerraum unterscheiden sich langfristig höchstens um die Transportkosten zwischen beiden Märkten. Die geringere Entfernung von den Rohölfördergebieten und Exportraffinerien in Nordafrika und im Nahen Osten führt im Mittelmeerraum zu einem tendenziell niedrigeren Preisniveau als in Rotterdam. Durch die Möglichkeit der oberrheinischen Raffinerien, sich aus dem Mittelmeerraum zu versorgen, orientieren sich die Preise im südwestdeutschen Markt an dem im Mittelmeerraum herrschenden Preisniveau. Dadurch ergeben sich Beschaffungskostenvorteile, die die Wettbewerbsfähigkeit der südwestdeutschen Raffinerien gegenüber den Rotterdamer Importen verbessern.

---

1) Siehe Abb. 13. Die Kostenstruktur von Pipelines zeichnet sich durch hohe fixe Kosten aus. Durch die Irreversibilität der Investition ist schon bei marginalen Preisunterschieden die Nutzung dieses Transportmittels vorteilhaft. Siehe: NAGEL (1968), S. 14 ff und ISSEL (1972), S. 89 f.

2) O.V. (1982i) und WANNER (1988). Der Binnenschifftransport von Mitteldestillat kostet im innerdeutschen Verkehr von Duisburg nach Koblenz mit 9,60 DM/t mehr als im grenzüberschreitenden Verkehr von Rotterdam nach Frankfurt mit 8,50 DM/t. Siehe: MWV (1988a), S. 41.

3) Durch die Mannheimer Schiffahrtsakte von 1868 ist der Rhein eine internationale Wasserstraße. Siehe: WATERMANN (1982).

Abb. 13: Transportkosten von Verkehrsmitteln (Pf/tkm) [1]:

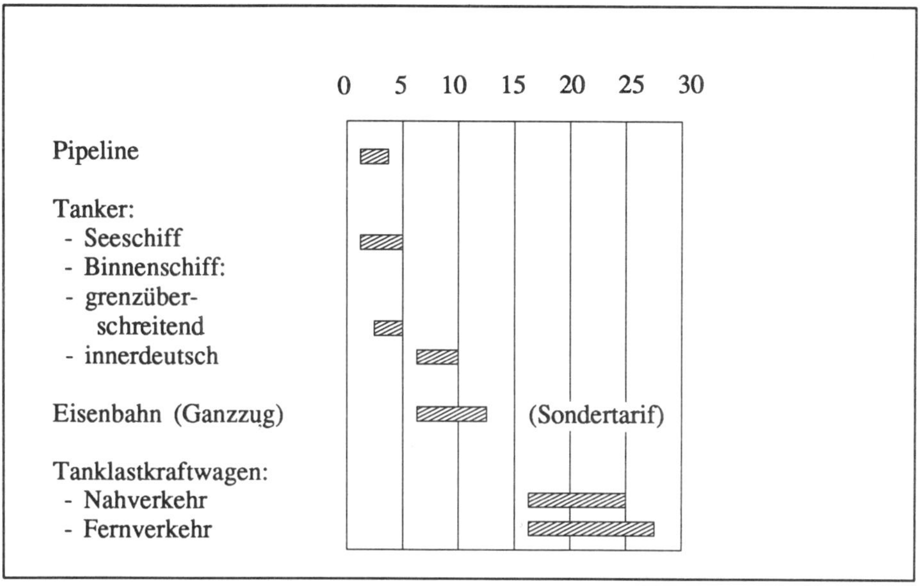

Der süddeutsche Markt kann als einziges Gebiet in der Bundesrepublik wegen fehlender Transportwege nicht mit Fertigprodukten aus Rotterdam versorgt werden [2]. Halbfertigprodukte können nur über die Centraleuropäische Leitung (CEL) und Transalpine Leitung (TAL) aus dem Mittelmeerraum bezogen werden. Die niedrigen Produktmengen, die über die Donau in den süddeutschen Markt einfließen, haben einen geringen preissetzenden Einfluß. Die Preise im süddeutschen Raum werden deshalb vorwiegend durch das Preisniveau im Mittelmeerraum beeinflußt [3].

1) SCHÖNFELLINGER (1978), S. 78 und Firmenangaben.

2) Der Transportkostenvorteil gegenüber dem Rotterdamer Markt wird nach Firmenangaben auf 50 DM/t geschätzt.

3) Der Einfluß der internationalen Produktpreise auf den südwest- und süddeutschen Markt hätte sich verändert, wenn eine der vorhandenen Rohölpipelines SEPL, CEL oder TAL für den Transport von Fertigprodukten umgestellt worden wäre. Die Durchführung scheiterte an den divergierenden Interessen der beteiligten Unternehmen und an technischen Restriktionen.

2.4. Einzelwirtschaftliche Kostenersparnisse

Im folgenden werden die Vorteile betrachtet, die sich aus den Ersparnissen bei optimaler Betriebsgröße in der Rohöldestillation und Konversion sowie bei verbundener Produktion der Mineralölverarbeitung mit der Rohölförderung oder der petrochemischen Verarbeitung ergeben [1].

2.4.1. Verbundvorteile bei der fördernahen Verarbeitung

In den Förderländern des Nahen Ostens, Nordafrikas und Osteuropas wurden die Verarbeitungskapazitäten zwischen 1973-1988 nahezu verdoppelt. Dieser Ausbau und der zunehmende Export von Mineralölprodukten in die Verbraucherländer ist im wesentlichen auf Verbundvorteile einer fördernahen Verarbeitung zurückzuführen [2].

Durch die räumliche Konzentration der Rohölförderung und -verarbeitung ergeben sich Kostenersparnisse. Bei der Rohölförderung anfallendes Erdgas kann nur am Ort des Rohstoffvorkommens genutzt werden, weil der Transport in die Verbraucherländer wegen fehlender kostengünstiger Verkehrsmittel nicht rentabel ist [3]. Vor den Ölkrisen wurde das Erdgas überwiegend abgefackelt, da es nur in geringen Mengen ökonomisch genutzt werden konnte. Mit dem Anstieg der Rohölpreise erhöhte sich der Wert des

---

1) Zu den Grundlagen der einzelwirtschaftlichen Kostenersparnisse siehe: BAILEY, FRIEDLÄNDER (1982), BAIN (1968), KANTZENBACH (1967), KAUFER (1980), KOUTSOYANNIS (1979), PANZAR, WILLIG (1977) und (1981) und SCHERER (1980).

2) Während zwischen 1973-1988 die Verarbeitungskapazitäten weltweit geringfügig von 3213 auf 3701 Mio t stiegen, wurden sie in den Förderländern Afrikas und des Nahen Ostens von 179 auf 350 Mio t fast verdoppelt. Als Folge dieser Entwicklung stiegen die Nettoexporte von 45 auf 112 Mio t an. Siehe dazu: BP (1973-1989b).

3) RAUSCHER, SIEBERT (1985), S. 9.

Erdgases, so daß der wirtschaftliche Anreiz zur Nutzung stieg. Mit dem Ausbau der Mineralölverarbeitungskapazitäten in den Förderländern bot sich der Rohstoff als kostengünstiger Einsatzfaktor in der Mineralölverarbeitung an. Aus dem Erdgas läßt sich Wasserstoff erzeugen, der eine kostengünstige Versorgung von Hydrocrackern ermöglicht und hohe Investionen zum Bau von Wasserstoffanlagen erübrigt [1]. Da bei Hydrocrackern die Betriebskosten durch die erforderlichen Aufwendungen für die Bereitstellung des Wasserstoffs in starkem Maße beeinflußt werden, ergibt sich ein beträchtlicher Verbundvorteil. Durch den Einsatz des Erdgases lassen sich die Verarbeitungskosten in der Weiterverarbeitung spürbar senken.

Ein weiterer Verbundvorteil ergibt sich aus der Gewinnung von Flüssiggas bei der Rohölverarbeitung, das als kostengünstiger Einsatzfaktor zur Verfügung steht. Dieses Gas wird zur Steigerung der Ausbeute der Rohölvorkommen in die Lagerstätten gepumpt. Durch die erhöhte Fördermenge an Rohöl ergeben sich indirekt niedrigere Beschaffungskosten, die einen weiteren Verbundvorteil darstellen [2].

2.4.2. Größenvorteile in der Verarbeitung

Die Wettbewerbsfähigkeit der Raffinerien wird maßgeblich durch die Höhe der Verarbeitungskosten beeinflußt. Diese Kosten werden durch die Betriebsgröße vorgegeben, da sich mit zunehmender Ausbringungsmenge Ersparnisse ergeben.

Die mindestoptimale technische Betriebsgröße der Raffinerien wird zunächst durch die Massenproduktionsvorteile der Destillation bestimmt. Unabhängig von ökonomischen und technischen Restriktionen außerhalb des Raffineriebereiches ergeben sich Betriebsgrößenvorteile bei Destillationsanlagen bis zu einer Kapazität von 15-20 Mio t/a.

---

1) SCHÜRMANN (1985c), S. 44 und WELBERGEN (1978), S. 200.

2) RAUSCHER, SIEBERT (1985), S. 9 f.

Neben den reinen Verarbeitungskosten kommt den Beschaffungs- und Absatzkosten eine wesentliche Bedeutung zu [1]. Diese mit zunehmender Ausbringungsmenge steigenden Kosten bewirken, daß beim Überschreiten einer Kapazität von 10 Mio t/a nur noch minimale Kostenersparnisse zu erzielen sind. Deshalb wird bereits bei dieser Kapazität von einer mindestoptimalen Betriebsgröße gesprochen [2].

Bei der Betrachtung der technischen mindestoptimalen Betriebsgröße sind nur die Verarbeitungskosten relevant, die sich wie folgt aufteilen [3]:

- 50% Energieverbrauch
- 15% Personalkosten
- 10% Kapitalkosten
- 25% Sonstige Aufwendungen

Der Energieverbrauch nimmt mit der Anlagenkapazität unterproportional zu, weil mit zunehmender Größe die Abwärmenutzung und Wärmerückgewinnung einen besseren Wirkungsgrad erreicht. Die Anzahl der Beschäftigten und damit die Personalkosten hängen von der Anzahl der installierten Anlagen und der Komplexität der Raffinerie ab. Dagegen beeinflußt die Kapazität einer einzelnen Anlage die Beschäftigtenzahl nicht. Die Kapitalkosten lassen sich mit der "Zwei-Drittel-Regel" erklären. Während die Kapazität durch das Volumen einer Anlage in der dritten Potenz wächst, nehmen die von der Oberfläche abhängigen Material- und Fabrikationskosten nur in der zweiten Potenz zu [4]. Die sonstigen Aufwendungen entwickeln sich annähernd

---

1) DIW (1985), S. 189 f.

2) BECKENSTEIN, KAUFER, MURPHY, SCHERER (1975), S. 80. Eine Übersicht über die verschiedenen Schätzungen von MOS gibt: MONOPOLKOMMISSION (1986), S. 248.

3) DIW (1985), S. 195.

4) KAUFER (1980), S. 67. Zu den Kapitalkosten in Abhängigkeit von der Kapazität siehe: WALLMANN (1969), S. 177 ff.

proportional zu den Kapitalkosten [1]. Insgesamt ergibt sich daraus ein unterproportionaler Anstieg der Verarbeitungskosten mit zunehmender Ausbringungsmenge. Bei mindestoptimaler Betriebsgröße einer Raffinerie von 10 Mio t/a liegen die Verarbeitungskosten um 20% niedriger als bei einer mit 5 Mio t/a [2].

Werden die beschaffungs- und absatzseitigen Einflußgrößen mit berücksichtigt, wirken sich die Größenvorteile in der Mineralölverarbeitung geringfügiger auf die gesamten Stückkosten aus. Die Kostenstruktur in der Mineralölverarbeitung zeichnet sich dadurch aus, daß allein die Beschaffungsskosten für Rohöl und Halbfertigprodukte zwischen 70-80% der Herstellungskosten betragen [3]. Bei Berücksichtigung dieser Kosten sinken die Ersparnisse bei 1/2-MOS um 3% und bei 1/3 MOS um 5% [4].

Bei der bisherigen Betrachtung wurde davon ausgegangen, daß in den Raffinerien nur eine Destillationsanlage betrieben wird. Neben den Massenproduktionsvorteilen beeinflussen auch Vorteile aufgrund zentralisierter Reserven die Verarbeitungskosten [5]. Daher ist in den meisten Raffinerien die gesamte Kapazität nicht in einer einzigen

---

1) DIW (1985), S. 195 ff.

2) DIW (1985), S. 197.

3) HEUER, SCHMITT, SCHULZ (1989), S. 80. Zu den Kostenstrukturen in der Mineralölverarbeitung siehe auch: SCHÖTTLER (1971), S. 166 ff.

4) BECKENSTEIN, KAUFER, MURPHY, SCHERER (1975), S. 80.

5) Zu den Vorteilen aufgrund zentralisierter Reserven siehe: KANTZENBACH (1967), S. 56.

Destillationsanlage realisiert, sondern auf mehrere Einzelaggregate verteilt. Damit nimmt die Flexibilität beim Einsatz unterschiedlicher Rohölsorten zu und die Kosten der Bereitstellung von Ausfallreserven sinken [1].

Im Unterschied zu den Destillationsanlagen wird bei den Weiterverarbeitungsanlagen die mindestoptimale Betriebsgröße schon bei einer deutlich geringeren Kapazität erreicht. Durch den höheren Druck und die höhere Temperatur im Produktionsprozeß unterliegen die Anlagen bei der Dimensionierung wesentlichen technischen Restriktionen. Daher liegt die technische mindestoptimale Betriebsgröße bereits bei 2-3 Mio t/a.

Bei den Crackanlagen wird eine vollständige Versorgung mit schwerem Rückstand aus der eigenen Destillation mit den hohen Transportkosten für den Einsatzstoff und durch die Energieeinsparungen, die sich mit der sofortigen Weiterverarbeitung des erhitzten Rückstands ergibt, erklärt [2]. Wegen dieser Verbundvorteile ist ein Zukauf von schwerem Rückstand zur Auslastung der Crackanlagen nur bedingt wirtschaftlich. Daher orientiert sich die Kapazität der Konversion an der Kapazität der Destillation in einer Raffinerie [3]. Weil nur ein Teil der Rohölausbeute in Crackern weiterverarbeitet wird, ergibt sich aufgrund des gemeinsamen Vielfachen ein Betriebsgrößenvorteil in der Konversion nur bei ausreichender Rohölverarbeitungsmenge [4]. Aufgrund

---

1) Von den 35 zwischen 1973-1988 in Betrieb befindlichen Raffinerien und Mineralölwerken verfügten:

12	Raffinerien über	1	Destillationsanlage
15	Raffinerien über	2	Destillationsanlagen
8	Raffinerien über	3-5	Destillationsanlagen

2) DIW (1985), S. 180. Eine Energieeinsparung ergibt sich, weil der schwere Rückstand beim Einsatz in die Konversion nicht erneut erhitzt werden muß.

3) Die Einsatzmenge für die Konversion hängt von der verarbeiteten Rohölsorte und den Absatzmöglichkeiten für schweren Rückstand ab.

4) Zu den Vorteilen aufgrund des gemeinsamen Vielfachen siehe: KANTZENBACH (1967), S. 56 und KAUFER (1980), S. 66.

dieser beschaffungsseitigen Komponente werden in der Konversion bereits bei einer Kapazität von 1 Mio t/a die Betriebsgrößenvorteile weitgehend ausgeschöpft [1].

2.4.3. Verbundvorteile in der Petrochemie

Die petrochemischen Werke wurden in den meisten Fällen in der Nähe von Raffinerien errichtet, um Verbundvorteile beim gemeinsamen Betrieb der Mineralölverarbeitung mit der Petrochemie zu realisieren [2]. Bei der räumlichen Zusammenfassung beider Stufen ergeben sich Kostenvorteile durch die Verminderung von Transport- und Lagerkosten sowie der gemeinsamen Nutzung von Produktionsanlagen [3]. Analog zur Mineralölverarbeitung ergeben sich auch bei einer fördernahen Herstellung petrochemischer Erzeugnisse Verbundvorteile.

Von der Mineralölverarbeitung werden Roh- und Reformatbenzin sowie Mitteldestillat an die nachgelagerte Petrochemie geliefert. Das bei der Olefinerzeugung anfallende Crackbenzin sowie das von Aromaten teilweise gereinigte Reformatbenzin wird für die Erzeugung von Kraftstoffen zurückgeliefert. Ebenso wird das zur Paraffingewinnung gelieferte Mitteldestillat zur Erzeugung von Dieselkraftstoff in der Mineralölverarbeitung wieder eingesetzt [4].

---

1) DIW (1985), S. 192. In der Bundesrepublik verfügten die Raffinerien weitestgehend über Cracker mit MOS-Kapazität. Die durchschnittliche Kapazität überschritt 1988 mit 1,2 Mio t die mindestoptimale Betriebsgröße.

2) BP (1982), S. 4. Zu Verbundvorteilen siehe: MÄNNEL (1979), Sp. 2088 ff.

3) Die enge Verflechtung der Produktionsstufen zeigen die Pipelineverbindungen zwischen Mineralölverarbeitung und Petrochemie. Siehe: KNOPF (1968), S. 3 f.

4) Die Rückflüsse bei der Olefinproduktion betragen nach Firmenangaben 20-30% und bei der Aromaten- und Paraffingewinnung 80-90% der Einsatzstoffe.

Die Hintereinanderschaltung von Produktionsstufen ermöglicht eine bessere Koordinierung der Prozeßabläufe. Durch die gegenseitige Abstimmung der Produktionsstufen und die kontinuierliche physische Verfügbarkeit der Einsatzstoffe erübrigen sich kapitalintensive Zwischenläger [1]. Aufgrund des hohen Produktwertes der Mineralölerzeugnisse wirken sich schon geringe Ersparnisse bei der Lagerung nachhaltig auf die Rentabilität der petrochemischen Verarbeitung aus.

Verbundvorteile ergeben sich auch beim Betrieb von Hydrocrackern durch die Nutzung bereits bestehender Kapazitäten zur Wasserstofferzeugung. Entweder werden dabei nicht ausgelastete Kapazitäten genutzt oder mit der Erweiterung von Kapazitäten Betriebsgrößenvorteile realisiert. Bei diesem Konversionsverfahren entsteht ein hoher Wasserstoffbedarf, der bei alleinigem Betrieb eine kapitalintensive Anlage zur Wasserstofferzeugung erfordern würde [2]. Im Verbund kann der Bedarf an Wasserstoff aus petrochemischen Prozessen gedeckt werden, bei denen er ohnehin in hohen Mengen anfällt [3]. Aufgrund der hohen Kosten erfolgt ein Transport zum Verkauf des Wasserstoffs nur in geringem Umfang und nicht über größere Entfernung. Weil eine anderweitige Verwendung keinen nennenswerten ökonomischen Nutzen bringt, ergibt sich durch den Einsatz in Konversionsanlagen am gleichen Standort ein Verbundvorteil.

Ein weiterer Verbundvorteil wird durch die räumliche Konzentration der Rohölförderung mit der petrochemischen Weiterverarbeitung erreicht [4]. Das bei der Rohölförderung anfallende Erdgas steht kostengünstig für die Erzeugung von Ethylen zur Ver-

---

1) SIGLOCH (1974), S. 102.

2) Der Wasserstoffbedarf kann innerhalb der Raffinerie nur gedeckt werden, wenn ein Reformer mit ausreichender Kapazität zur Verfügung steht.

3) PASS (1982), S. 128.

4) O.V. (1981e), S. 96. Der größte Standortvorteil der petrochemischen Industrie in den Golfstaaten liegt in der auf Erdgas basierenden Ethylenproduktion: HABIBI (1985), S. 205.

fügung [1]. Aus diesem Grund wurden in einigen Förderländern des Nahen Ostens und Nordafrikas Kapazitäten zur Erzeugung von Ethylen auf Erdgasbasis errichtet [2]. In Europa stand Erdgas für die Ethylenerzeugung erst mit der Förderung in der Nordsee in ausreichenden Mengen zur Verfügung. Zur Steigerung der Wettbewerbsfähigkeit gegenüber den Importen petrochemischer Produkte aus den Förderländern kam es deshalb zu einer Verlagerung der petrochemischen Verarbeitung in Küstenstandorte des Nordseeraumes [3].

---

1) RAUSCHER, SIEBERT (1985), S. 9.

2) HABIBI (1985) S. 195 ff.

3) Daher wurden nicht nur in den Förderländern, sondern auch in Nordwesteuropa neue Verarbeitungskapazitäten errichtet: STANGE (1982), S. 63.

2.5. Vorteile vertikaler Integration

Die Mineralölindustrie ist durch eine hohe vertikale Integration gekennzeichnet. Im folgenden werden die Vorteile einer vertikalen Integration in die vorgelagerte Marktstufe der Rohölförderung sowie die nachgelagerten Stufen des Mineralölabsatzes und der petrochemischen Weiterverarbeitung untersucht. Dabei steht die Ersparnis von Koordinationskosten im Vordergrund [1].

2.5.1. Rohölförderung

Die Verfügbarkeit eigener Rohölquellen ist wegen der geologisch bedingten Knappheit der Ressourcen eine wichtige Voraussetzung für eine gesicherte Versorgung mit Rohöl. Aufgrund der im Verhältnis zum Rohölwert geringen Verarbeitungsmargen ergeben sich bei einer umfangreicheren Vorratshaltung von Rohöl zur Überbrückung temporärer Versorgungsengpässe hohe Kapitalbindungskosten, die die Rentabilität der Verarbeitung gefährden. Eine für den wirtschaftlichen Betrieb kontinuierliche und langfristig gesicherte Belieferung mit Rohöl ist erforderlich [2], weil Mineralölverarbeitungsanlagen kapitalintensive und transaktionsspezifische Investitionen mit hoher Nutzungsdauer darstellen.

Vor den Ölkrisen sicherten sich die Mineralölgesellschaften durch Konzessionen und Förderkartelle den Zugang zu den Rohölvorkommen [3]. Mit der Enteignung der Förderquellen durch die OPEC-Länder nach der 1.Ölkrise wurde die vertikale Struktur der

---

1) Zu den Grundlagen des Transaktionskostenansatzes siehe: BÖSSMANN (1982) und (1983), COASE (1960), PICOT (1982) und WILLIAMSON (1971), (1979) und (1985).

2) TEECE (1976), S. 115.

3) SCHÜRMANN (1980), S. 21.

Mineralölgesellschaften aufgebrochen, wodurch Integrationsvorteile verloren gingen. Um die dadurch entstandenen Kostennachteile zu reduzieren, schlossen die Mineralölgesellschaften zur Sicherung der Versorgung langfristige Verträge mit den Förderländern ab, die nach der vertikalen Integration als zweitbeste Koordinationsform angesehen wurden.

Mit der Enteignung brachte die OPEC einen bedeutenden Anteil des Weltrohölangebotes unter ihre Kontrolle. Als Reaktion auf die Ereignisse dehnten die Mineralölgesellschaften die Exploration und Förderung in Regionen außerhalb der OPEC, besonders in der Nordsee, aus [1]. Damit wurde die Bezugsstruktur für Rohöle diversifiziert und die vertikale Struktur teilweise wieder hergestellt [2]. Die Abhängigkeit von den aus OPEC-Ländern stammenden Rohöllieferungen wurde durch diese Angebotsausweitung vermindert, wenn auch weiterhin ein nicht unerheblicher Teil aus diesen Ländern bezogen werden mußte.

Mit der Zunahme des Rohölangebotes und dem Verbrauchsrückgang nach der 2.Ölkrise sank die Unsicherheit der Rohölbeschaffung. Wegen der gesunkenen Transaktionskosten bei zugekauften Rohölen verzichteten die Mineralölgesellschaften auf eine durch langfristige Verträge gesicherte Versorgung und zogen seit Beginn der 80er Jahre eine flexible Rohölbeschaffung am Markt vor [3].

Um die nach der 1.Ölkrise verlorengegangenen Integrationsvorteile im Mineralölgeschäft wieder zu erlangen, integrierten sich die Förderländer in die Marktstufen der Verarbeitung und des Vertriebes. Daß sich die Förderländer nicht nur im eigenen Land, sondern auch in den Verbraucherländern in nachgelagerte Marktstufen

---

1) Das Hauptproblem der Mineralölgesellschaften nach der 1.Ölkrise war nicht der Verbrauchsrückgang, sondern die Sicherung der Rohölbeschaffung. Siehe dazu: JÖNCK (1975), S. 313 ff und SCHNEIDER (1976), S. 60 ff.

2) Zu den Förderaktivitäten in der Nordsee siehe: HARMS (1980).

3) Der Anteil am Spotmarkt gehandelter Rohöle stieg zwischen 1979-1985 von schätzungsweise 3% auf 75%. Siehe: O.V. (1985h), S. 4.

integrierten, ist ein Hinweis darauf, daß neben Verbundvorteilen einer fördernahen Verarbeitung auch Vorteile einer unternehmensinternen Koordination bestanden [1].

Neben den Koordinationskostenersparnissen läßt sich die Integration auch mit den Gewinnen in der Rohölförderung erklären. In der Bundesrepublik wird die Förderung des Rohöls reglementiert, indem Konzessionen vergeben werden. Mit dem geförderten Rohöl wird ein festgesetzter Förderzins erhoben [2]. Bei seiner Festlegung orientiert sich der Staat am langfristigen Rohölpreis auf dem internationalen Markt. Bis 1973 war der Förderzins so festgesetzt, daß nach Abzug der Förderabgaben mit den verbleibenden Erlösen die Förderkosten zwar gedeckt, aber nennenswerte Gewinne nicht erzielt werden konnten. Nach den Rohölpreissteigerungen von 1973 und 1979 veränderte sich die Erlössituation grundlegend. Weil der inländische Förderzins als Reaktion auf die Preisentwicklung nur in geringem Umfang erhöht wurde, stiegen die Förderabgaben nicht in dem Maße wie die Erlöse. Dadurch ergaben sich hohe Fördergewinne, die als Windfall-Profits [3] bezeichnet werden [4].

Die Vermutung liegt nahe, daß integrierte Unternehmen diese Fördergewinne nutzten, um die Mineralölverarbeitung im Inland zu subventionieren [5]. Die Folge der Gewinnverschiebung wären geringere Stillegungen bei den Destillationskapazitäten der

---

1) Siehe dazu: O.V.(1983c), S. 110, (1986b), S. 160 f und (1987c), S. 8.

2) Der Förderzins bezieht sich auf den Marktwert des Rohöls ohne Abzug der Förderkosten.

3) Windfall-Profits = Gewinne, die sich ohne zielgerichtetes Handeln durch veränderte Marktbedingungen ergeben.

4) Siehe Abb. 14.

5) Zur Diskussion über die Auswirkungen der inländischen Fördergewinne auf den Strukturwandel in der Mineralölverarbeitung der Bundesrepublik siehe: JÜRGENSEN (1977), (1978) und (1980), MEYER-RENSCHHAUSEN (1982), SCHMITT, SCHÜRMANN (1981), SCHÜRMANN (1982) und WELBERGEN (1980).

Abb. 14: Die Preisentwicklung bei inländischem Rohöl

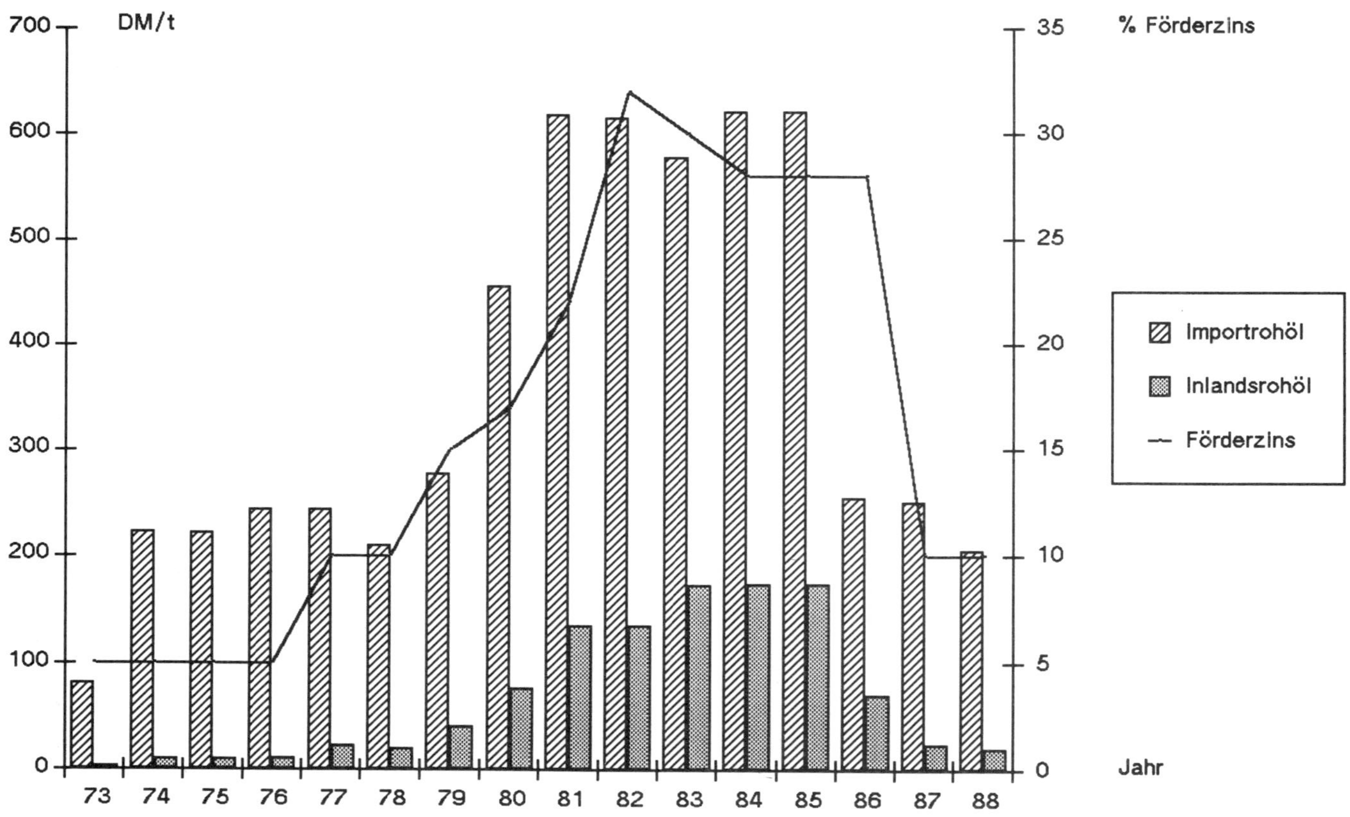

Quelle: WIRTSCHAFTSVERBAND ERDÖL- UND ERDGASGEWINNUNG (1973-1988) und MWV (1988b), S. 42.

integrierten gegenüber den nicht integrierten Unternehmen gewesen [1]. Die geringeren Stillegungen hätten damit begründet werden können, daß ein verstärkter Ausbau der Konversionsanlagen die Wettbewerbsfähigkeit der Raffinerien verbessert [2]. Mit dem zusätzlich verfügbaren Kapital aus den Fördergewinnen hatten die Haves die finanziellen Möglichkeiten, in Konversionsanlagen zu investieren. Wie die Untersuchung zeigen wird, wurden diese Gewinne jedoch nicht zum verstärkten Ausbau in den Raffinerien verwendet.

2.5.2. Mineralölabsatz

Durch die Homogenität der Produkte und die weitgehende Preistransparenz auf dem internationalen Markt bei der Beschaffung von Mineralölprodukten ergeben sich nur geringe Informationskosten, die für sich allein nur einen unwesentlichen Anreiz zur vertikalen Integration bieten [3].

Die ausgeprägte vertikale Integration zwischen den beiden Marktstufen der Verarbeitung und des Vertriebs ist auf Kostenersparnisse durch unternehmensinterne Koordination zurückzuführen, die sich aufgrund von irreversiblen Investitionen ergeben. Die Verarbeitungsanlagen stellen transaktionsspezifische Investitionen dar, für deren wirtschaftlichen Betrieb neben einer stetigen Rohölversorgung auch ein kontinuierlicher Produktabsatz erforderlich ist. Nur durch einen gesicherten Absatz lassen sich Lager-

---

1) Die in die inländische Förderung integrierten Unternehmen Esso, Shell, Mobil, Texaco und Wintershall werden als Haves, alle anderen als Have-nots bezeichnet.

2) SCHMITT, SCHÜRMANN (1982), S. 45 und WILLMS (1977), S. 615.

3) Ein geringer Anreiz ergibt sich, weil durch die Art der Informationserhebung keine vollständige Preistransparenz besteht. Siehe dazu: LUDEWIG (1977), S. 165 f und PAETOW (1985), S. 681.

und Kapitalkosten minimieren, die aufgrund der geringen Verarbeitungs- und Vertriebsmargen die Rentabilität des Mineralölgeschäftes wesentlich bestimmen [1].

Außerdem besteht ein Anreiz zur vertikalen Integration, um die Versorgung des eigenen Absatzmarktes zu sichern [2]. Mit der Verfügbarkeit eigener Verarbeitungskapazitäten wird eine weitgehende Unabhängigkeit gegenüber der Angebotssituation auf dem internationalen Produktmarkt erreicht. Durch die Integration kann bei einer Angebotsverknappung der Absatzmarkt eines Unternehmens ausreichend mit Produkten versorgt und der eigene Marktanteil gegenüber Konkurrenten verteidigt werden.

Die in Westeuropa bestehenden Verarbeitungskapazitäten sind weitgehend im Besitz vertikal integrierter Mineralölkonzerne. Ein großer Teil der über den Rotterdamer Markt transferierten Rohöl- und Produktmengen wird innerhalb dieser Konzerne gehandelt und steht dem freien Markt nicht zur Verfügung [3]. Die Versorgungsmöglichkeiten der nicht in die Verarbeitung integrierten Handelsunternehmen wird durch die verfügbaren Produktmengen am Markt determiniert. Das Angebot an Mineralölerzeugnissen ist jedoch begrenzt, weil die konzernungebundenen Raffineure nur über geringe Verarbeitungskapazitäten verfügen. Außerdem bieten die integrierten Mineralölkonzerne nur dann Produkte an, wenn die Verarbeitungsmengen das Absatzvolumen der eigenen Vertriebsstufe übersteigen.

Wegen des im Verhältnis zum Mineralölverbrauch in Westeuropa geringen Handelsvolumens ist der Rotterdamer Markt nur für eine marginale Versorgung geeignet, auf

---

1) TEECE (1976), S. 131.

2) TEECE (1976), S. 129.

3) Von den jährlich 50 Mio t in Rotterdam gehandelten Produkten werden 40% innerhalb der Konzerne umgesetzt, 20% von unabhängigen Raffinerien angeboten und 40% aus Drittländern importiert. Dadurch umfaßt der freie Handel ungefähr 20-30 Mio t. Siehe: BURCHARD (1980), S. 471. Entsprechend werden etwa 60% der Fertigprodukte in die Bundesrepublik von integrierten Konzernen importiert: O.V. (1987e), S. 7.

dem Überschüsse angeboten und Bedarfsspitzen gedeckt werden können [1]. Der Ausgleich zwischen Angebot und Nachfrage der Mineralölprodukte erfolgt fast ausschließlich über den Preis. Durch eine weitgehend unelastische Nachfrage ist der Preis starken Schwankungen unterworfen, die zu hohen Anpassungskosten bei einer Abwicklung über den Markt führen [2]. Diese hohen Kosten begünstigen eine unternehmensinterne Koordination.

Die vertikal in die Vertriebsstufe integrierten Raffineriegesellschaften besaßen im Betrachtungszeitraum 85-90% des Marktanteiles, während die unabhängigen Importeure nur 10-15% des inländischen Absatzbedarfes deckten [3]. Auf dem deutschen Mineralölmarkt traten Anbieter auf, die sich aufgrund ihrer Unternehmensstruktur in vier Gruppen unterteilen ließen [4]:

- Große internationale Unternehmen, zu denen die Tochtergesellschaften der BP, Chevron, Royal Dutch/Shell, Texaco, Exxon und Mobil Oil gehörten.

- Kleine internationale Gesellschaften, zu denen Agip, Conoco, Elf, Fina, Marathon, SCC und Total zählten. Durch Übernahme von Beteiligungen kamen in den 80er Jahren Coastal und Petroleos de Venezuela hinzu.

---

1) BAUM (1983), S. 67 f. Auf dem Rotterdamer Markt werden Mineralölprodukte vorwiegend auf kurzfristiger Basis in kleinen Mengen von 1000 t (Barge) und 20000 t (Cargo) gehandelt.

2) JACOB (1985), S. 59 und MITCHELL (1976), S. 143.

3) BAUM (1983), S. 67. Zu den Vertriebsstrukturen in der Bundesrepublik siehe: MEYERHÖFER (1979).

4) MONOPOLKOMMISSION (1982), S. 248 ff.

- Die Gruppe der deutschen Gesellschaften bildeten Gelsenberg, Saarberg, Union Rheinische Braunkohlen Kraftstoff, VEBA OEL und Wintershall.

- Konzernungebundenen Importeure ohne eigene Verarbeitungsanlagen.

Um die Vorteile einer vertikalen Integration vollständig zu realisieren, werden die Verarbeitungskapazitäten generell am Absatzvolumen orientiert. Vor den Ölkrisen waren die Kapazitäten aufgrund der hohen Integrationsvorteile so bemessen, daß auch Bedarfsspitzen weitgehend aus eigener Verarbeitung gedeckt werden konnten. Nach der 2.Ölkrise entstanden durch den Rückgang des Mineralölverbrauchs in Westeuropa Überkapazitäten, die zu einem hohen Angebot von Mineralölprodukten und einem verschärften Wettbewerb mit gesunkenen Verarbeitungsmargen führten. Durch das umfangreiche Produktangebot wurden die Versorgung erleichtert und die Integrationsvorteile vermindert. Deshalb deckten die Mineralölgesellschaften zur Verbesserung der Rentabilität in der Verarbeitung Bedarfsspitzen zunehmend über den Markt. Daher wurde in den 80er Jahren vom Grundsatz der vollständigen Integration zugunsten einer verbesserten Auslastung abgewichen und die Kapazitäten graduell unter das Absatzvolumen gesenkt.

Die Verarbeitungskapazitäten wurden auch deshalb am Absatzvolumen orientiert, weil sich die in der Mineralölindustrie praktizierten Tauschmengenabkommen nicht zur Sicherung von Integrationsvorteilen eignen. Grundsätzlich werden zur Einsparung von Transportkosten von den Mineralölgesellschaften Tauschmengenabkommen mit kurzer vertraglicher Laufzeit vereinbart. Dabei stellt ein Unternehmen einem Wettbewerber am eigenen Raffineriestandort Produkte zur Verfügung und erhält zum Ausgleich an dessen Standort die gleichen Mengen. Durch den Mengentausch entstehen nur geringe Transaktionskosten, so daß schon bei geringen vermeidbaren Transportkosten diese Tauschform praktiziert wird [1].

---

1) Mit den Raffinerieschließungen in der Bundesrepublik ist das Tauschmengenvolumen merklich gestiegen. Nach Angaben des MWV betrug es Mitte der 80er Jahre etwa 70 Mio t.

Wenn zwei Unternehmen an verschiedenen Standorten jeweils über unausgelastete Kapazitäten verfügen, besteht durch Tauschmengen grundsätzlich die Möglichkeit, jeweils einen Standort aufzugeben und sich beim Tauschpartner zu versorgen. Mit der Stilllegung überschüssiger Kapazitäten ließen sich die verbleibenden Kapazitäten besser auslasten [1]. Das Zustandekommen dieser Vereinbarungen setzt jedoch eine dauerhafte symmetrische Interessenlage beider Partner voraus. Die Voraussetzungen, die zum Tauschmengenabkommen führen, sind im Zeitablauf veränderlichen ökonomischen Einflüssen ausgesetzt. Bei einer Änderung der Interessenlage bestünde die Gefahr opportunistischen Verhaltens [2]. Daher wurde diese Koordinationsform nur für kurzfristige Transaktionen herangezogen. Zur langfristigen Sicherung von Integrationsvorteilen wurden Beteiligungen oder Verträge mit langer Laufzeit gewählt.

2.5.3. Petrochemie

Die vertikale Integration zwischen der Mineralölverarbeitung und Petrochemie läßt sich im wesentlichen durch Kostenersparnisse bei der unternehmensinternen Koordination von Transaktionen begründen. Bei den petrochemischen Anlagen handelt es sich um transaktionsspezifische Investitionen, da eine Verwendung für andere Produktionsprozesse nicht möglich ist. Die lange Nutzungsdauer erfordert eine langfristig gesicherte Versorgung mit Rohstoffen [3]. Um das ökonomische Risiko der Investition zu minimieren, werden die Anlagen daher im eigenen Unternehmen oder durch Kooperation in Gemeinschaftsunternehmen betrieben [4].

---

1) Zu den Tauschmengen siehe: BUNDESKARTELLAMT (1981), S. 79 f und EG-KOMMISSION (1986), Zf. 25.

2) TEECE (1976), S. 118.

3) STRECK (1984), S. 59.

4) Zu den unterschiedlichen Formen der Kooperation siehe: RICHARDSON (1972) und DIRRHEIMER (1985).

Wie beim Mineralölabsatz läßt sich in der Petrochemie die vertikale Integration allein aufgrund der Preistransparenz und der Homogenität der Produkte nicht begründen. Die Preis- und Mengenschwankungen auf dem Mineralölmarkt verursachen Anpassungskosten bei der Beschaffung der petrochemischen Rohstoffe, so daß eine Versorgung innerhalb eines Unternehmens kostengünstiger durchzuführen ist als über den Markt.

Die Petrochemie ist wegen des überwiegenden Einsatzes von Mineralölprodukten von der Versorgung aus der vorgelagerten Marktstufe abhängig [1]. Damit die Versorgung aus eigener Verarbeitung gesichert ist, müssen ausreichende Konversionskapazitäten vorhanden sein [2]. Durch die steigende Nachfrage nach dem wichtigsten petrochemischen Einsatzstoff - dem Rohbenzin - besteht Unsicherheit bezüglich einer mengenmäßig ausreichenden Beschaffung. Da Rohbenzin nicht nur für die petrochemische Produktion, sondern auch zur Kraftstofferzeugung benötigt wird, ergibt sich eine Verwendungskonkurrenz, die zu einem Engpaß in der Versorgung führen kann. Um diese Unsicherheit zu vermindern, werden neben Rohbenzin zunehmend schwerere Mineralölprodukte in der Petrochemie verarbeitet, von denen das wichtigste Substitut das Hydrowachs ist. Wegen seiner geringen Verwendungskonkurrenz zum schweren Heizöl ist das Hydrowachs ein kostengünstiges Einsatzprodukt [3]. Es wird im Hydrocracker aus schwerem Rückstand entsprechend den Produktanforderungen der Abnehmer erzeugt. Die Heterogenität des Produktes bedingt, daß das Hydrowachs nur für den eigenen Bedarf hergestellt wird. Deshalb werden die hohen transaktionsspezifischen Investitionen in Hydrocracker nur in integrierten Unternehmen vorgenommen.

---

1) Zur Sicherung der Versorgung ist eine Abstimmung zwischen den Kapazitäten der mineralölverarbeitenden und der petrochemischen Produktion erforderlich. Siehe: PRENTZEL (1971), S. 61.

2) Auf die Bedeutung von Konversionsanlagen für eine ausreichende Versorgung der Petrochemie mit Rohstoffen weist hin: SAMMET (1981), S. 247 ff.

3) Dabei ist zu berücksichtigen, daß das Hydrowachs aufgrund der Ausbeutestruktur an Olefinen nur in bestimmtem Umfang eingesetzt werden kann. Siehe: RITZER (1982), S. 125.

In der petrochemischen Industrie wird bei einigen Unternehmen kein vollständiger Integrationsgrad erreicht. Ein Teil der von der Petrochemie benötigten Einsatzstoffe wird nicht aus eigenen Raffinerien bezogen, sondern am Markt zugekauft. Dieses Phänomen läßt sich durch die unterschiedlichen mindestoptimalen Betriebsgrößen in der Mineralölverarbeitung und Petrochemie erklären. Dabei überwiegen die Vorteile einer Ausnutzung der Skaleneffekte die einer vollständigen vertikalen Integration [1].

Die vertikale Integration der Mineralölgesellschaften in die Petrochemie ist nicht nur auf Kostenersparnisse der Koordination zurückzuführen. Ein weiteres Integrationsmotiv ist auch das Bestreben, sich dem starken Wettbewerb auf dem Mineralölmarkt zu entziehen und Gewinne auf heterogenen Märkten zu erzielen. Mit der Verarbeitungstiefe nimmt die Heterogenität der Produkte zu und die Anbieterzahl ab, so daß sich der Konkurrenzdruck verringert [2]. Deshalb herrscht auf dem petrochemischen Markt spürbar geringerer Wettbewerb als auf dem Mineralölmarkt.

Der Wettbewerb bei petrochemischen Grundstoffen wird entscheidend durch deren Transportfähigkeit bestimmt. Für Ethylen existiert wegen der hohen Transportkosten kein Weltmarkt [3]. Durch diese Zutrittsschranke bildet sich kein freier Marktpreis. Vielmehr werden die Preise zwischen den Produzenten und Abnehmern ausgehandelt. Weil diese sich nach den jeweils höheren Spotmarkt- und Kontraktnotierungen für Rohbenzin richten, erzielen die Mineralölverarbeiter höhere Erlöse als beim Absatz

---

1) Siehe dazu: BUZZELL (1984), S. 53 und SCHERER (1980), S. 88 ff.

2) Siehe dazu: GIESEL (1975), S. 64, KÜTING, SCHUBERT (1981), S. 24 und SIGLOCH (1974), S. 111. Die Erlösmöglichkeit bei petrochemischen Produkten wird durch deren Heterogenität beeinflußt. Siehe dazu: UNGER (1981).

3) Ethylen wird wegen seiner Feuergefährlichkeit nur über die ARG-Pipeline transportiert. Zum Verlauf der Pipeline siehe: BP (1989), S. 233 und Tab. A 3.

auf dem Mineralölmarkt. Dagegen wird der Preis für das bedeutendste Aromat Benzol aufgrund seiner Transportfähigkeit durch Angebot und Nachfrage auf dem Weltmarkt bestimmt [1)].

Durch die engen Lieferverflechtungen zwischen Mineralölverarbeitung und Petrochemie führten die Rohölpreissteigerungen nach den Ölkrisen zu Preiserhöhungen bei den petrochemischen Produkten und wirkten sich auf die Nachfrage aus. Als Folge war der Markt für petrochemische Grundstoffe in einigen Bereichen durch Überkapazitäten und intensiven Wettbewerb mit geringeren Gewinnen gekennzeichnet [2)]. Bei den einzelnen Produkten entwickelten sich Unterschiede im langfristigen Verbrauch. Während der Bedarf an Ethylen weitgehend stagnierte, war bei den anderen Olefinen und Aromaten ein Zuwachs festzustellen [3)].

In der Ethylenproduktion ergaben sich Verluste, während bei den Aromaten wachstumsbedingte Gewinne erzielt werden konnten. Erst durch den Bedarfsanstieg auf dem wichtigsten nachgelagerten Markt für Kunststoffe erhöhte sich der Verbrauch an Olefinen nach 1983 wieder und die Erträge auf diesem Produktmarkt verbesserten sich [4)].

---

1) DIRRHEIMER, HÜBNER, WAGNER (1981), S. 51.

2) Zum Überblick siehe dazu: O.V. (1982a) und (1982k). Die Situation auf dem petrochemischen Markt spiegelt sich in der Entwicklung des Angebots und der Nachfrage bei den wichtigsten Produkten Ethylen und Benzol wider. Siehe Abb. 15 und 16.

3) Der Nachfrageanstieg bei den Aromaten ist auf den zunehmenden Einsatz in der Kraftstofferzeugung als Ergebnis der verschärften Umweltschutzgesetzgebung zurückzuführen. Durch ihre hohe Oktanzahl sind Aromaten begehrte Komponenten bei bleifreien Kraftstoffen. Siehe: SHELL (1985b), S. 6.

4) Zur Entwicklung auf dem Kunststoffmarkt siehe Abb. 17.

Abb. 15: Die Angebots- und Nachfrageentwicklung auf dem Ethylenmarkt

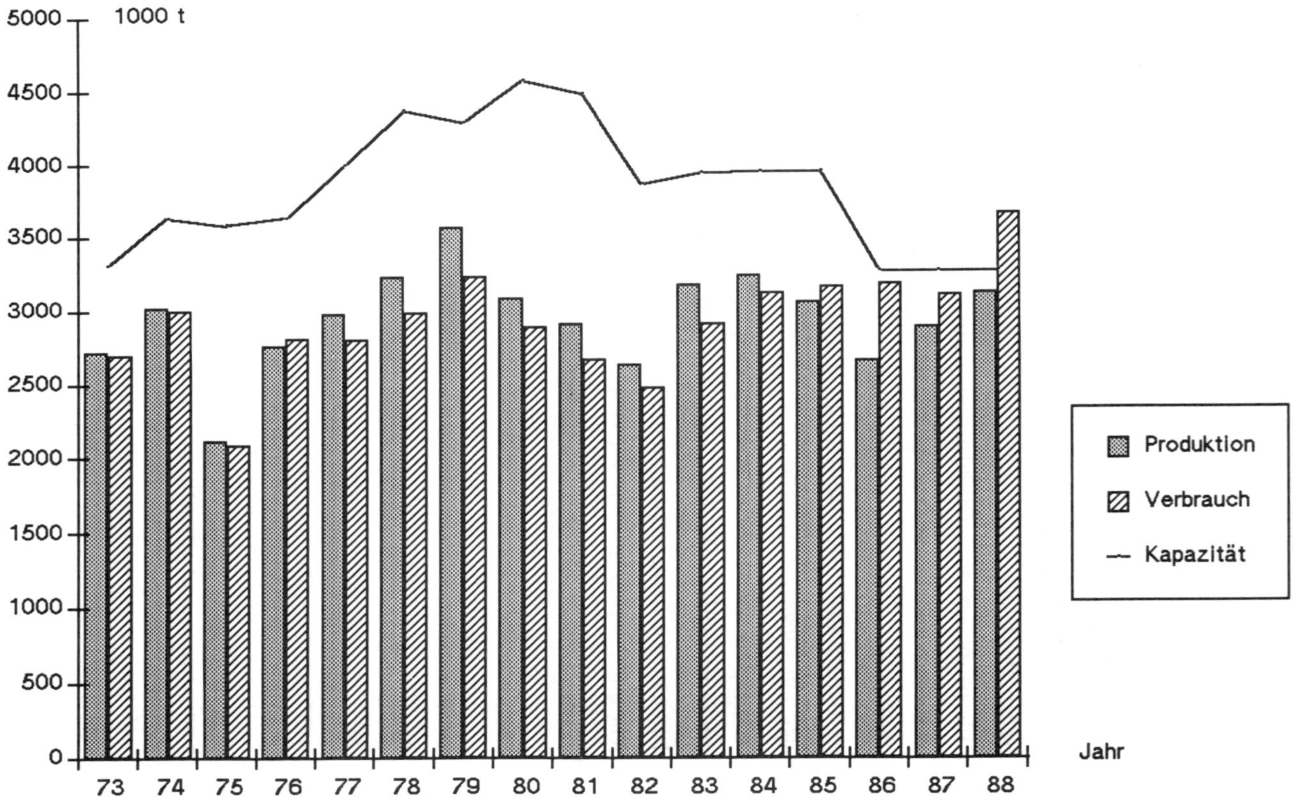

Quelle: VCI (1973-1988b).

Abb. 16: Die Angebots- und Nachfrageentwicklung auf dem Benzolmarkt

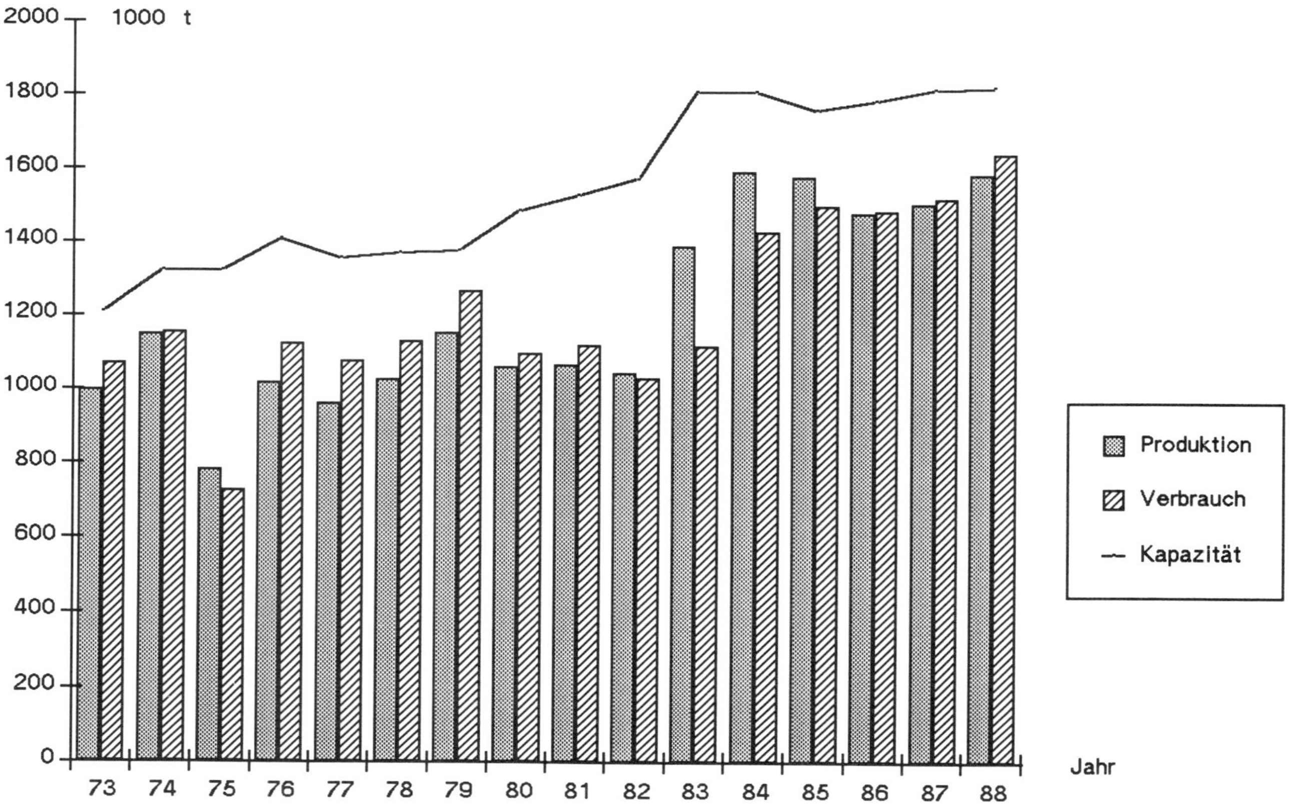

Quelle: VCI (1973-1988b).

Abb. 17: Die Angebots- und Nachfrageentwicklung auf dem Kunststoffmarkt

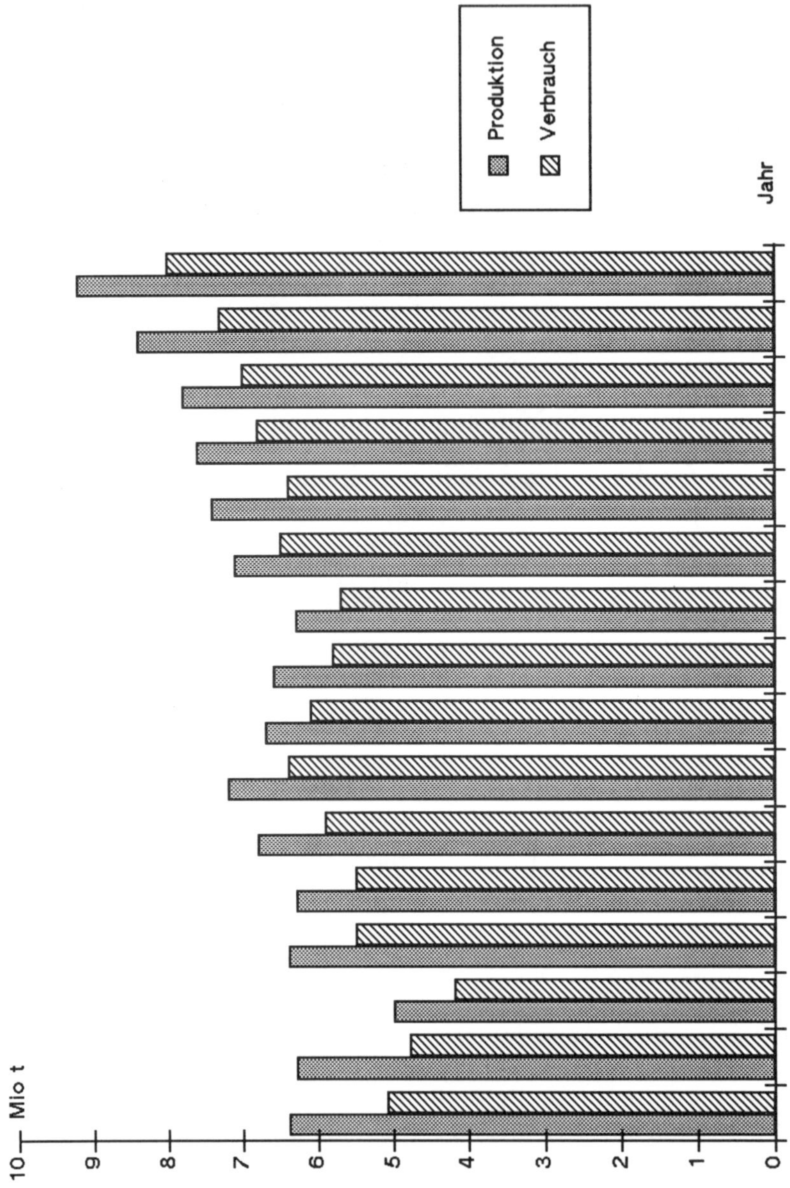

Quelle: VCI (1973-1988b).

3. Anpassungen der Mineralölgesellschaften an die Marktentwicklung

Der Strukturwandel in der mineralölverarbeitenden Industrie der Bundesrepublik wurde anhand von Fallstudien untersucht. Dabei wurde sichtbar, wie die Unternehmen im Rahmen der untersuchten Einflußfaktoren auf die Veränderungen des Mineralölmarktes reagierten.

Die Fallstudie erschien als geeignetste Form der Darstellung, weil bei den einzelnen Mineralölgesellschaften unterschiedliche Voraussetzungen angetroffen wurden, die zu abweichenden Anpassungsstrategien führten. Durch Fallstudien ließ sich die Komplexität der Unternehmensentscheidungen zudem besser darstellen und erklären. Dabei ist zu berücksichtigen, daß bei den Anpassungen subjektive Einschätzungen und individuelle Interessen der Entscheidungsträger eine Rolle spielten, die im Nachhinein eine nicht immer eindeutige Erklärung des Verhaltens ermöglichen. Dazu bedürfte es einer noch ausführlicheren Untersuchung, die den Rahmen dieser Arbeit überschritten hätte.

Die Studien wurden für sieben in der Bundesrepublik tätige Mineralölgesellschaften durchgeführt, die aufgrund ihrer Verarbeitungskapazitäten und ihres Absatzvolumens zu den bedeutendsten Anbietern gehörten. Zu ihnen zählten die Deutsche BP AG, Esso AG, Mobil Oil AG, Deutsche Shell AG und Deutsche Texaco AG als Tochtergesellschaften internationaler Mineralölkonzerne sowie die VEBA OEL AG und Wintershall AG als Tochtergesellschaften deutscher Unternehmen [1].

Zur Einführung wurden die Geschäftsaktivitäten der betreffenden Unternehmen betrachtet. Daran schließt sich ein Überblick über die Anpassungen der Verarbeitungskapazitäten an. Diese wurden unter dem Gesichtspunkt des Standortes [2], der

1) Auf der Marktstufe der Verarbeitung sind Gemeinschaftsunternehmen vorzufinden. Da sich als Ergebnis der Anpassungsdynamik bei einer Reihe von Raffinerien das Beteiligungsverhältnis veränderte, siehe Tab. A 6-7.

2) Eine Übersicht über die Raffineriestandorte gibt Abb. 18.

Produktionsstruktur und der petrochemischen Weiterverarbeitung untersucht. Abschließend wurde das Zusammenwirken der Bestimmungsfaktoren für die Existenz oder Schließung der Raffinerien ausgewertet.

Aus Gründen der Darstellung wurden die Überlegungen aus dem vorangegangenen Kapitel den oben genannten Gesichtspunkten wie folgt zugeordnet:

Unter dem Aspekt des Standortes wurden die Marktschranken berücksichtigt, die zu einer räumlichen Abgrenzung der Märkte führten. In den Fallstudien wurde die Betrachtung der Marktschranken auf die Einflüsse eingegrenzt, die sich durch die Transportwege in die Bundesrepublik und zwischen den regionalen Märkten im Inland ergaben. Die Auswirkungen nachfragebedingter Kostenunterschiede in der Verarbeitung sowie institutioneller Eingriffe wurden unter die Transportkosten subsumiert und nicht explizit untersucht, weil sie nur von Bedeutung waren, wenn die entsprechenden Transportwege zur Verfügung standen.

Integrationsvorteile beim Mineralölabsatz ließen sich nur realisieren, wenn eigene Verarbeitungskapazitäten vorhanden waren. Ist dies nicht der Fall gewesen, entschieden die Transportkosten über die Verfügbarkeit eigener Kapazitäten in anderen Marktgebieten. Weil bei Anpassungsentscheidungen die Sicherung der Integrationsvorteile vom Standort abhängig waren, wurden sie unter diesem Oberbegriff betrachtet. Die Realisierung von Verbundvorteilen bei einer fördernahen Verarbeitung war ebenfalls vom Standort abhängig und wurde auch unter diesem Begriff untersucht.

Unter dem Aspekt der Produktionstruktur wurden die Betriebsgrößen- und Verbundvorteile in der Mineralölverarbeitung untersucht. Wegen der Notwendigkeit der Verarbeitung schweren Rückstands zu hochwertigen Produkten bestimmen die Konversions- und Schmierstoffanlagen maßgeblich die Auslastung der Destillationskapazitäten. Neben diesen waren auch die Reforminganlagen für die Wettbewerbsfähigkeit der Raffinerien von Bedeutung. Diese wurden nur dann in die Betrachtung einbezogen, wenn sie bei einer Unternehmensentscheidung eine Rolle spielten. Die Refining- und

Bitumenanlagen waren aufgrund ihres geringen Investitionsvolumens bei den Anpassungen von untergeordneter Bedeutung und blieben deshalb unberücksichtigt.

Unter dem Gesichtspunkt der petrochemischen Verarbeitung wurden sowohl die Vorteile einer vertikalen Integration als auch die Verbundvorteile einer gemeinsamen Produktion und ihre Auswirkungen auf die Existenz der Raffinerien betrachtet. Zur Erklärung der Integrationsvorteile in der Petrochemie bei der Versorgung mit Einsatzstoffen wurden die Kostenersparnisse der Koordination herangezogen. Berücksichtigt wurden in den Fallstudien die petrochemischen Verarbeitungsstufen für Primärprodukte. Dazu gehören die Kapazitäten zur Herstellung von Olefinen, Aromaten und Paraffinen. Wegen fehlender Kapazitätsdaten für das Ausgangsprodukt Synthesegas wurden stellvertretend die Kapazitäten der Sekundärprodukte Ammoniak und Methanol herangezogen.

Die Kostenvorteile einer vertikalen Integration in die Förderung wurden wegen der hohen Rohölverfügbarkeit auf dem internationalen Markt nur am Rande berücksichtigt. Durch die weitgehend gesicherte Versorgung mit Rohstoffen war ein Einfluß auf die Anpassungen nicht erkennbar. Erlösvorteile in der inländischen Förderung ließen nur allgemeine Aussagen über das Verhalten der Unternehmen zu. So war nicht nachzuweisen, ob Raffinerien nur deshalb nicht geschlossen wurden, weil das eigene Unternehmen über Fördergewinne verfügte.

Abb. 18: Die Raffineriestandorte in der Bundesrepublik

Quelle: MWV (1985), S.13.

3.1. Deutsche BP AG

3.1.1. Unternehmensaktivitäten

Die Deutsche BP AG gehörte als Tochtergesellschaft der British Petroleum zu einem internationalen und vertikal integrierten Mineralölkonzern. Sie war ein bedeutender Anbieter von Mineralölprodukten auf dem deutschen Markt. Ihre Unternehmensaktivitäten lagen in den Bereichen Mineralölverarbeitung und -vertrieb sowie Petrochemie.

Die Deutsche BP war von den untersuchten Unternehmen die einzige internationale Gesellschaft, die nicht über inländische Förderkonzessionen verfügt und damit zu den Have-nots gehörte. Zum Transport des Rohöls zu den Raffinerien war sie an der Nordwestdeutschen Oelleitung (NWO), Norddeutschen Oelleitung (NDO), Südeuropäischen Pipeline (SEPL) und Transalpinen Leitung (TAL) beteiligt. Das Unternehmen war einer der wichtigsten Anteilseigner der Rhein-Main-Rohrleitung (RMR). Es betrieb zusammen mit der Bayer AG das petrochemische Werk Erdölchemie (EC) in Dormagen.

3.1.2. Entwicklung der Destillationskapazitäten

Die Deutsche BP verfügte 1973 über vier Verarbeitungsstandorte. Neben der Raffinerie in Hamburg und der angegliederten Schmierölraffinerie Oelwerke Julius Schindler (OJS) besaß das Unternehmen Raffinerien in Dinslaken und Vohburg. Der geplante Bau einer Raffinerie im Südwesten bei Germersheim mit einer Kapazität von 8,0 Mio t wurde nach der 1.Ölkrise aufgegeben [1].

---

1) O.V. (1972a), S. 59.

Tab. 11: Anpassungen der Deutschen BP AG 1973-1988

1973	Dinslaken:	Destillationskapazität um 4,9 Mio t erweitert
	Vohburg:	Destillationskapazität um 0,3 Mio t erweitert
1977	Dinslaken:	Katalytischer Cracker erweitert
	Vohburg:	Katalytischer Cracker erweitert
1978	Dormagen:	Petrochemische Kapazitäten erweitert
1979	Übernahme der Gelsenberg mit Raffineriebeteiligungen in Ingolstadt und Speyer mit 5,5 Mio t Destillationskapazität	
	Dinslaken:	Destillationskapazität um 1,3 Mio t vermindert und Visbreaker errichtet
	Hamburg:	Destillationskapazität um 0,7 Mio t vermindert
	Ingolstadt:	Destillationskapazität um 3,0 Mio t vermindert
1980	Ingolstadt:	Thermischer Cracker errichtet
1981	Dinslaken:	Destillationskapazität um 2,6 Mio t vermindert
	Hamburg:	Destillationskapazität um 1,4 Mio t vermindert
	Speyer:	Destillationskapazität um 3,0 Mio t (anteilig 0,75 Mio t) vermindert
1983	Dinslaken:	Rohölverarbeitung mit 6,0 Mio t eingestellt
	Hamburg:	Rohölverarbeitung mit 3,0 Mio t eingestellt
	Dormagen:	Petrochemische Kapazitäten vermindert
1984	Speyer:	Raffinerie mit 5,0 Mio t (anteilig 1,25 Mio t) stillgelegt
1985	Dinslaken:	Raffinerie stillgelegt
	Hamburg:	Raffinerie stillgelegt
		Rohölverarbeitung im Schmierstoffwerk mit 0,4 Mio t stillgelegt
	Ingolstadt:	Rohöldestillation mit 4,0 Mio t stillgelegt

Zusätzliche Verarbeitungskapazitäten von 5,5 Mio t erwarb das Unternehmen 1979 durch die Übernahme der Gelsenberg AG. Dadurch verfügte die Deutsche BP über 50% an der Erdölraffinerie Ingolstadt (ERIAG) und 25% an der Erdölraffinerie Speyer (ERS). Beide Raffinerien waren 1974 bzw. 1978 in ihrer Destillationskapazität erweitert worden, um den erwarteten Bedarfszuwachs decken zu können. Durch den Verbrauchsrückgang nach der 1.Ölkrise wurden die Verarbeitungsmengen nicht wie geplant ausgeweitet. In der ERIAG wurde unmittelbar nach der Übernahme der Raffineriebeteiligung 1979 die Kapazität durch Stillegung einer Destillationsanlage reduziert, während eine Verminderung bei der ERS erst 1981 erfolgte. Der weitere Nachfragerückgang führte in der ERS 1984 und in der ERIAG 1985 zur Aufgabe der Rohölverarbeitung. Die ERIAG wurde jedoch nicht geschlossen, um die weiterverarbeitenden Anlagen für die Verarbeitung der Straight-Run-Produkte aus Vohburg zu nutzen [1)].

Parallel zur Entwicklung in den mit Gelsenberg erworbenen Raffinerien sank auch in den BP-Raffinerien die Auslastung der Destillationskapazitäten [2)]. Besonders machte sich der Rückgang der Rohölverarbeitungsmenge in der Raffinerie Dinslaken bemerkbar, deren Kapazität erst 1973 aufgrund des prognostizierten Verbrauchsanstiegs für die kommenden Jahre verdoppelt worden war. Die sinkende Auslastung führte zu Teilstillegungen an den Standorten Dinslaken und Hamburg. Durch den weiteren Nachfragerückgang nach der 2.Ölkrise 1979 wurden in beiden Raffinerien 1981 nochmals Teilstillegungen vorgenommen. Wegen der nicht verbesserten Auslastung wurde 1983 die Rohölverarbeitung aufgegeben und die Anlagen auf die Verarbeitung von

---

1) 1982 erhielten Shell 37,5% und 1985 Agip und Shell jeweils 25% der Kapazitäten im Rahmen eines langfristigen Lohnverarbeitungsvertrages zur Verfügung gestellt. Siehe: O.V. (1981f) und Firmenangaben.

2) Zur Kapazitätsentwicklung und Anlagenauslastung des Unternehmens siehe Tab. 12. Die entsprechenden Angaben zu den einzelnen Raffinerien befinden sich in den Tab. A 8-13.

Tab. 14: Die Unternehmensentwicklung der Deutschen BP AG (1000 t)

	RDK	KK	KG	RE	RA	AV	VG 2)
1973	20500	1230	6%	13800	67%	19000	108%
1974	20500	1230	6%	13600	66%	16500	124%
1975	20500	1230	6%	12100	59%	14100	145%
1976	20500	1295	6%	12700	62%	15200	135%
1977	20530	1700	8%	12600	61%	15400	133%
1978	20530	1700	8%	13100	64%	16300	126%
1979	22480	3000	9%	18900	84%	27400	82%
1980	22480	3930	12%	15900	71%	23200	97%
1981	17730	4710	17%	13300	75%	19600	90%
1982	17730	4710	17%	11700	66%	18200	97%
1983	8780	4785	35%	7200	82%	16300	54%
1984	7530	4785	41%	5100	68%	14700	51%
1985	5530	2740	44%	5400	98%	14200	39%
1986	5100	2120 1)	34%	4700	92%	14500	35%
1987	5100	2120 1)	34%	4600	90%	13600	38%
1988	5100	2120 1)	34%	5200	102%	12800	40%

1) Einschließlich des thermischen Crackers in Ingolstadt
2) Versorgungsgrad = Rohöldestillationskapazität : Absatzvolumen

Quelle: DEUTSCHE BP AG (1973-1988) und Firmenangaben.

schwerem Rückstand umgestellt [1]. Der verstärkte Ausbau der Crackerkapazitäten in den folgenden Jahren in Europa führte zu einem Nachfrageanstieg nach schwerem Rückstand. Durch den gestiegenen Preis wurde die alleinige Rückstandsverarbeitung in Dinslaken und Hamburg unwirtschaftlich. Daher entschloß sich das Unternehmen 1985 zur Stillegung dieser Raffinerien. Parallel dazu wurde die Rohölverarbeitung der Schmierstoffraffinerie OJS in Hamburg eingestellt.

3.1.3. Erklärung der Anpassungen

Die Deutsche BP war nicht in die inländische Erdgas- und Erdölförderung integriert und verfügte somit über keine Gewinne aus dieser Marktstufe. Das Unternehmen wies deshalb im Betrachtungszeitraum hohe Verluste aus. Es hatte keine Möglichkeit, die gestiegenen Kosten der Mineralölverarbeitung, die sich vorwiegend durch die schlechte Auslastung in den Raffinerien ergaben, auszugleichen. Durch den Kostendruck nahm das Unternehmen die in der Branche umfangreichsten Kapazitätsstillegungen vor. Im Verhältnis zu den meisten Wettbewerbern erfolgten die Anpassungen frühzeitig.

3.1.3.1. Standort

Das Unternehmen gab die Mineralölverarbeitung im Norden, Westen und Südwesten der Bundesrepublik auf und zog sich auf den süddeutschen Markt zurück, weil bis auf die Raffinerie im süddeutschen Markt alle Verarbeitungsstandorte einem intensiven Wettbewerb mit Produktimporten ausgesetzt waren. Der weitgehende Rückzug aus der Mineralölverarbeitung gehörte zur Strategie, nur noch in solchen Märkten eigene Raffinerien zu betreiben, in die Produkte nicht kostengünstig transportiert werden

---

1) O.V. (1982b), S. 2.

konnten. Eine wichtige Voraussetzung für den Rückzug ergab sich durch die Einschätzung, daß ein langfristiger Angebotsüberschuß bei Mineralölprodukten bestand, der eine gesicherte Versorgung von Bedarfsspitzen über den Markt ermöglichte. Seit dem Kapazitätsabbau wurde der größte Teil der Absatzmengen am Rotterdamer Markt zugekauft [1]. Durch die Anpassungen in der Mineralölverarbeitung wandelte sich die Gesellschaft in der Bundesrepublik vom zeitweilig größten Mineralölverarbeiter zu einem weitgehenden Handelsunternehmen [2].

Die Deutsche BP war 1985 das erste Unternehmen, das die Mineralölverarbeitung im norddeutschen Raum aufgab. Die Entscheidung zur Stillegung wurde aufgrund der hohen Überkapazitäten und des starken Wettbewerbsdrucks getroffen, dem die Raffinerie Hamburg durch Produktimporte aus Nordwest- und Osteuropa ausgesetzt war. Der Absatzbedarf des norddeutschen Marktes wurde seither teilweise aus den BP-Raffinerien in Rotterdam und Göteborg gedeckt.

Durch ihre Nähe zum Rotterdamer Markt war die Raffinerie Dinslaken ebenfalls einem intensiven Wettbewerb durch Produktimporte ausgesetzt. Obwohl andere Gesellschaften bereits spürbar Kapazitäten abgebaut hatten, bestand durch die geringe Entfernung zum Rotterdamer Markt weiterhin ein starker Angebotsdruck auf dem westdeutschen Markt [3]. Die Raffinerie blieb zunächst bestehen, um die Versorgung des eigenen Marktes im west- und südwestdeutschen Raum zu gewährleisten. Nach der Übernahme der Gelsenberg sollte die Versorgung im südwestdeutschen Marktes

---

1) MÜLLER-MICHAELIS, SCHMID (1984), S. 43.

2) O.V. (1985c), S. 3.

3) Durch die Lage am Rand des Ruhrgebietes besaß die Raffinerie einen ungünstigen Standort, weil sich Transportkostennachteile beim Produktabsatz ergaben.

zusätzlich aus der Erdölraffinerie Speyer (ERS) erfolgen [1]. Um nach der 2.Ölkrise die Auslastung der Raffinerien in Dinslaken und auch in Rotterdam sowie Antwerpen zu sichern, wurden Absatzmengen vermehrt aus diesen Raffinerien bezogen. Durch die Möglichkeit des kostengünstigen Transportes von Produkten über die Rhein-Main-Rohrleitung (RMR) verlor die ERS ihre Bedeutung für die Versorgung des Marktes. Wegen bestehender Überkapazitäten im Unternehmen wurde die Raffinerie in Speyer ab 1981 fast nicht mehr genutzt. Obwohl Dinslaken die Verarbeitung für die stillgelegte ERS übernahm, wurde auch sie wegen zu geringer Auslastung geschlossen. Die Raffinerie Dinslaken konnte wegen ihres Standortes langfristig nicht mit den eigenen BP-Raffinerien in Antwerpen und Rotterdam konkurrieren.

Die sinkende Nachfrage nach Mineralölprodukten im süddeutschen Markt führte ebenfalls zu einer unzureichenden Auslastung der vorhandenen Kapazitäten. Weil die Deutsche BP nach der Gelsenberg-Übernahme über zwei Raffineriestandorte in Ingolstadt (ERIAG) und Vohburg verfügte, konnte die Rohölverarbeitung in Ingolstadt 1985 eingestellt werden, ohne die Versorgung der eigenen Vertriebsstufe im süddeutschen Raum aufzugeben. Durch die Stillegung der Rohöldestillation bei der ERIAG konnte das Unternehmen seine Überkapazitäten auf dem süddeutschen Markt abbauen und die Auslastung der Raffinerie Vohburg erheblich verbessern.

---

1) Zu den wichtigsten Motiven der Fusion gehörten für BP neben dem Einstieg in das Erdgasgeschäft die Ergänzung der Verarbeitungskapazitäten und Vertriebswege in Süd- und Südwestdeutschland. Siehe dazu: BUDDENBERG (1982), S. 12, MONOPOLKOMMISSION (1979), S. 39 ff und MÜLLER-MICHAELIS (1987), S. 290 ff.

3.1.3.2. Produktionsstruktur

Die Raffinerien der Deutschen BP wiesen einen geringen Konversionsgrad auf, weshalb die Kapazitäten bereits nach der 1.Ölkrise eine im Branchendurchschnitt niedrige Auslastung verzeichneten. Da nur vorhandene Konversionsanlagen erweitert oder stillgelegte Destillationsanlagen in thermische Cracker umgebaut wurden, konnte das Upgrading der Raffinerien im Betrachtungszeitraum nicht entscheidend verbessert werden [1]. Durch den geringen Konversionsgrad ergab sich ein Absatzschwerpunkt beim leichten und schweren Heizöl, wodurch das Unternehmen besonders stark vom allgemeinen Verbrauchsrückgang betroffen war.

In der Raffinerie Hamburg waren vor 1973 Konversionsanlagen nicht erforderlich, da der schwere Rückstand an die Schmierstoffraffinerie Oelwerke Julius Schindler (OJS) geliefert oder als schweres Heizöl abgesetzt wurde. Mit der Veränderung der Nachfragestruktur sanken die Absatzmöglichkeiten für schweren Rückstand. Der gesunkene Verbrauch dieses Produktes limitierte die Rohölverarbeitungsmenge und verminderte die Auslastung. Um den Betrieb der Raffinerie wettbewerbsfähiger zu gestalten, wurde die Rohölverarbeitung 1983 aufgegeben und die Anlagen auf den Einsatz von schwerem Rückstand umgestellt. Die niedrigen Beschaffungspreise für Rückstand versprachen eine wirtschaftlichere Verarbeitung. Dazu wurde eine stillgelegte Destillationsanlage zum Visbreaker umgebaut [2]. Nachdem die Preise für schweren Rückstand durch die erhöhte Nachfrage nach Einsatzstoffen für Crackanlagen stiegen, wurde die Verarbeitung 1985 vollständig aufgegeben. Parallel zur Stillegung wurde in der Schmierstoffraffinerie OJS die Produktionsstruktur vollständig auf den Einsatz von Rückstand umgestellt, weil sie nicht mehr mit Produkten aus der Raffinerie Hamburg versorgt werden konnte. Mit der Umstrukturierung des Betriebes wurde die Rohölverarbeitung bei OJS aufgegeben.

---

1) Zur Anpassung der BP-Raffinerien an die veränderte Nachfrage siehe: SCHULTZE-TRAUTMANN (1981).

2) O.V. (1980b), S. 4a.

Die Raffinerie in Dinslaken verfügte bereits vor der 1.Ölkrise über einen katalytischen Cracker, der jedoch auf die Destillationskapazität vor der Erweiterung von 1973 abgestimmt war. Um die Ausbeutestruktur zu verbessern, wurde 1977 die Kapazität des Crackers ausgebaut. Die geringfügige Erweiterung entsprach wegen der zwischenzeitlich gestiegenen Nachfrage nach leichten Produkten nicht den Anforderungen des Marktes. Um mit geringen Investitionen die Produktionsstruktur zu verbessern, wurde 1979 eine Destillationsanlage zu einem Visbreaker umgebaut. Der geringe Konversionsfaktor des Verfahrens bewirkte keine deutliche Verbesserung der Auslastung. Schließlich wurde die gesamte Rohölverarbeitung 1983 stillgelegt. Um die weiterverarbeitenden Anlagen - besonders den kapitalintensiven katalytischen Cracker - noch nutzen zu können, entschloß sich das Unternehmen zur Verarbeitung kostengünstigen schweren Rückstands. Mit den steigenden Preisen für dieses Einsatzprodukt wurde auch diese Form der Verarbeitung aufgegeben und die Raffinerie geschlossen. Entscheidend für die mangelnde Wirtschaftlichkeit der Rückstandsverarbeitung waren neben der wieder verringerten Preisdifferenz zwischen Rückstand und leichten Crackprodukten auch die hohen Transport- und Energiekosten aufgrund fehlender Verbundproduktion zwischen der Destillation und Konversion.

Die Erdölraffinerie Speyer (ERS) verfügte bei der Übernahme der Beteiligung durch die Deutsche BP über keine Konversionsanlagen. Nach dem Ausbau der Destillationskapazität 1978 sollten zu Beginn der 80er Jahre Weiterverarbeitungsanlagen errichtet werden, um die Auslastung zu verbessern [1]. Vorübergehend nicht zur Verfügung stehendes Kapital verhinderte einen sofortigen Ausbau. Als die Finanzmittel vorhanden waren, hatten die Wettbewerber im südwestdeutschen Raum bereits hohe Konversionskapazitäten errichtet. Durch die drohenden Überkapazitäten in der Konversion waren die Anteilseigner an einem Ausbau der ERS nicht mehr interessiert. Hinzu kam, daß die Deutsche BP die Kapazitäten in Dinslaken zur Versorgung des südwestdeutschen Marktes vorgesehen hatte. Nachdem die Entscheidung gefallen war, die Raffinerie Speyer nicht auszubauen, wurden in verstärktem Umfang kostengünstige Halbfertig-

1) O.V. (1980a), S. 2.

produkte aus dem Mittelmeerraum eingesetzt, um die kapitalintensiven und relativ neuen Weiterverarbeitungsanlagen weiter nutzen zu können. Durch die veränderte Struktur der Einsatzstoffe wurde zwar die Menge des Rückstands reduziert, die Anlagen jedoch insgesamt nicht befriedigend ausgelastet. Daher entschlossen sich die Anteilseigner 1984 zur Stillegung der Raffinerie [1].

Durch den Nachfragerückgang nach schweren Produkten wurde parallel zum Ausbau in Dinslaken auch die Konversionskapazität in Vohburg erweitert, um die Produktausbeute der gestiegenen Nachfrage nach leichten Mineralölerzeugnissen anzupassen. Im Gegensatz zur Raffinerie Vohburg verfügte die Erdölraffinerie Ingolstadt (ERIAG) über keine Crackanlagen. Als die Deutsche BP 1979 die Beteiligung an der Raffinerie übernahm, wurde zur Verbesserung der Ausbeutestruktur ein thermischer Cracker errichtet. Das thermische Verfahren wurde gewählt, weil im süddeutschen Markt bereits mehrere katalytische Cracker existierten. Außerdem eignete sich die zur Verfügung stehende stillgelegte Destillationsanlage zu einem kostengünstigen Umbau. Durch die gesunkenen Absatzmöglichkeiten für schweren Rückstand im süddeutschen Markt stellte sich der Mangel eines hochkonvertierenden Crackers in der Ingolstädter Raffinerie als entscheidender Nachteil heraus. Wegen der im süddeutschen Markt bestehenden Überkapazitäten und der ungünstigen Produktionsstruktur der ERIAG, entschloß das Unternehmen sich 1985, die Rohölverarbeitung in Ingolstadt einzustellen [2].

---

1) Siehe dazu: O.V. (1982c), S. 6.

2) Nach der Stillegung der Rohölverarbeitung in der ERIAG wurden Rohrleitungen zur Raffinerie Vohburg verlegt. Dadurch konnten die Weiterverarbeitungsanlagen der ERIAG weiter genutzt werden. Siehe: O.V. (1987a), S. 110.

3.1.3.3. Petrochemische Verarbeitung

Die Deutsche BP betrieb zusammen mit der Bayer AG die Erdölchemie Dormagen (EC), ein petrochemisches Unternehmen, an dem beide Partner mit jeweils 50% beteiligt waren. Das Werk war durch seine Produktionstiefe bis in die Erzeugung petrochemischer Endprodukte vertikal integriert [1]. Ein Teil des benötigten Rohbenzins wurde von der Raffinerie Dinslaken, der überwiegende Teil jedoch aus der BP-Raffinerie Rotterdam über die Rhein-Main-Rohrleitung (RMR) zur EC geliefert. Wegen der nicht ausreichenden Konversionskapazität in Dinslaken mußte der zusätzliche Rohbenzinbedarf nach der Erweiterung der petrochemischen Kapazitäten 1978 ebenfalls aus der Rotterdamer Raffinerie gedeckt werden [2]. Weil die Liefermengen nicht erhöht werden konnten, verminderte sich der Anteil des aus Dinslaken bezogenen Rohbenzins und die Bedeutung der Raffinerie Dinslaken für die Versorgung der Petrochemie sank.

Wegen der räumlichen Trennung zwischen der Raffinerie in Dinslaken und der Petrochemie in Dormagen konnten keine Verbundvorteile bei der Olefinproduktion realisiert werden. Verbundvorteile ergaben sich nur bei der Gewinnung von Aromaten und Paraffinen, weil diese Anlagen in der Raffinerie betrieben wurden [3].

Ende der 70er Jahre wurde zunächst noch der Bau eines petrochemischen Werkes in Dinslaken erwogen, für das die Raffinerie die Einsatzstoffe liefern sollte. Durch die sich dann ergebenden Verbundvorteile hätte die Wettbewerbsfähigkeit der Mineralöl-

1) Zu den petrochemischen Kapazitäten siehe Tab. A 38.

2) Zum Ausbau der EC Dormagen siehe: STOLPA (1978).

3) Die Anlagen wurden von der "Deutschen BP und California" betrieben, an der BP und Chevron zu jeweils 50% beteiligt waren.

verarbeitung verbessert und damit die weitere Existenz der Raffinerie gesichert werden können [1]. Der Plan wurde aber wegen der Überkapazitäten auf dem petrochemischen Markt zu Beginn der 80er Jahre aufgegeben.

Da eine vollständige Versorgung des petrochemischen Werkes mit Rohbenzin aus Rotterdam möglich war, gingen bei der Schließung der Raffinerie Dinslaken weder Integrations-, noch Verbundvorteile verloren.

3.1.4. Zusammenfassung

Die Auswertung der Anpassungen der Deutschen BP erklärt, welche Faktoren für den Verbleib oder die Schließung der Raffinerien ausschlaggebend waren:

BP Hamburg und Oelwerke Julius Schindler

Die Raffinerie Hamburg verfügte über keine Konversionskapazitäten, so daß sich eine geringe Auslastung der Verarbeitungsanlagen ergab. Aufgrund der Überkapazitäten im norddeutschen Raum und der Produktimporte aus Nord, West- und Osteuropa war die Raffinerie einem starken Wettbewerbsdruck ausgesetzt. Zudem standen im Ausland konzerneigene Verarbeitungskapazitäten zur Verfügung, durch die eine Stillegung nicht zum Verlust der Integrationsvorteile im Absatzbereich führte. Die genannten Gründe führten dazu, daß das Unternehmen seine Verarbeitung in der Hamburger BP-Raffinerie einstellte. Im Gegensatz dazu wurde die Schmierstoffraffinerie OJS nicht geschlossen, weil sie durch die Spezialisierung ihrer Produkte in einem geringeren Wettbewerb zu Produktimporten stand. Sie konnte durch die Umstellung der Rohstoffbasis weiterbetrieben werden und war nicht mehr von der Versorgung durch die BP-Raffinerie abhängig.

---

1) O.V. (1977a), S. 100.

BP Dinslaken

Für die Stillegung der Raffinerie Dinslaken waren mehrere Faktoren ausschlaggebend. Wegen des starken Wettbewerbsdrucks vom Rotterdamer Markt und der Verfügbarkeit hoher konzerneigener Raffineriekapazitäten in Rotterdam und Antwerpen sowie der günstigen Versorgung mit Produkten über die RMR wurde die Rohölverarbeitung an diesem Standort eingestellt. Die fehlenden Verbundvorteile in der Mineralölverarbeitung - nach der Stillegung der Rohölverarbeitung - und in der Petrochemie trugen dazu bei, daß die Raffinerie trotz ihrer Crackkapazitäten geschlossen wurde.

Erdölraffinerie Speyer

Sinkende Nachfrage und zunehmende Importe führten im südwestdeutschen Markt zu Überkapazitäten, die sich ungünstig auf die Auslastung der Raffinerie auswirkten. Durch fehlende Konversionsanlagen konnte zudem die Angebotsstruktur nicht ausreichend an die veränderte Nachfrage angepaßt werden. Wegen der hohen Verarbeitungskapazitäten im ARA-Raum und im westdeutschen Markt benötigte die Deutsche BP zur Versorgung des südwestdeutschen Marktes diesen Standort nicht. Deshalb ergaben sich mit der Schließung kein Verlust von Integrationsvorteilen. Die Stillegung der Raffinerie wurde begünstigt, weil der Beteiligungspartner Elf durch einen langfristigen Vertrag seine Versorgung bei Mobil Oil in Wörth sichern konnte.

BP Vohburg

Das weitere Bestehen der Raffinerie Vohburg ist auf die geographische Abgrenzung des süddeutschen Marktes zurückzuführen, durch die Fertigproduktimporte nur einen geringen Wettbewerbsdruck ausüben konnten. Durch den katalytischen Cracker und die Nutzung des thermischen Crackers in der ERIAG wurden eine bedarfsgerechte Angebotsstruktur erreicht und die Kapazitäten weitgehend ausgelastet. Die zusätzliche Lohnverarbeitung für Agip und Shell trug zur hohen Auslastung bei.

Erdölraffinerie Ingolstadt

Die nach den Ölkrisen eingetretenen Absatzschwierigkeiten für schweres Heizöl im süddeutschen Markt wirkten sich ungünstig auf die Auslastung aus, weil der thermische Cracker der Raffinerie einen zu geringen Konversionsgrad verlieh. Ein Absatz des schweren Rückstands in anderen Märkten war wegen fehlender Transportmittel nicht möglich. Weil die Deutsche BP den süddeutschen Markt bereits über die Raffinerie Vohburg versorgte, konnte die Rohölverarbeitung aufgegeben werden ohne Integrationsvorteile bei Mineralölabsatz zu verlieren.

3.2. Deutsche Shell AG

3.2.1. Unternehmensaktivitäten

Die Deutsche Shell AG gehörte als Tochtergesellschaft der niederländisch-britischen Royal Dutch/Shell-Gruppe zu einem weltweit vertikal integrierten Konzern. Die deutsche Tochter war einer der größten Mineralölanbieter in der Bundesrepublik. Durch ihre diversifizierte Unternehmensstruktur war sie in den Bereichen Erdöl- und Erdgasförderung, Mineralölverarbeitung und -absatz sowie Petrochemie engagiert.

Zusammen mit der Esso AG war die Deutsche Shell an der Brigitta & Elwerath Betriebsgesellschaft (BEB) beteiligt, die in Niedersachsen Erdöl und Erdgas förderte. Das geförderte Rohöl wurde in der Raffinerie Deurag-Nerag in Misburg verarbeitet. Zum Transport des Rohöls zu den anderen Raffinerien war das Unternehmen an der Rotterdam-Rhein-Pipeline (RRP), Südeuropäischen Pipeline (SEPL) und Transalpinen Leitung (TAL) beteiligt. Mineralölprodukte konnten über die Rhein-Main-Rohrleitung (RMR) in den Westen und Südwesten der Bundesrepublik transportiert werden. Zu den wichtigsten petrochemischen Engagements gehörte das mit der BASF betriebene Gemeinschaftsunternehmen Rheinische Olefinwerke (ROW) in Wesseling.

3.2.2. Entwicklung der Destillationskapazitäten

Die Deutsche Shell verfügte 1973 über vier Verarbeitungsstandorte und zwei Beteiligungen, die den deutschen Markt versorgten. Dazu gehörten die Raffinerien Hamburg, Godorf und Ingolstadt, das Bitumen- und Schmierstoffwerk Monheim, sowie Anteile von 50% an der Deurag-Nerag in Misburg und 48% an der französischen Raffinerie Reichstett.

Tab. 13: Anpassungen der Deutschen Shell AG 1973-1988

1975	Hamburg:	Schmierstoffkapazität erweitert
1976	Hamburg:	Visbreaker erweitert
	Reichstett:	Destillationskapazität um 0,5 Mio t erweitert
1977	Ingolstadt:	Destillationskapazität um 0,2 Mio t vermindert
	Misburg:	Destillationskapazität um 0,3 Mio t (anteilig 0,15 Mio t) vermindert
1980-1981	Godorf:	Petrochemische Kapazitäten vermindert
1982	Ingolstadt:	Raffinerie mit 2,8 Mio t stillgelegt
1983	Godorf:	Hydrocracker in Betrieb genommen und Destillationskapazität um 0,5 Mio t vermindert
	Reichstett:	Raffineriebeteiligung mit 2,0 Mio t veräußert
1984	Hamburg:	Schmierstoffkapazität erweitert
	Monheim:	Rohöldestillation mit 0,5 Mio t stillgelegt
1985	Hamburg:	Katalytischer Cracker erweitert
1986	Misburg:	Raffinerie mit 2,25 Mio t (anteilig 1,15 Mio t) stillgelegt
1987	Monheim:	Mineralölwerk stillgelegt

Durch den Nachfragerückgang nach der 1.Ölkrise war die Auslastung der Rohöldestillation in den Raffinerien des Unternehmens nur vorübergehend rückläufig [1]. Als Reaktion wurden deshalb auch nur geringfügige Kapazitätsanpassungen in Ingolstadt und Misburg vorgenommen. Weil die Kapazitäten zu Beginn der 70er Jahre noch

1) Zur Kapazitätsentwicklung und Anlagenauslastung des Unternehmens siehe Tab. 14. Die entsprechenden Angaben zu den einzelnen Raffinerien befinden sich in Tab. A 14-19.

Tab. 14: Die Unternehmensentwicklung der Deutschen Shell AG (1000 t)

	RDK 1)	KK	KG	RE	RA	AV	VG 2)
1973	19850	4800	15%	16600	84%	22300	89%
1974	19850	4800	15%	14200	72%	19600	101%
1975	19850	4800	15%	12500	63%	17700	112%
1976	20090	5120	15%	14400	72%	19700	102%
1977	19740	5100	15%	14800	75%	18800	105%
1978	19740	5120	15%	13900	70%	18500	107%
1979	19740	5120	15%	13400	68%	19800	100%
1980	19740	5120	15%	12100	61%	16600	119%
1981	19740	5120	15%	11100	56%	14800	133%
1982	16940	4570	17%	9700	57%	14300	118%
1983	14525	4720	27%	8200	56%	14400	101%
1984	14525	4720	27%	10400	72%	15200	96%
1985	13800	4880	29%	10400	75%	15800	87%
1986	12800	4600	28%	10900	85%	16000	80%
1987	12800	4600	28%	9900	77%	16100	80%
1988	12800	4600	28%	10900	85%	17600	73%

1) Einschließlich der Beteiligung an der Raffinerie Reichstett.
2) Versorgungsgrad = Rohöldestillationskapazität : Absatzvolumen

Quelle: DEUTSCHE SHELL AG (1973-1988) und Firmenangaben.

nicht auf den prognostizierten Verbrauch ausgebaut und weitgehend ausgelastet waren, ergaben sich durch den Nachfragerückgang zunächst nur geringe Überkapazitäten. Die Pläne zum Ausbau der Raffinerien Ingolstadt auf 8,5 Mio t und Godorf auf 16,0 Mio t sowie die Errichtung einer Raffinerie bei Worms wurden wegen dieser Entwicklung frühzeitig aufgegeben [1].

Erst nach der zweiten Ölkrise folgte eine spürbare Verminderung der Auslastung. Daher wurden 1980 Entscheidungen über den weiteren Betrieb der Konzernraffinerien getroffen und als Resultat die Standorte Godorf und Hamburg ausgebaut. Die Raffinerie Ingolstadt wurde 1982, die Gemeinschaftsraffinerie Deurag-Nerag 1986 und das Bitumen- und Schmierstoffwerk Monheim 1987 geschlossen [2]. Die Beteiligung an der französischen Raffinerie Reichstett veräußerte das Unternehmen bereits 1983 [3].

3.2.3. Erklärung der Anpassungen

Das Unternehmen ist in die inländische Erdöl- und Erdgasförderung integriert und konnte trotz der Verluste in der Mineralölverarbeitung fast immer Gewinne im Betrachtungszeitraum ausweisen. Die Vermutung liegt nahe, daß die unterdurchschnittlichen Anpassungen der Verarbeitungskapazitäten neben anderen Einflußfaktoren auf die Fördergewinne zurückzuführen sind, die zum Ausgleich von Verlusten genutzt wurden.

---

1) O.V. (1971a), S. 244 und O.V. (1971b), S. 273.

2) O.V. (1982e), S. 2. Die Rohölverarbeitung in Monheim wurde bereits 1984 eingestellt. Bis zu seiner endgültigen Schließung 1987 verarbeitete das Werk Wiedereinsatzprodukte aus Godorf und Hamburg. Die zeitliche Verzögerung der Schließung ist darauf zurückzuführen, daß vorübergehend Pläne für einen Ausbau des Standortes zu einem petrochemischen Werk bestanden.

3) O.V. (1982f), S. 8.

3.2.3.1. Standort

Die Deutsche Shell verfügte 1973 über Verarbeitungskapazitäten in allen vier regionalen Märkten der Bundesrepublik. Bis auf die Raffinerie Ingolstadt standen alle übrigen Verarbeitungsstandorte mit ihrem Produktangebot im Wettbewerb zu Mineralölerzeugnissen, die vom internationalen Markt einströmten. Trotzdem baute das Unternehmen seine Kapazitäten im süd- und südwestdeutschen Markt ab. Obwohl der Shell-Konzern über mehrere Verarbeitungsstandorte in Nord- und Westeuropa verfügte, aus denen die Versorgung des deutschen Marktes möglich gewesen wäre, wurden die im nord- und westdeutschen Markt befindlichen Raffinerien beibehalten.

In der Hamburger Raffinerie sank nach der 2.Ölkrise die Auslastung der Rohöldestillation durch entstandene Überkapazitäten im norddeutschen Markt beträchtlich. Der Rückgang der Rohölverarbeitungsmenge ergab sich durch den allgemeinen Nachfragerückgang und gleichzeitig vermehrte Produktimporte aus Nord-, West- und Osteuropa. Aufgrund der geographischen Lage und des daraus resultierenden Wettbewerbsdrucks stand das Unternehmen vor der Entscheidung, die Raffinerie weiter zu betreiben oder zu schließen.

Die ab 1985 sich verbessernde Auslastung der Shell-Raffinerie ist neben dem Ausbau der Weiterverarbeitungsanlagen den Anpassungen von Wettbewerbern zu verdanken [1)]. Mobil Oil legte 1985 ihre Raffinerie in Wilhelmshaven still und die Deutsche BP gab die Rückstandsverarbeitung in Hamburg auf. Durch die Stillegung der Hamburger Esso-Raffinerie entspannte sich die Lage auf dem Markt weiter.

---

1) Bedingt durch erhöhte Tauschmengen mit Wettbewerbern, die ihre Raffinerien schlossen, konnte die Auslastung der Verarbeitungskapazitäten erhöht werden.

Die Wiederinbetriebnahme dieser Raffinerie durch Coastal [1] wirkte sich wegen der ab 1986 wieder angestiegenen Nachfrage nach Mineralölprodukten nicht nachteilig auf die Auslastung der Shell-Raffinerie aus. Der Standort blieb wegen einer verbesserten Auslastung und unternehmenspolitischer Entscheidungen zunächst erhalten [2].

Die Raffinerie Deurag-Nerag in Misburg verarbeitete nur die im Raum Hannover geförderten Rohöle. Sie hatte durch ihre geographische Lage im Binnenland einen Transportkostenvorteil gegenüber Produktimporten. Dadurch besaß sie auch gegenüber den Hamburger Raffinerien einen Kostenvorteil. Als die Auslastung der Anlagen durch die verringerte Förderung sank, wurde die Verarbeitung eingestellt. Fehlende kostengünstige Transportwege schlossen eine wirtschaftliche Versorgung mit Importrohölen aus.

Das Mineralölwerk Monheim war dem starken Importdruck kostengünstiger Bitumen- und Schmierstoffprodukte ausgesetzt, die zwangsläufig die Auslastung der Anlagen beeinträchtigten. Wegen des kostenungünstigen Transportes der für die Schmierstoff- und Bitumenproduktion notwendigen schweren Rohöle mit Binnenschiffen und der geringen Betriebsgröße war das Werk nicht konkurrenzfähig. Nach der Stillegung 1987 wurde die Versorgung des Marktes von den Raffinerien Hamburg und Godorf übernommen, so daß keine Integrationsvorteile verloren gingen [3].

---

1) Mit der Wiederinbetriebnahme der ehemaligen Esso-Raffinerie durch die Coastal-Tochtergesellschaft Holborn erhöhte sich das Produktangebot auf dem norddeutschen Markt. Siehe: O.V. (1988a), S. 130 und (1988b), S. 1.

2) Da ein Teil der Kostennachteile, die sich bei einer Verarbeitung in der Bundesrepublik ergeben, administrativ bedingt ist und mit der Realisierung des EG-Binnenmarktes abgebaut werden dürften, hat sich das Unternehmen zum Erhalt der Raffinerie zumindest bis 1992 entschieden. Siehe: O.V. (1988d).

3) Zu diesem Zweck wurde die Kapazität der Schmierstoffanlagen in Hamburg ausgebaut. Siehe: O.V. (1987d), S. 3. Die Versorgung mit Bitumenprodukten wurde von den Raffinerien in Hamburg und Godorf übernommen.

Die Godorfer Raffinerie befand sich wegen ihrer geringen Entfernung zum ARA-Gebiet (Amsterdam-Rotterdam-Antwerpen) im Wettbewerb zu den aus Rotterdam importierten Produkten. Sie stand aufgrund der Verkehrsinfrastuktur in einer konzerninternen Konkurrenzbeziehung zur Shell-Raffinerie in Rotterdam. Die Vorteile geringerer nachfragebedingter und institutionell verursachter Verarbeitungskosten in den Niederlanden wurden bei der Anpassungsentscheidung den Verlusten der Verbundvorteile der Petrochemie gegenübergestellt. Als Ergebnis wurde der westdeutsche Standort trotz der konzerninternen Überkapazitäten beibehalten [1]. Um die Auslastung der Konzernraffinerien insgesamt zu verbessern, wurde stattdessen die Verarbeitungskapazität der niederländischen Raffinerie gesenkt [2].

Die Deutsche Shell belieferte aus der Raffinerie Reichstett hauptsächlich den südwestdeutschen Markt. Da über die Rhein-Main-Rohrleitung (RMR) ein Produkttransport in diesen Markt möglich war, entschloß sich das Unternehmen 1983, die Beteiligung an der französischen Raffinerie zu veräußern und den Markt aus Godorf und Rotterdam zu versorgen. Mit den Lieferungen konnten die verbleibenden Raffinerien besser ausgelastet werden [3].

Die Raffinerie Ingolstadt war im geographisch abgegrenzten süddeutschen Markt nicht dem Angebotsdruck des Rotterdamer Marktes ausgesetzt. Dennoch wurde sie wegen ihrer ungünstigen Produktionsstruktur geschlossen. Zuvor konnte durch vertraglich

---

1) Siehe dazu Abschnitt 3.2.3.3.

2) Aufgrund einer gesunkenen Auslastung (1980: 16,8 Mio t) in der Raffinerie Rotterdam wurde die Destillationskapazität von 27 auf 17 Mio t reduziert. Siehe: O.V. (1980e), S. 4.

3) Siehe: O.V. (1983a).

langfristig vereinbarte Lohnverarbeitung bei der Deutschen BP in Vohburg und Ingolstadt die Versorgung des süddeutschen Marktes sichergestellt werden [1].

3.2.3.2. Produktionsstruktur

Die geringen Kapazitätsanpassungen der Deutschen Shell im Vergleich zu anderen Unternehmen sind auf die überdurchschnittlich hohen Konversionskapazitäten der Raffinerien zu Beginn des Betrachtungszeitraumes zurückzuführen. Der anschließende Ausbau der Crackkapazitäten in den Raffinerien führte zu einer deutlichen Erhöhung des Konversionsgrades. Die damit erreichte Konkurrenzfähigkeit spiegelt sich in dem geringen Absatzrückgang des Unternehmens bei Mineralölprodukten gegenüber den meisten Wettbewerbern wider [2].

Die Raffinerie Hamburg verfügte 1973 bereits über einen Visbreaker und einen katalytischen Cracker, die 1976 und 1985 erweitert wurden. Durch das angegliederte Schmierstoffwerk wurde ein Teil des schweren Rückstands zu Schmierstoffen weiterverarbeitet, so daß die Raffinerie einen hohen Konversionsgrad erreichte.

Die Raffinerie Misburg besaß für die Verarbeitung schwerer inländischer Rohöle einen thermischen Cracker und einen Coker. Aufgrund der sinkenden Rohölfördermenge und der geringen Betriebsgröße war die Errichtung von Weiterverarbeitungsanlagen nicht wirtschaftlich. Daher wurde die Verarbeitung an diesem Standort aufgeben.

---

1) Seit 1982 verfügte die Deutsche Shell über einen 37,5%igen Kapazitätsanteil an den Raffinerien der BP Vohburg und ERIAG. Nach der Aufgabe der Rohölverarbeitung bei ERIAG 1985 beträgt der Lohnverarbeitungsanteil 25%. Siehe: O.V. (1981f) und Firmenangaben.

2) Daneben trugen auch absatzpolitische Maßnahmen des Unternehmens zur genannten Entwicklung bei. Siehe dazu: ASSMANN (1989), S. 131 und KLAUE (1987), S. 182.

Das Mineralölwerk Monheim war wegen seiner geringen Betriebsgröße nicht wettbewerbsfähig. Hinzu kam die rückläufige Nachfrage nach Bitumen. Beide Faktoren führten 1987 zur Schließung des Werkes.

Nachdem es infolge der 2.Ölkrise zu einer weiteren Verschiebung der Nachfrage zu leichten Produkten kam, wurden Überlegungen angestellt, die Raffinerien Godorf und Ingolstadt mit katalytischen Crackanlagen auszustatten. Der Raffinerie Godorf standen bis zu diesem Zeitpunkt nur thermische Crackverfahren zur Verfügung, die den Anteil des schweren Rückstands an der Rohölausbeute nur geringfügig reduzierten. Aufgrund der Betriebsgröße der Destillation wurde zur Verbesserung der Auslastung ein Hydrocracker gewählt, der neben leichten Mineralölprodukten auch Einsatzstoffe für die angegliederte petrochemische Produktion liefern konnte [1].

Die Ingolstädter Raffinerie hatte mit ihrem Visbreaker einen geringen Konversionsgrad. Zur Erhöhung der Ausbeute leichter Produkte war eine weitere Konversionsanlage erforderlich. Ein zusätzlicher Cracker hätte bei vollständiger Versorgung aus der eigenen Destillation über eine zu geringe Betriebsgröße verfügt. Eine über den eigenen Konversionsbedarf hinausgehende mindestoptimale Kapazität des Crackers hätte den kostengünstigen Zukauf von schwerem Rückstand aus anderen Raffinerien vorausgesetzt. Das war aber wegen der bereits im süddeutschen Raum existierenden Crackerkapazitäten und der dadurch bestehenden Nachfrage nach Rückstand nicht möglich. Aus diesem Grund wurde die Raffinerie 1982 geschlossen [2].

Mit dem in der Raffinerie Reichstett vorhandenen Visbreaker konnte die Produktausbeute in zunehmendem Maße nicht mehr der Nachfrage nach leichten Erzeugnissen gerecht werden [3]. Anfang der 80er Jahre wurde deshalb der Bau eines katalytischen

---

1) O.V. (1980c).

2) SHELL (1981), S. 1 ff. Letztlich war die geringe Betriebsgröße für die Stillegung der Raffinerie verantwortlich.

3) O.V. (1963), S. 243.

Crackers geplant. Aufgrund des drastisch rückläufigen Mineralölverbrauchs nach der 2.Ölkrise entstand in den Raffinerien Godorf und Rotterdam eine zu geringe Auslastung. Da eine Versorgung des südwestdeutschen Raumes aus diesen Raffinerien möglich war, beteiligte sich die Deutsche Shell nicht mehr am Ausbau in Reichstett und trennte sich von ihrem Anteil an der Raffinerie [1].

3.2.3.3. Petrochemische Verarbeitung

Die Deutsche Shell betrieb zusammen mit BASF die Rheinischen Olefinwerke in Wesseling (ROW) zur Produktion petrochemischer Grundstoffe [2]. An der ROW waren beide Unternehmen zu jeweils 50% beteiligt [3]. Die Raffinerie Godorf lieferte an die ROW Rohbenzin zur Erzeugung von Olefinen. Aus dem anfallenden Crackbenzin wurden in der Raffinerie Aromaten gewonnen. Aus diesen Primärerzeugnissen wurden Sekundärchemikalien und Endprodukten hergestellt. Durch die räumliche Konzentration der beiden Marktstufen wurden Verbundvorteile realisiert, die die Wettbewerbsfähigkeit der Mineralölverarbeitung erhöhten.

Mit der Errichtung eines Hydrocrackers in der Raffinerie Godorf wurde kostengünstiges Hydrowachs als Einsatzprodukt für die Olefinerzeugung an ROW geliefert [4]. Der Integrationsgrad zwischen Mineralölverarbeitung und Petrochemie wurde durch den Bezug von Hydrowachs nicht erhöht. Mit dem Bau des Hydrocrackers konnten

---

1) Um die Rohölausbeute an die veränderte Nachfrage anzupassen, wurde 1983 ein katalytischer Cracker in Betrieb genommen. Siehe: O.V. (1980d), S. 5.

2) Zu den petrochemischen Anlagen bei ROW siehe: ZILIKENS (1974) und Tab. A 39.

3) Zur Absicherung der Rohstoffversorgung für ROW wurde mit BASF ein Joint Venture für die Raffinerie Godorf geprüft, jedoch als nicht vorteilhaft verworfen. Siehe: O.V. (1985e).

4) O.V. (1986h), S. 9.

aber kostenungünstigeres Rohbenzin teilweise substituiert werden, das bis zu diesem Zeitpunkt die Rotterdamer Shell-Raffinerie lieferte. Durch den Ausbau der Konversion konnte die Auslastung der Raffinerie verbessert sowie bestehende Verbundvorteile gesichert und erweitert werden.

3.2.4. Zusammenfassung

Die Auswertung der Anpassungen der Deutschen Shell erklärt, welche Faktoren für den Verbleib oder die Schließung der Raffinerien ausschlaggebend waren:

Shell Hamburg

Durch ihren Standort war die Raffinerie dem Konkurrenzdruck von Produktimporten ausgesetzt. Mit den vorhandenen Konversions- und Schmierstoffkapazitäten zur Weiterverarbeitung schweren Rückstandes konnte die Raffinerie die Angebotsstruktur an die Nachfrage anpassen und ihre Anlagen weitgehend auslasten. Durch ihre Produktionsstruktur war sie vielen Wettbewerbern überlegen und behauptete sich am Markt.

Deurag-Nerag Misburg

Die Stillegung der Raffinerie ist auf steigende Verarbeitungskosten zurückzuführen, die sich durch eine zu geringe Betriebsgröße und niedrige Auslastung infolge einer verringerten Rohölfördermenge ergaben. Diese verbleibenden Mengen waren trotz der hohen Transportkosten in den Raffinerien der Anteilseigner in Hamburg wirtschaftlicher zu verarbeiten. Die Versorgung des regionalen Marktgebietes aus diesen Raffinerien war ungeachtet des Rücktransportes ebenfalls kostengünstiger.

Shell Monheim

Für die Stillegung des Werkes waren die unwirtschaftliche Betriebsgröße und die - kostenintensive Rohölversorgung mit Binnenschiffen ausschlaggebend. Durch die rückläufige Nachfrage bei Bitumenerzeugnissen und der Verfügbarkeit von Verarbeitungskapazitäten in anderen Shell-Raffinerien wurde das Werk geschlossen.

Shell Godorf

Der Bestand der Raffinerie Godorf läßt sich auf die Vorteile der Verbundproduktion zwischen Mineralölverarbeitung und Petrochemie zurückführen. Um diese Vorteile weiterhin zu sichern, wurden die Konversionskapazitäten Anfang der 80er Jahre ausgebaut. Mit dem Konversionsgrad und den Verbundvorteilen blieb sie trotz ihrer Nähe zum Rotterdamer Markt wettbewerbsfähig.

Shell Reichstett

Die Raffinerie Reichstett verfügte mit dem Visbreaker nur über geringe Möglichkeiten der Weiterverarbeitung. Nach dem Ausbau in Godorf konnte eine günstigere Produktversorgung aus dem westdeutschen Markt über die RMR erfolgen. Daher beteiligte sich das Unternehmen nicht am Ausbau der Raffinerie und veräußerte die Beteiligung.

Shell Ingolstadt

Die geringe Anlagengröße und ein zu niedriger Konversionsgrad führten zu einer ungünstigen Wettbewerbsposition der Raffinerie. Die im süddeutschen Markt bereits vorhandenen Konversionskapazitäten erlaubten keinen wirtschaftlichen Betrieb eines Crackers. Die Raffinerie wurde geschlossen, als durch langfristige Lohnverarbeitung bei der Deutschen BP die Versorgung des süddeutschen Marktes gesichert werden konnte.

3.3. Deutsche Texaco AG

3.3.1. Unternehmensaktivitäten

Die Deutsche Texaco AG gehörte bis 1988 zum amerikanischen Texaco-Konzern, der in allen Marktstufen des Mineralölgeschäftes vertikal integriert war. Durch die Verarbeitungskapazitäten und das Absatzvolumen zählte die Tochtergesellschaft zu den großen Mineralölanbietern auf dem deutschen Markt. Das Unternehmen war in den Bereichen Förderung, Verarbeitung, Absatz und Petrochemie tätig.

Die Gesellschaft war in die inländische Erdgas- und Erdölförderung integriert. Zur Versorgung der Raffinerien mit Rohöl beteiligte sich die Gesellschaft an der Rotterdam-Rhein-Pipeline (RRP) und Südeuropäischen Pipeline (SEPL) und zum Transport von Mineralölprodukten an der Rhein-Main-Rohrleitung (RMR). In der Petrochemie war die Gesellschaft mit der Condea Chemie und den Chemischen Werken Meerbeck vertreten [1)].

1988 wurde die Deutsche Texaco von der amerikanischen Muttergesellschaft an die Rheinisch Westfälischen Elektrizitätswerke (RWE) verkauft [2)]. Zusammen mit der bereits in RWE-Besitz befindlichen Union Rheinische Braunkohlen Kraftstoff AG (UK) wurde die Deutsche Erdöl AG (DEA) gegründet.

---

1) 1985 übernahm die Deutsche Texaco die restlichen 50% am Unternehmen von Conoco. Siehe: O.V. (1986c), S. 5.

2) Aufgrund eines Rechtsstreits in den USA mußte die Muttergesellschaft 1988 ihre Tochtergesellschaft veräußern, um ihren finanziellen Verpflichtungen nachzukommen. Siehe dazu: O.V. (1988h).

3.3.2. Entwicklung der Destillationskapazitäten

Die Deutsche Texaco verfügte 1973 über eine Raffinerie in Heide sowie ein dazugehöriges Schmierstoffwerk in Hamburg. Außerdem besaß sie Beteiligungen von 50% an der Raffinerie Raunheim [1] und von 45%, später 42% an den Oberrheinischen Mineralölwerken (OMW) in Karlsruhe [2]. Durch die Fusion zur Deutschen Erdöl AG (DEA) gehört die UK-Raffinerie in Wesseling zum Unternehmen [3].

Die in der Raffinerie Heide 1973 ausgebaute Destillationskapazität konnte durch die rückläufige Nachfrage nur vorübergehend genutzt werden [4]. Zur Verbesserung der Auslastung wurde in den folgenden Jahren die Kapazität durch Stillegung einzelner Destillationsanlagen vermindert. Auch die Auslastung der Raffinerie Raunheim sank nach der 2.Ölkrise deutlich ab. Hier wurde die Mineralölverarbeitung 1982 ganz eingestellt [5]. Die weitgehend ausgelasteten Kapazitäten der Oberrheinischen Mineralölwerke (OMW) erübrigten eine Anpassung der Destillationsanlagen.

Bestehende Pläne zum Bau einer Raffinerie im süddeutschen Raum mit einer Verarbeitungskapazität von 5,0 Mio t wurden nach der 1.Ölkrise ebenso aufgegeben wie die Erweiterung der Destillationskapazitäten bei OMW auf 12,0 Mio t [6].

---

1) Die Raffinerie wurde von Caltex betrieben, an der Texaco und Chevron zu jeweils 50% beteiligt waren.

2) Zu einer geringfügigen Kapazitätsverminderung kam es durch die Veränderung des Beteiligungsverhältnisses. Zugunsten des Partners Conoco wurde der Texaco-Anteil 1978 von 45% auf 42% gesenkt. Siehe Tab. A 7.

3) Zur Kapazitätsentwicklung und Anlagenauslastung des Unternehmens siehe Tab. 16. Die entsprechenden Angaben zu den einzelnen Raffinerien befinden sich in Tab. A 20-23.

4) O.V. (1973), S. 193 ff.

5) O.V. (1982g), S. 1.

6) O.V. (1972c), S. 146.

Tab. 15: Anpassungen der Deutschen Texaco AG 1973-1988

1973	Heide:	Destillationskapazität um 2,6 Mio t erweitert
1978	Karlsruhe:	Katalytischer Cracker errichtet und Visbreaker erweitert
1981-2	Karlsruhe:	Katalytischer Cracker erweitert
1982	Heide:	Destillationskapazität um 0,4 Mio t vermindert
	Raunheim:	Raffinerie mit 4,5 Mio t (anteilig 2,25 Mio t) stillgelegt
1985	Heide:	Destillationskapazität um 1,2 Mio t vermindert
	Raunheim:	Petrochemisches Werk geschlossen
	Karlsruhe:	Katalytischer Cracker erweitert
1987	Heide:	Visbreaker errichtet
1988	Übernahme durch RWE und Fusion mit UK zur DEA Erhöhung der Destillationskapazität um 4,5 Mio t durch Raffineriebeteiligung in Wesseling	

3.3.3. Erklärung der Anpassungen

Das im Betrachtungszeitraum positive Geschäftsergebnis des Unternehmens erlaubten es, Verluste in der Verarbeitung und im Vertrieb durch Gewinne aus der inländischen Erdöl- und Erdgasförderung auszugleichen. Ein Einfluß auf das Anpassungsverhalten durch eine Subventionierung des Downstream-Bereichs mit Hilfe des Upstream-Bereichs ist wegen der geringen Abweichung der Kapazitätsverminderungen vom Branchendurchschnitt nicht feststellbar.

Tab. 16: Die Unternehmensentwicklung der Deutschen Texaco AG (1000 t)

	RDK	KK	KG	RE	RA	AV	VG 1)
1973	11000	1335	11%	9400	85%	11700	94%
1974	11000	1335	11%	10400	95%	12000	92%
1975	11000	1335	11%	8000	73%	10000	110%
1976	11000	1335	11%	8100	74%	9900	111%
1977	11000	1335	11%	8200	75%	9700	113%
1978	11000	2510	20%	8500	77%	9800	112%
1979	10790	2510	21%	9500	88%	9600	112%
1980	10790	2510	21%	8900	82%	9400	115%
1981	10790	2675	22%	8400	78%	9300	116%
1982	8140	2360	24%	6300	77%	8100	100%
1983	8140	2360	24%	5700	70%	7600	107%
1984	8140	2360	24%	6100	75%	8500	96%
1985	6940	2530	30%	6700	97%	9000	77%
1986	6940	2530	30%	7000	101%	9500	73%
1987	6940	3280	34%	7100	102%	9300	75%
1988	11440	6180	41%	12000	105%	13700	84%

1) Versorgungsgrad = Rohöldestillationskapazität : Absatzvolumen

Quelle: DEUTSCHE TEXACO AG bzw. RWE-DEA MINERALÖL UND CHEMIE AG (1973-1988), UNION RHEINISCHE BRAUNKOHLEN KRAFTSTOFF AG (1988) und Firmenangaben.

3.3.3.1. Standort

Die Deutsche Texaco verfügte über Raffinerien im nord- und südwestdeutschen Markt. Die Raffinerien befanden sich aufgrund ihres Standortes in Konkurrenzbeziehung zu den Produktimporten aus Rotterdam. Im norddeutschen Markt wurde der Standort Heide erhalten, während im Südwesten die Raffinerie Raunheim geschlossen wurde und die Oberrheinischen Mineralölwerke (OMW) in Karlsruhe bestehen blieben. Nach der Fusion zur Deutschen Erdöl AG (DEA) verfügte das Unternehmen mit der Raffinerie Wesseling im westdeutschen Raum ebenfalls über eigene Verarbeitungskapazitäten.

Die Raffinerie in Heide besaß durch ihre geographische Lage ein teilweise abgegrenztes Absatzgebiet mit einem Standortvorteil gegenüber ihren Wettbewerbern. Andererseits führte die geringere Nachfragedichte außerhalb der Verbrauchszentren zu einem Transportkostennachteil. Vor diesem Hintergrund wurde nach dem Verbrauchsrückgang als Folge der 2. Ölkrise die Verarbeitungskapazität durch Teilstillegung von Destillationsanlagen an die Nachfrage am Standort angepaßt.

Die Raffinerie Raunheim war einem starken Importeinfluß ausgesetzt, der zu einem erheblichen Wettbewerbsdruck im südwestdeutschen Raum führte. Da über die Beteiligung der Deutschen Texaco an der Rhein-Main-Rohrleitung (RMR) und der zur Verfügung stehenden Kapazitäten in der Raffinerie Rotterdam der Produktbedarf aus dem Ausland gedeckt werden konnte, wurde die inländische Raffinerie 1982 geschlossen.

Die OMW waren durch ihren Standort ebenfalls dem Angebotsdruck ausländischer Produkte ausgesetzt, wodurch die Auslastung gefährdet war. Durch den rechtzeitigen Ausbau ihrer Weiterverarbeitungsanlagen konnte sie ihre Kapazitäten weitgehend auslasten und ihre Marktstellung im südwestdeutschen Raum behaupten. Mit der Schließung der Caltex-Raffinerie und der Konzentration der Mineralölverarbeitung für den südwestdeutschen Markt bei OMW wurde die Auslastung zusätzlich verbessert.

Der Besitz einer eigenen Vertriebsorganisation war ein wesentliches Motiv der RWE, die Deutsche Texaco zu erwerben. Weil die Union Rheinische Braunkohlen Kraftstoff (UK) über keine eigenen Vertriebswege verfügte, konnten mit der Fusion die Produkte unter dem Markennamen DEA abgesetzt und Integrationsvorteile realisiert werden [1]. Der Zusammenschluß war auch deshalb zweckmäßig, weil sich die Raffinerien beider Unternehmen zur Versorgung des deutschen Marktes ergänzten. Nach dem Verkauf der Deutschen Texaco an RWE gehörte die Rotterdamer Texaco-Raffinerie nicht mehr zum Unternehmen. Eine unternehmensinterne Versorgung des westdeutschen Marktes aus dieser Raffinerie war damit ausgeschlossen. Die Versorgung dieses Marktes konnte von der Raffinerie Wesseling übernommen werden, so daß die Integrationsvorteile erhalten blieben.

3.3.3.2. Produktionsstruktur

Der Texaco-Konzern besaß kein dichtes Raffinerienetz, vergleichbar mit den anderen großen Mineralölgesellschaften. Um dennoch über ausreichende Kapazitäten zur integrierten Versorgung der Absatzgebiete zu verfügen, mußte das Unternehmen seine Raffinerien an die geänderte Nachfragestruktur anpassen und mit Konversionsanlagen ausstatten. Mit dem erreichten hohen Konversionsgrad hatte das Unternehmen eine gegenüber dem allgemeinen Nachfragerückgang geringere Verminderung des Absatzvolumens hinzunehmen [2]. Das Investitionsverhalten des Konzerns spiegelt sich im Ausbau der Verarbeitungskapazitäten wider. Mit den Investitionen paßte das Unternehmen seine Raffinerien an die veränderte Nachfragestruktur an und hielt die Verarbeitung an den Standorten wettbewerbsfähig.

---

1) O.V. (1988e) und O.V. (1988f). Der seit 1980 betriebene Aufbau eines eigenen Tankstellennetzes hatte nur regionale Bedeutung. Siehe: KLAUE (1987), S. 187.

2) O.V. (1983d), S. 4 und (1984d), S. 5 f. Durch die Übernahme der Chevron-Vertriebswege 1985 konnte das Absatzvolumen geringfügig erhöht werden.

Die Raffinerie Heide verarbeitete den nicht abzusetzenden schweren Rückstand in einem katalytischen Cracker zu leichten Produkten. Die Konversionsanlage besaß trotz ihrer geringen Größe eine ausreichende Kapazität, weil in der Raffinerie ein Teil des Rückstandes für die Herstellung von Schmierstoffen eingesetzt wurde [1]. Nach dem Nachfrageanstieg der leichten Produkte als Folge der Ölkrisen genügten diese Weiterverarbeitungsmöglichkeiten nicht mehr. Zunächst wurde keine weitere Konversionsanlage errichtet, weil aufgrund des bestehenden Crackers und der Betriebsgröße der Destillation die Investition für eine weitere Anlage nicht rentabel erschien. Errichtet wurde sie erst, als ein in der BP-Raffinerie Hamburg stillgelegter Visbreaker kostengünstig erworben werden konnte. Damit konnte der Anteil des schwerem Rückstands an der Rohölausbeute weiter vermindert und die Auslastung verbessert werden [2].

Die Raffinerie Raunheim verfügte bereits seit den 60er Jahren über einen Hydrocracker, der wegen seiner geringen Kapazität nur einen Teil des anfallenden schweren Rückstands aufarbeiten konnte und somit keine kostengünstige Weiterverarbeitung ermöglichte [3]. Das Unternehmen entschied sich nicht zum Ausbau der Raffinerie, weil neben Investitionen in eine Konversionsanlage auch Reforming- und Refininganlagen hätten errichtet werden müssen. Die bestehenden Nachverarbeitungsanlagen hätten aufgrund der neu inkraftgetretenen Umweltschutzgesetze den folgenden Jahren keine ausreichende Kapazität mehr besessen [4].

Die Oberrheinischen Mineralölwerke (OMW) verfügten nur über thermische Crackkapazitäten, die aufgrund der Nachfrageveränderungen keine zufriedenstellende

---

1) Zur Schmierstoffverarbeitung siehe: KRÄMER (1981), S. 330 ff.

2) O.V. (1987b), S. 1.

3) Die Anlage war die erste ihres Typs in Europa und diente zu Versuchszwecken. Großtechnisch wurde das hydrierende Cracken erst in den 80er Jahren eingesetzt.

4) Die Raffinerie besaß nur geringe Reforming- und Refining-Kapazitäten. Siehe: O.V. (1981a), S. 1.

Auslastung der Raffinerie erlaubten. Um die Wettbewerbsfähigkeit zu sichern, wurden die Weiterverarbeitungsanlagen der Raffinerie ausgebaut. Dazu gehörte der Ausbau des bestehenden thermischen sowie die Errichtung eines neuen katalytischen Crackers. Bei letzterem wurden durch seine hohe Kapazität Betriebsgrößenvorteile vollständig ausgeschöpft [1]. Wegen der zum Investitionszeitpunkt vorhandenen geringen Konversionskapazitäten im südwestdeutschen Markt konnte schwerer Rückstand kostengünstig am Markt zugekauft werden. Aufgrund der in den folgenden Jahren relativ niedrigen Preise für schweren Rückstand wurde die Kapazität in mehreren Stufen erweitert. Begünstigt wurden die Entscheidungen zum Ausbau durch den gestiegenen Absatzbedarf der Anteilseigner an leichten Produkten [2].

Anfang der 70er Jahre stand in der Raffinerie Wesseling nur ein Visbreaker zur Verfügung. Durch die Veränderung der Nachfrage nach der 1.Ölkrise konnte der schwere Rückstand zunehmend schwieriger abgesetzt werden. Aufgrund fehlender Weiterverarbeitungsmöglichkeiten sank die Rohölauslastung. Um die Ausbeute leichter Produkte zu erhöhen, wurde ein Hydrocracker in Betrieb genommen und in der Folgezeit mehrfach erweitert [3]. Dadurch erreichte die Raffinerie einen hohen Konversionsgrad.

---

1) O.V. (1979b), S. 185 ff.

2) Der Anteilseigner Conoco benötigte für die Versorgung des süd- und südwestdeutschen Absatzmarktes hohe Mengen an leichten Produkten, da das Unternehmen vorwiegend auf dem Kraftstoffmarkt tätig war und über keine weiteren Raffinerien in Deutschland verfügte: O.V. (1984b), S. 36.

3) Die anfänglich geringe Betriebsgröße der Konversionsanlage ergab sich, weil mit geringem Investitionsaufwand ein stillgelegter petrochemischer Cracker zur Konversionsanlage umgebaut wurde.

3.3.3.3. Petrochemische Verarbeitung

In der Raffinerie Heide wurden petrochemische Anlagen zur Erzeugung von Olefinen und Aromaten sowie Sekundärprodukten betrieben. Die Olefine wurden zur Weiterverarbeitung an die Condea Chemie in Brunsbüttel [1] und die Chemischen Werke Meerbeck in Homburg geliefert [2]. Dabei ergaben sich Kostenersparnisse aufgrund vertikaler Integration und gemeinsamer Produktion. Durch die geringen Anlagenkapazitäten besaßen diese Vorteile nur eine untergeordnete Bedeutung.

Die Caltex betrieb in der Raffinerie Raunheim Anlagen zur Produktion petrochemischer Grundstoffe. Bei der Verarbeitung von Rohbenzin zu Olefinen konnten Integrations- und Verbundvorteile erzielt werden. Da keine Verarbeitung der petrochemischen Primärprodukte zu Sekundär- und Endprodukten stattfand, fehlten weitergehende Vorteile [3]. Stattdessen wurden die Primärprodukte auf der Basis eines langfristigen Vertrages an die Hoechst AG geliefert. Der beim Bau der Raffinerie 1963 geschlossene Vertrag wurde nach dessen Ablauf 1983 nicht mehr verlängert, weil die rückläufige Nachfrage in der chemischen Branche zu einem gesunkenen Olefinbedarf führte [4].

Nach der Beendigung des Liefervertrages wurde zunächst versucht, die petrochemischen Anlagen in Raunheim weiterzubetreiben [5]. Durch die stagnierende Nachfrage auf dem Olefinmarkt und die bestehenden Vertragsbeziehungen zwischen den ARG-Partnern (Aethylen-Rohrleitungs-Gesellschaft) ergaben sich nur geringe Absatzchancen für die Erzeugnisse. Aufgrund der eingeschränkten Transportfähigkeit des Ethylens

---

1) SCHARPENBERG (1965), S. 440 ff.

2) Zu den Kapazitäten der petrochemischen Produktion siehe Tab. A 40.

3) Mit steigender Verarbeitungstiefe und Produktdifferenzierung ergeben sich in der Petrochemie zunehmende Integrations- und Verbundvorteile.

4) O.V. (1986d), S. 6.

5) O.V. (1985f), S. 2.

außerhalb des ARG-Netzes war ein wettbewerbsfähiger Absatz der Produkte an andere als die ARG-Partner nicht möglich. Zudem konnte wegen der fehlenden Verbundvorteile nach der Stillegung der Mineralölverarbeitung die Produktion nicht mehr kostengünstig betrieben werden. Daher wurden die petrochemischen Anlagen 1985 stillgelegt.

Die Hoechst AG hatte den erwähnten Vertrag nicht nur wegen des gesunkenen Olefinbedarfes aufgekündigt. Das Unternehmen hatte sich 1976 mit 25% an der Raffinerie Wesseling beteiligt, um die eigene Rohstoffbeschaffung zu diversifizieren. Die in den folgenden Jahren hohen Verluste in der Mineralölverarbeitung überwogen jedoch die Integrationsvorteile, so daß Hoechst die Beteiligung wieder zurückgab [1]. Dafür mußte sich Hoechst vertraglich zur Abnahme von Ethylen aus Wesseling verpflichten. Das Unternehmen bezog seit 1984 von dort erhebliche Mengen an Grundstoffen.

Neben Olefinen wurden in der Raffinerie Wesseling Aromaten erzeugt und an die Hoechst AG geliefert [2]. Durch den Betrieb einer Synthesegasanlage wurde der anfallende Vakuumrückstand zu petrochemischen Produkten weiterverarbeitet. Mit der vertikalen Integration und dem Verbund beider Produktionsstufen ergaben sich Kostenersparnisse, die die Wettbewerbsfähigkeit der Raffinerie steigerten.

3.3.4. Zusammenfassung

Die Auswertung der Anpassungen der Deutschen Texaco erklärt, welche Faktoren für den Verbleib oder die Schließung der Raffinerien ausschlaggebend waren:

---

1) O.V. (1983e).

2) Zu den Kapazitäten der petrochemischen Produktion siehe Tab. A 41.

Texaco Heide

Die Wettbewerbsfähigkeit der Raffinerie Heide wurde durch mehrere Faktoren bestimmt. Aufgrund des abgegrenzten Marktes verfügte die Raffinerie über einen Standortvorteil, so daß sie mit kostengünstigen Produktimporten konkurrieren konnte. Die Konversionsanlagen und das Schmierstoffwerk ermöglichten eine bedarfsgerechte Verarbeitung des anfallenden schweren Rückstands. Die vertikale Integration sowie der Verbund mit der Petrochemie trugen trotz der geringen petrochemischen Weiterverarbeitungskapazitäten ebenfalls zum Raffinerieerhalt bei.

Caltex Raunheim

Ein langfristig wirtschaftlicher Betrieb der Raffinerie hätte in größerem Umfang zusätzliche Investitionen bei den Weiterverarbeitungsanlagen erfordert. Diese Investitionen wurden nicht durchgeführt, weil Produkte aus der konzerneigenen Raffinerie Rotterdam über die RMR in den südwestdeutschen Raum transportiert und ergänzend aus der Raffinerie in Karlsruhe bezogen werden konnten. Die Entscheidung zur Stillegung der Raffinerie wurde gefördert, weil mit der Beendigung des Liefervertrages zwischen Caltex und Hoechst die Schließung des petrochemischen Werkes und somit der Verlust der Verbundvorteile absehbar war.

Oberrheinische Mineralölwerke Karlsruhe

Die Wettbewerbsfähigkeit der Raffinerie wurde maßgeblich durch den Standort im Südwesten bestimmt. Mit dem Bezug von kostengünstigen Wiedereinsatzprodukten aus dem Mittelmeerraum konnte die OMW mit den Produktimporten aus Rotterdam konkurrieren. Dieser Standortvorteil und die Versorgungsfunktion der OMW für die Anteilseigner führten dazu, daß Weiterverarbeitungsanlagen errichtet wurden. Die Raffinerie zeichnete sich zunächst durch einen geringen Konversionsgrad aus, der nach der 1.Ölkrise zu einer sinkenden Auslastung führte. Mit dem Bau eines katalytischen Crackers 1978 konnte die Auslastung wesentlich verbessert werden. Die Kapazität der

Konversion wurde über den eigenen Konversionsbedarf hinaus ausgelegt, weil zum Planungszeitpunkt nur geringe Konversionskapazitäten im südwestdeutschen Markt vorhanden waren. Die Betriebsgrößenvorteile in der Konversion erlaubten auch bei den Mitte der 80er Jahre wieder gestiegenen Rückstandspreisen eine kostengünstige Verarbeitung. Allerdings bewirkte die Schließung von einfachen Raffinerien ohne Cracker im Südwesten den Wegfall transportkostengünstig gelegener Rückstandslieferanten und dadurch bedingte Beschaffungskostennachteile.

Union Rheinische Braunkohlen Kraftstoff Wesseling

Ein wesentliches Merkmal für die Wettbewerbsfähigkeit der Raffinerie war der hohe Konversionsgrad. Zusätzliche Wettbewerbsvorteile ergaben sich durch die vertikale Integration in die Petrochemie. Durch den Verbund bei der Erzeugung petrochemischer Grundstoffe ergaben sich weitere Kostenersparnisse. Diese Vorteile bewirkten, daß die Raffinerie trotz ihres Standortes, an dem sie starkem Angebotsdruck durch Produktimporte ausgesetzt war, erhalten blieb.

3.4. Esso AG

3.4.1. Unternehmensaktivitäten

Die Esso AG war eine Tochtergesellschaft des international auf allen Marktstufen des Mineralölgeschäftes tätigen amerikanischen Konzerns Exxon. Die Gesellschaft gehörte zu den größten Raffineuren in der Bundesrepublik mit einem bedeutenden Absatzanteil auf dem Mineralölmarkt. Die weiteren Unternehmensaktivitäten lagen in den Marktstufen der Erdöl- und Erdgasförderung sowie Petrochemie.

Über die Betriebsgesellschaft Elwerath & Brigitta (BEB) beteiligte sich das Unternehmen an der inländischen Erdöl- und Erdgasförderung. Zum Transport des Rohöls besaß das Unternehmen Anteile an der Nordwestdeutschen Oelleitung (NWO), Norddeutschen Oelleitung (NDO), Südeuropäischen Pipeline (SEPL) und Transalpinen Leitung (TAL). Die Tochtergesellschaft Esso Chemie betrieb in Köln ein petrochemisches Werk zur Erzeugung von Grundstoffen.

3.4.2. Entwicklung der Destillationskapazitäten

Die Esso verfügte zu Beginn des Untersuchungszeitraumes über Raffinerien in Hamburg, Köln, Karlsruhe und Ingolstadt sowie eine 50%ige Beteiligung an der Raffinerie Deurag-Nerag in Misburg [1].

---

1) Zur Kapazitätsentwicklung und Anlagenauslastung des Unternehmens siehe Tab. 18. Die entsprechenden Angaben zu den einzelnen Raffinerien befinden sich in Tab. A 19, 24-27.

Tab. 17: Anpassungen der Esso AG 1973-1988

1975	Karlsruhe:	Destillationskapazität um 1,0 Mio t vermindert
1977	Köln:	Petrochemische Kapazitäten erweitert
	Misburg:	Destillationskapazität um 0,30 Mio t (anteilig 0,15 Mio t) vermindert
1978	Hamburg:	Katalytischer Cracker erweitert
	Karlsruhe:	Thermischer Cracker erweitert
1979	Ingolstadt:	Katalytischer Cracker erweitert
1980	Köln:	Thermischer Cracker errichtet
	Karlsruhe:	Visbreaker errichtet
1982	Köln:	Mineralölverarbeitung mit 5,7 Mio t stillgelegt
1984	Karlsruhe:	Destillationskapazität um 0,5 Mio t vermindert
	Ingolstadt:	Destillationskapazität um 0,3 Mio t vermindert
1985	Hamburg:	Destillationskapazität um 1,0 Mio t vermindert
	Köln:	Petrochemisches Werk geschlossen
	Karlsruhe:	Coker errichtet
1986	Misburg:	Raffinerie mit 2,25 Mio t (anteilig 1,15 Mio t) stillgelegt
1987	Hamburg:	Raffinerie mit 4,5 Mio t verkauft
1988	Karlsruhe:	Coker erweitert
	Ingolstadt:	Katalytischer Cracker erweitert

Die Destillationskapazität der Raffinerie Hamburg wurde 1972 ausgebaut, weil ein weiterer Nachfrageanstieg in den 70er Jahren erwartet wurde [1]. Nach dem Absinken der Nachfrage aufgrund der 1.Ölkrise wurde die unmittelbar zuvor installierte zusätzliche Kapazität nicht mehr vollständig genutzt. Die in den folgenden Jahren anhaltend

1) O.V. (1972b), S. 270 f.

Tab. 18: Die Unternehmensentwicklung der Esso AG (1000 t)

	RDK	KK	KG	RE	RA	AV	VG 1)
1973	26475	2835	10%	18900	71%	24000	110%
1974	26475	2835	10%	17200	65%	20300	130%
1975	25475	2835	10%	13600	53%	18600	137%
1976	25475	2915	10%	16500	65%	21300	120%
1977	25325	2895	10%	15600	62%	19900	127%
1978	25325	3405	12%	13100	52%	19000	133%
1979	25325	3605	13%	14600	58%	19000	133%
1980	25325	6885	20%	14500	57%	16700	152%
1981	25325	6885	20%	12300	49%	15300	166%
1982	19625	4955	19%	11200	57%	14900	132%
1983	19625	4955	19%	11300	58%	13900	141%
1984	18825	4955	20%	11500	61%	14700	128%
1985	17700	5855	29%	10300	58%	14500	122%
1986	16700	5500	28%	10900	65%	14700	114%
1987	12200	4670	31%	8500	70%	14900	82%
1988	12200	5030	35%	9000	74%	14600	84%

1) Versorgungsgrad = Rohöldestillationskapazität : Absatzvolumen

Quelle: ESSO AG (1973-1988) und Firmenangaben.

unbefriedigende Auslastung führte zunächst zur Stillegung einer Destillationsanlage. Nachdem sich die Auslastung nicht wesentlich verbesserte, wurde die Raffinerie 1987 stillgelegt. Um die Stillegungsverluste möglichst gering zu halten, wurde die Raffinerie an die Coastal-Tochtergesellschaft Holborn verkauft [1].

Die Verarbeitungskapazität der Raffinerie Deurag-Nerag wurde 1977 zur Anpassung an die verminderte Rohölverarbeitungsmenge reduziert. Die in den folgenden Jahren immer weiter sinkende Auslastung führte 1986 zur Aufgabe des Standortes.

In Köln sank die Auslastung der Verarbeitungskapazitäten seit der 1.Ölkrise fast stetig. Weil die Raffinerie nur über eine Destillationsanlage verfügte und eine Anpassung die Schließung der Raffinerie erfordert hätte, wurde sie trotz der niedrigen Auslastung zunächst weiterbetrieben. Als nach der 2.Ölkrise die Rohölverarbeitungsmenge weiter zurückging, sank die Auslastung soweit ab, daß das Unternehmen nicht mehr bereit war, die entstehenden Verluste zu tragen. Daher wurde die Raffinerie 1982 geschlossen.

Die Destillationskapazitäten der Raffinerien in Karlsruhe und Ingolstadt verminderten sich im Betrachtungszeitraum nur geringfügig. Die Veränderungen ergaben sich durch den Einsatz leichterer Rohöle und die Umbauten bestehender Anlagen.

---

1) Die Gesellschaft nahm die Anlagen 1988 wieder in Betrieb. Durch den Kauf der Raffinerie integrierte sich Libyen, das indirekt an der Betreibergesellschaft Holborn beteiligt ist, in den Downstream-Bereich und verschaffte sich Zutritt zum deutschen Markt. Um die Wettbewerbsfähigkeit der Raffinerie zu erhöhen, wurde libysches Rohöl auf Netback-Basis verarbeitet. Siehe: SCHÜRMANN (1987) und O.V. (1988a), S. 130.

3.4.3. Erklärung der Anpassungen

Die Esso gehörte zu den Unternehmen, die in der inländischen Förderung tätig waren. Durch die besonders im Betrachtungszeitraum angefallenen hohen Fördergewinne besaß die Gesellschaft die Möglichkeit zur Subventionierung der verlustreichen Mineralölverarbeitung. Die im Verhältnis zur Branche durchschnittlichen Kapazitätsstillegungen lassen diesen Schluß nicht zwingend zu. Allerdings läßt sich ein verzögertes Anpassungsverhalten feststellen, da das Unternehmen verspätet Kapazitätsstilllegungen vornahm. Esso war einem geringeren Kostendruck in der Verarbeitung ausgesetzt und konnte bei seinen Stillegungen die Anpassungen der Konkurrenten abwarten, die sich in einer ungünstigeren Ertragssituation befanden.

3.4.3.1. Standort

Als internationaler Konzern verfügte die Muttergesellschaft Exxon über verschiedene Verarbeitungsstandorte in Nord- und Westeuropa. In der Bundesrepublik war Esso 1973 auf allen vier regionalen Märkten mit eigenen Kapazitäten vertreten. Bis auf die im süddeutschen Markt gelegene Raffinerie Ingolstadt konnten alle regionalen Marktgebiete auch aus dem Ausland mit Produkten versorgt werden. Im Betrachtungszeitraum gab das Unternehmen die Verarbeitung im Norden und Westen auf, während die Raffinerien im Süden und Südwesten der Bundesrepublik beibehalten wurden. Die Anpassungen waren das Ergebnis einer teilweisen Verlagerung der Verarbeitung in ausländische Standorte.

In Norddeutschland konkurrierte die Raffinerie Hamburg mit Produktimporten aus Nord-, West- und Osteuropa. Nach dem Nachfragerückgang als Folge der Ölkrisen ergaben sich Überkapazitäten im norddeutschen Markt. Als bereits mehrere Wettbewerber Kapazitäten stillgelegt hatten und sich die Auslastung in der eigenen Raffinerie nicht spürbar verbesserte, wurde der Verarbeitungsstandort 1987 aufgegeben. Die

Versorgung übernahmen Konzernraffinerien im ARA-Raum (Amsterdam-Rotterdam-Antwerpen) und in Norwegen. Damit gingen nach der Schließung keine Integrationsvorteile beim Mineralölabsatz verloren.

Die Raffinerie Misburg war die einzige Raffinerie in der Bundesrepublik, die nur inländisches Rohöl aus den niedersächsischen Fördergebieten verarbeitete. Wegen fehlender kostengünstiger Verkehrsmittel war ein Transport des deutschen Rohöls über größere Entfernung nicht wirtschaftlich. Die Verarbeitung wurde wegen der sinkenden Rohölfördermenge 1986 aufgegeben. Weil eine Versorgung mit Importrohölen aus dem gleichen Grund nicht möglich war, folgte die Stillegung der Anlagen. Die geringen Fördermengen wurden seit diesem Zeitpunkt trotz der hohen Transportkosten in der Shell-Raffinerie Hamburg verarbeitet [1)].

Die Raffinerie Köln befand sich in einem intensiven Wettbewerb zu den vom internationalen Markt einströmenden Fertigprodukten. Außerdem stand sie in Konkurrenz zu den konzerneigenen Raffinerien in Rotterdam und Antwerpen. Bei der Reduzierung der Verarbeitungskapazitäten innerhalb des Konzerns gab der transportkostengünstige Standort bei der Versorgung der Märkte in Nord- und Westeuropa den Ausschlag für den Erhalt der ARA-Raffinerien. Die Kölner Raffinerie konnte geschlossen werden, ohne daß Integrationsvorteile beim Mineralölabsatz verloren gingen.

Durch die größere Entfernung zum Rotterdamer Markt und dem kostengünstigen Bezug von Rohöl und Halbfertigprodukten aus dem Mittelmeerraum konnte die Raffinerie Karlsruhe mit den Importen konkurrieren. Wegen dieses Standortvorteiles entschied sich das Unternehmen bei der Versorgung des südwestdeutschen Raumes zum Ausbau der Karlsruher Raffinerie [2)].

---

1) O.V. (1986f), S. 2.

2) Um die im Konzern bestehenden Überkapazitäten in der Verarbeitung abzubauen, wurde dafür in der Rotterdamer Raffinerie 1980 eine Destillationsanlage mit 7,2 Mio t stillgelegt. Zur Kapazitätsentwicklung siehe: CFP/TOTAL (1988), S. 119.

Wegen der fehlenden Verkehrsinfrastruktur konnte eine Versorgung des süddeutschen Raumes mit Fertigprodukten vom internationalen Markt oder aus konzerneigenen Raffinerien nicht erfolgen. Eine Stillegung der Kapazitäten in Ingolstadt hätte daher den Verlust von Integrationsvorteilen beim Mineralölabsatz bedeutet. Der Erhalt der Raffinerie ist daher auf den günstigen Standort im geographisch abgegrenzten süddeutschen Marktgebiet zurückzuführen.

3.4.3.2. Produktionsstruktur

Die Absatzentwicklung des Unternehmens weist einen branchendurchschnittlichen Trend auf. Durch die geringen Konversionskapazitäten in den Raffinerien vor 1973 hatte die Esso ihren Absatzschwerpunkt bei mittleren und schweren Produkten. Der Nachfragerückgang auf dem Mineralölmarkt bewirkte hier eine erhebliche Verminderung des Absatzvolumens. Mit dem Ausbau der Konversion in den Raffinerien des süd- und südwestdeutschen Raumes konnte eine bedarfsgerechtere Produktausbeute erzielt werden, die zu einer Stabilisierung der Absatzmengen beitrug. In den nord- und westdeutschen Raffinerien, die durch ihren Standort dem Wettbewerbsdruck des internationalen Marktes ausgesetzt waren, wurden keine oder nur geringfügige Investitionen durchgeführt. Das insgesamt zurückhaltende Investitionsverhalten des Unternehmens läßt sich auf die damalige Einschätzung der Ertragsaussichten im Mineralölmarkt zurückführen.

Die Raffinerie Hamburg verfügte über einen katalytischen Cracker zur Umwandlung des schweren Rückstands in leichte Produkte. Ein Teil des Rückstands wurde zur Herstellung von Schmierstoffen eingesetzt. Wegen der geringen Betriebsgröße dieser Anlagen, die gegenüber den anderen Schmierstoffwerken in Hamburg nicht wettbewerbsfähig war, wurde die Produktion 1976 aufgegeben. Um den bisher eingesetzten Rückstand auch weiterhin verarbeiten zu können, wurde 1979 die Kapazität des katalytischen Crackers erhöht. Die nach der 2.Ölkrise schrumpfenden Absatzmöglichkeiten für schweren Rückstand führten jedoch dazu, daß die Rohölverarbeitungsmenge trotz der Crackererweiterung nicht erhöht werden konnte. Ein weiterer Ausbau erschien wegen der vorhandenen Crackanlagen bei den Wettbewerbern im norddeutschen Markt und Importen von preisgünstigen leichten Produkten nicht erfolgversprechend.

Die Raffinerie Misburg besaß mit ihrem thermischen Cracker und Coker trotz der geringen Anlagenkapazität einen hohen Konversionsgrad. Außerdem verfügte sie über Schmierstoffanlagen, in denen ein Teil des anfallenden Rückstands verarbeitet wurde. Die Anlagen wurden für den Einsatz des schweren inländischen Rohöls in der Raffinerie benötigt, um eine bedarfsgerechte Produktausbeute zu erhalten [1]. Aufgrund der geringen Betriebsgröße der Anlagen war ein wirtschaftlicher Betrieb nur durch die födernahe Verarbeitung möglich. Die Raffinerie wurde geschlossen, als die Fördermenge soweit gesunken war, daß ein kostenintensiver Transport des Rohöls in die Shell-Raffinerie Hamburg günstiger wurde als die Verarbeitung in den zunehmend schlechter ausgelasteten Misburger Anlagen.

Die Raffinerie Köln verfügte seit ihrer Inbetriebnahme über keine Konversionsanlagen. Durch die zunehmende Nachfrage nach leichten Produkten sank ab Mitte der 70er Jahre die Auslastung der Destillationskapazität drastisch. Nach dem Ausbau des petrochemischen Werkes 1977 stand ein stillgelegter Steamcracker zur Verfügung, der mit niedrigem Investitionsaufwand in einen Visbreaker umgebaut werden konnte. Der geringe Konversionsgrad der Anlage verbesserte die Auslastung der Raffinerie nicht wesentlich, weshalb der Bau eines Crackers mit hohem Upgrading geplant war. Nachdem die Entscheidung zur Schließung des petrochemischen Werkes fiel, wurde 1982 der Ausbau aufgegeben und die Schließung der Raffinerie beschlossen [2].

1) Die deutschen Rohöle zeichnen sich durch einen hohen Anteil an schweren Bestandteilen aus. Siehe Tab. A 1.

2) O.V. (1981b).

Um die Rohölverarbeitungsmengen in der Karlsruher Raffinerie zu erhöhen, wurde der vorhandene thermische Cracker erweitert und zusätzlich ein Visbreaker errichtet. Durch den geringen Konversionsgrad beider Anlagen konnte die Auslastung der Raffinerie nicht entscheidend gesteigert werden. Erst mit der Installation eines Cokers zur Verarbeitung des schweren Vakuumrückstands konnte die Ausbeute an schwerem Heizöl vermindert und die verarbeitete Rohölmenge deutlich erhöht werden [1]. Diese Investition sicherte die Auslastung der Kapazitäten und die Wettbewerbsfähigkeit der Raffinerie.

Die Raffinerie Ingolstadt besaß einen katalytischen Cracker, der im Betrachtungszeitraum mehrfach erweitert wurde. Die schlechten Absatzmöglichkeiten für schweren Rückstand im süddeutschen Markt erforderten jedoch eine nahezu vollständige Rückstandsverarbeitung. Um die Auslastung zu verbessern, wurde seit 1985 schwerer Rückstand nach Karlsruhe transportiert und im Coker eingesetzt. Durch den Lieferverbund zwischen beiden Raffinerien konnten Größenvorteile bei dieser Anlage erzielt werden, die erst einen wirtschaftlichen Betrieb ermöglichten. Die Bedeutung der Betriebsgrößenvorteile zeigt sich daran, daß es trotz der hohen Transportkosten für schweren Rückstand vorteilhafter war, einen größeren anstatt zwei kleinere Coker zu errichten [2].

---

1) O.V. (1984a), S. 10. Die hohe Nachfrage nach Mitteldestillaten in der Bundesrepublik und die bestehenden Kapazitäten katalytischer Cracker im südwestdeutschen Markt ließen die höchste Rentabilität bei einem thermischen Verfahren erzielen.

2) Aufgrund fehlender Massentransportmittel waren nur kostenintensive Bahntransporte möglich.

3.4.3.3. Petrochemische Verarbeitung

Das Unternehmen betrieb in der Kölner Raffinerie ein petrochemisches Werk zur Herstellung von Olefinen [1]. Durch die räumliche Konzentration der beiden Produktionsstufen konnten Verbundvorteile realisiert werden. Die petrochemische Verarbeitung zeichnete sich allerdings nur durch eine geringe Produktionstiefe aus, weil lediglich ein geringer Teil der Grundstoffe zu Sekundär- und Endprodukten weiterverarbeitet wurde. Der größte Teil der Primärprodukte wurde an ein Chemiewerk der Exxon im Ausland und aufgrund langfristiger Verträge an Dritte geliefert [2].

Das Nachfragewachstum in der chemischen Industrie und die Betriebsgrößenvorteile bei der Olefinerzeugung veranlaßten das Unternehmen, das Werk Mitte der 70er Jahre auszubauen [3]. Mit der Erweiterung der Kapazität stieg der Rohbenzinbedarf [4], der wegen fehlende Konversionsanlagen nicht mehr allein aus der Raffinerie Köln gedeckt werden konnten. Die Versorgung mit zusätzlichen Mengen an Rohbenzin aus den Exxon-Raffinerien in Antwerpen und Rotterdam sicherte den vollständigen Integrationsgrad.

Nach dem Ausbau der petrochemischen Kapazitäten in Köln war die Errichtung einer Konversionsanlage mit hohem Upgrading geplant, um die Liefermengen aus der eigenen Raffinerie zu erhöhen. Gleichzeitig sich ergebende zusätzliche Verbundvorteile hätten die Wettbewerbsfähigkeit der Raffinerie verbessert. Der Entschluß des Unternehmens, die petrochemische Produktion nach Großbritannien zu verlagern,

---

1) Zu den petrochemischen Kapazitäten siehe Tab. A 42.

2) Ein Teil des Etyhlens wurde über die ARG zur Weiterverarbeitung an das Esso-Werk Meerhout in Belgien geliefert. Siehe: O.V. (1977c), S. 134.

3) Zu den Betriebsgrößenvorteilen bei Steamcrackern siehe: BP (1982), S. 15, REPENNING (1969), S. 36 und MONOPOLKOMMISSION (1986), S. 252.

4) Zum Ausbau der petrochemischen Kapazitäten siehe: ASSMANN (1975), EDENS, HERLYN (1977) und O.V. (1977c).

verhinderte den Ausbau der Konversion [1]. Die in Großbritannien 1985 in Betrieb genommene Anlage besaß durch den Bezug kostengünstiger Rohstoffe aus der Nordsee deutliche Wettbewerbsvorteile. Diese Kostenersparnisse ergaben sich durch Verbundvorteile einer fördernahen petrochemischen Verarbeitung, bei der statt Rohbenzin Erdgas zur Olefinerzeugung eingesetzt wurde [2].

Bedingt durch die geringe Auslastung wurde die Raffinerie Köln bereits 1982 stillgelegt und nicht bis zur Schließung des petrochemischen Werkes 1985 weiterbetrieben. Der Verlust von Verbundvorteilen wurde von den Kostenersparnissen überwogen, die sich nach der Stillegung der Kapazitäten in Köln ergaben. Die Integrationsvorteile blieben bestehen, da eine vollständige Versorgung des westdeutschen Mineralölmarktes aus den eigenen Raffinerien im ARA-Gebiet (Amsterdam-Rotterdam-Antwerpen) möglich war.

Ein weiterer Grund für die Schließung der Raffinerie und des petrochemischen Werkes war neben den genannten Vorteilen einer Verarbeitung in Großbritannien auch die fehlende Weiterverarbeitung der Grundstoffe zu Sekundär- und Endprodukten, die keine Realisierung von weitergehenden Integrations- und Verbundvorteilen erlaubten. Ohne diese war das Werk weitgehend von der Entwicklung auf dem Olefinmarkt abhängig, auf dem im Betrachtungszeitraum hohe Überkapazitäten und eine stagniernde Nachfrage herrschten.

---

1) O.V. (1985d).

2) KUPER (1982), S. 122.

3.4.4. Zusammenfassung

Die Auswertung der Anpassungen der Esso erklärt, welche Faktoren für den Verbleib oder die Schließung der Raffinerien ausschlaggebend waren:

Esso Hamburg

Für die Schließung der Hamburger Raffinerie waren die Überkapazitäten im norddeutschen Markt und der Angebotsdruck durch Produktimporte maßgebend. Durch die zu geringe Konversionskapazität konnte die Raffinerie ihre Angebotsstruktur nur bedingt an die Nachfrage anpassen und nicht ausreichend ausgelastet werden. Die zur Verfügung stehenden konzerneigenen Raffineriekapazitäten in Nordwesteuropa ermöglichten zudem eine Versorgung des Marktes nach der Veräußerung der Raffinerie.

Deurag-Nerag Misburg

Die Raffinerie wurde wegen der rückläufigen Fördermenge und der sinkenden Auslastung geschlossen. Die geringe Betriebsgröße und die Verfügbarkeit weiterer unternehmenseigener Verarbeitungskapazitäten im norddeutschen Markt begünstigten die Entscheidung zur Stillegung. Die weiterhin geförderten Restmengen konnten in den Raffinerien der Anteilseigner in Hamburg verarbeitet werden.

Esso Köln

In der Kölner Raffinerie war wegen der zu geringen Konversionskapazitäten keine bedarfsgerechte Rohölausbeute möglich. Der hohe Wettbewerbsdruck durch Produktimporte vom Rotterdamer Markt und die verfügbaren Raffineriekapazitäten im Konzern führten zur Entscheidung, die Raffinerie nicht weiter auszubauen. Die Verbundvorteile mit der Petrochemie spielten wegen der geplanten Verlagerung der Olefinproduktion nach Großbritannien bei der Anpassungsentscheidung für die Raffinerie keine Rolle.

Esso Karlsruhe

Durch die kostengünstige Beschaffung von Produkten aus dem Mittelmeerraum konnte die Raffinerie mit den Produktimporten aus Rotterdam konkurrieren. Aufgrund dieses Standortvorteils entschloß sich das Unternehmen zum Ausbau der Raffinerie. Die nach der 2.Ölkrise errichteten Konversionsanlagen mit hoher Rückstandsumwandlung ermöglichten die Erzeugung eines bedarfsgerechten Produktangebotes bei gesicherter Auslastung.

Esso Ingolstadt

Für den Bestand der Raffinerie Ingolstadt waren der hohe Konversionsgrad aufgrund des katalytischen Crackers und der eingeschränkte Einfluß von Produktimporten wegen fehlender Transportmöglichkeiten ausschlaggebend. Durch den Einsatz von Rückstand in den Coker der Raffinerie Karlsruhe konnte die Auslastung der Anlagen zusätzlich verbessert und die Wettbewerbsfähigkeit gegenüber den Konkurrenten im süddeutschen Markt gesteigert werden.

3.5. Mobil Oil AG

3.5.1. Unternehmensaktivitäten

Das Unternehmen war eine Tochtergesellschaft des amerikanischen Mobil-Konzerns, das sich auf allen Marktstufen des Mineralölgeschäftes engagierte. Die Mobil Oil AG gehörte aufgrund der Verarbeitungskapazitäten und des Absatzvolumens zu den kleineren Anbietern in der Bundesrepublik. Sie war im Inland in den Marktstufen der Förderung, Verarbeitung und des Absatzes tätig.

Die Mobil Oil AG gehörte zu den internationalen Konzernen, die im Inland Erdöl und Erdgas förderten. Zum Transport des Rohöls war das Unternehmen an der Südeuropäischen Pipeline (SEPL), Transalpinen Leitung (TAL) und Rotterdam-Rhein-Pipeline (RRP) beteiligt. Außerdem verfügte es zum Transport von Fertigprodukten über eine geringfügige Beteiligung an der Rhein-Main-Rohrleitung (RMR). Die Mineralölprodukte wurden unter eigenem Namen und über die Absatzorganisation ARAL vertrieben, an der das Unternehmen mit 28% beteiligt war [1]. Die Mobil Oil war von den untersuchten die einzige Mineralölgesellschaft, die sich nicht in der Petrochemie engagierte.

---

1) Während Gelsenberg, Mobil Oil und VEBA OEL jeweils 28% an der ARAL besaßen, verfügte Wintershall über einen Anteil von 15,0% und die Vereinigung der Kokereibenzolerzeuger über 1%: MONOPOLKOMMISSION (1975), S. 168.

3.5.2. Entwicklung der Destillationskapazitäten

Die Mobil Oil verfügte 1973 über Raffinerien in Bremen und Wörth/Rhein, eine 50%-Beteiligung an der Erdölraffinerie Neustadt/Donau (ERN) und über das Schmierstoffwerk Wedel [1) 2)].

Tab. 19: Anpassungen der Mobil Oil AG 1973-1988

1973	Neustadt:	Destillationskapazität um 3,5 Mio t (anteilig 1,75 Mio t) erweitert
1975	Bremen: Wilhelmshaven:	Raffinerie mit 1,8 Mio t stillgelegt Raffinerie mit 8,0 Mio t eröffnet
1977	Neustadt:	Katalytischer Cracker erweitert
1978-1981	Wörth:	Katalytischer Cracker erweitert
1981	Neustadt:	Visbreaker errichtet
1985	Wilhelmshaven:	Raffinerie mit 8,0 Mio t stillgelegt
1987	Wörth:	Destillationskapazität um 1,0 Mio t erweitert Katalytischer Cracker erweitert

---

1) Das Werk Wedel besaß keine eigenen Rohölverarbeitungs- und Schmierstoffanlagen, sondern mischte nur Grundöle zu absatzfähigen Erzeugnissen. Grundöle sind Zwischenprodukte der Schmierstoffherstellung, aus denen durch Beimengung von Zusätzen fertige Schmierstoffe erzeugt werden.

2) Zur Kapazitätsentwicklung und Anlagenauslastung des Unternehmens siehe Tab. 20. Die entsprechenden Angaben zu den einzelnen Raffinerien befinden sich in Tab. A 28-31.

Tab. 20: Die Unternehmensentwicklung der Mobil Oil AG (1000 t)

	RDK	KK	KG	RE	RA	AV	VG 1)	ARAL-AV
1973	8800	1355	15%	7300	83%	10100	87%	9000
1974	8800	1355	15%	6900	78%	9500	93%	9100
1975	15000	930	6%	6400	43%	9900	152%	9400
1976	15000	930	6%	8600	57%	9000	167%	9700
1977	15000	1230	8%	9600	64%	9200	163%	10200
1978	15000	1270	8%	9600	64%	10200	147%	10300
1979	15000	1340	9%	9300	62%	10700	140%	10300
1980	15000	1340	9%	11000	73%	10200	147%	10300
1981	15000	1810	10%	10500	70%	9900	152%	9500
1982	15000	1810	10%	10500	70%	10900	138%	9600
1983	15000	1810	10%	10300	69%	10100	149%	9600
1984	15000	1810	10%	9000	60%	9700	155%	9600
1985	7000	1810	22%	7000	100%	9800	71%	9600
1986	7000	1810	22%	5800	83%	10800	65%	10000
1987	8000	2030	22%	5600	70%	10600	75%	10000
1988	8000	2030	22%	6400	80%	10800	74%	10000

1) Versorgungsgrad = Rohöldestillationskapazität : Absatzvolumen

Quelle: ARAL AG (1973-1988), MOBIL OIL AG (1973-1988) und Firmenangaben.

Die Raffinerie Bremen wurde 1975 geschlossen und durch einen Neubau in Wilhelmshaven ersetzt. Aufgrund des prognostizierten Anstiegs des Mineralölverbrauchs wurde eine deutlich größere Verarbeitungskapazität geplant als in Bremen zur Verfügung stand. Die gesamte Destillationskapazität wurde in einer Anlage realisiert, weshalb eine kapazitätsmäßige Anpassung an die gesunkene Nachfrage in den folgenden Jahren nicht möglich war.

Nach der 2.Ölkrise sank die Auslastung, so daß sich das Unternehmen zur Aufgabe der Rohölverarbeitung entschloß. Die geplante Stillegung verzögerte sich durch den 1984 in Großbritannien geführten Bergarbeiterstreik, der zu einer vorübergehend steigenden Nachfrage nach schwerem Heizöl führte [1]. Die Raffinerie wurde wegen der sich daraus ergebenden kurzfristig höheren Auslastung erst 1985 geschlossen [2].

Die Destillationskapazität in der Raffinerie Wörth wurde wegen der hohen Auslastung im Betrachtungszeitraum nicht vermindert, sondern 1987 geringfügig erweitert. In der Raffinerie Neustadt wurde 1973 die Destillationskapazität verdoppelt und bis 1988 trotz des allgemeinen Nachfragerückgangs unverändert beibehalten.

3.5.3. Erklärung der Anpassungen

Durch die Integration in die inländische Förderung von Erdgas und Erdöl konnte das Unternehmen im Betrachtungszeitraum hohe Marktstufengewinne ausweisen. Es liegt die Vermutung nahe, daß das Unternehmen die Gewinne dazu nutzte, die Verluste in

---

1) O.V. (1985a), S. 256.

2) Wegen einer möglichen Wiederinbetriebnahme wurden die Anlagen der Raffinerie bei ihrer Stillegung nicht abgerissen, sondern konserviert. Versuche des Unternehmens und des Landes Niedersachsen, den Erhalt der Raffinerie durch den Verkauf an ein Förderland zu sichern, blieben bis Anfang der 90er Jahre ohne Erfolg. Siehe: O.V. (1986g), S. 3 und (1989), S. 5.

der Verarbeitung auszugleichen. Bei den nicht ausgelasteten Kapazitäten war es dem Kostendruck weniger stark ausgesetzt als nicht integrierte Wettbewerber und hätte sich bei den Anpassungen mehr Zeit lassen können. Die Stillegungen des Unternehmens entsprachen insgesamt dem Branchendurchschnitt. Lediglich das verzögerte Anpassungsverhalten ließen die Vermutung der zeitweiligen Subventionierung zu.

3.5.3.1. Standort

Das Unternehmen verfügte - außer im westdeutschen Markt - in allen Marktgebieten über eigene Verarbeitungskapazitäten. Im Laufe des Anpassungsprozesses hat Mobil Oil die Raffinerien in Norddeutschland stillgelegt und in Süd- und Südwestdeutschland beibehalten.

Die Versorgung des norddeutschen Marktes wurde 1975 von der neu erbauten Raffinerie Wilhelmshaven übernommen. Die Raffinerie sollte wie die Exportraffinerien in Rotterdam und Antwerpen die Verbrauchsregionen in Nord- und Westeuropa versorgen. Durch ihre Küstenlage konnten die Produkte sowohl in Norddeutschland abgesetzt als auch transportkostengünstig exportiert werden. Entsprechend wurde die Raffinerie auf eine hohe Kapazität ausgelegt. Als nach dem Nachfragerückgang die Exportchancen sanken, mußte größere Mengen als geplant im Inland abgesetzt werden. Durch den Standort der Raffinerie außerhalb der großen Verbrauchszentren ergaben sich erhebliche Transportkostennachteile beim Absatz der Produkte.

Nachteilig wirkte sich auf die Auslastung aus, daß die Raffinerie mit den Importen vom Rotterdamer Markt und aus den osteuropäischen Ländern konkurrieren mußte. Die Entscheidung zur Stillegung wurde unter Berücksichtigung der im Mobil-Konzern zur Verfügung stehenden Raffineriekapazitäten getroffen. Die britische Schwestergesellschaft der Mobil Oil verfügte über eine Raffinerie in Coryton, die für die Versorgung des nordwesteuropäischen Marktes einen günstigeren Standort besaß.

Die Schließung der Raffinerie ist auch auf die Zusammenarbeit von Mobil Oil mit der saudiarabischen Mineralölgesellschaft Petromin beim Bau einer exportorientierten Raffinerie in Yanbu am Roten Meer zurückzuführen. Mobil Oil beteiligte sich an der saudiarabischen Raffinerie mit 50%, um die Verbundvorteile einer födernahen Verarbeitung zu nutzen. Bis zur Inbetriebnahme wurden aus der Wilhelmshavener Raffinerie Produkte für den europäischen und den arabischen Markt geliefert [1]. Als die Raffinerie Yanbu 1985 ihren Betrieb aufnahm, wurden die Produkte für diese Märkte von dort geliefert.

Im Gegensatz zu Wilhelmshaven ist die Raffinerie Wörth einem geringeren Wettbewerb durch Produktimporte vom Rotterdamer Markt ausgesetzt. Eine Versorgung aus dem ARA-Raum wurde nicht in Erwägung gezogen, da in der Mobil-Raffinerie in Amsterdam Crackerkapazitäten fehlten und wegen der daraus folgenden geringen Auslastung selbst stillgelegt wurde [2]. Mit der Schließung von Konkurrenzraffinerien verminderten sich die Verarbeitungskapazitäten im südwestdeutschen Raum und trugen zur höheren Auslastung der Wörther Raffinerie bei. Nach der Stillegung der Erdölraffinerie Speyer (ERS), an der die Elf mehrheitlich beteiligt war, stellte Mobil Oil aufgrund einer vertraglichen Vereinbarung einen Teil der von Elf benötigten Produktmengen zur Verfügung [3].

---

1) SCHÜRMANN (1985a), S. 96.

2) O.V. (1982d), S. 6. Eine Versorgung aus der Raffinerie Coryton zur Deckung des Absatzbedarfes im südwestdeutschen Raum kam wegen der hohen Transportkosten nicht in Frage.

3) Eine spiegelbildliche Situation ergab sich in Frankreich, wo die französische Mobil 1985 ihre Raffinerie in Frontignan stillegte und seither aus der Elf-Raffinerie in Feyzin versorgt wird. Durch die gleiche Interessenlage schlossen beide Gesellschaften einen Vertrag ab, der die langfristige Versorgung der Tauschpartner sicherstellte. Diese Vereinbarung wird als Tauschmengenabkommen bezeichnet, obwohl der Vertrag aufgrund seiner Langfristigkeit kein Tauschmengenabkommen im engeren Sinne darstellt. Siehe: O.V. (1986e), S. 8.

Durch ihre Lage in einem geographisch abgegrenzten Markt stand die Erdölraffinerie Neustadt (ERN) nur in geringem Umfang im Wettbewerb zu Produktimporten aus dem Mittelmeerraum. Die ERN war im süddeutschen Markt der einzige Lieferant für ARAL, wodurch die Raffinerie eine wichtige Versorgungsfunktion hatte. Beide Faktoren begünstigten die Existenz der Raffinerie.

3.5.3.2. Produktionsstruktur

Der Konversionsgrad der Raffinerien weist für den Betrachtungszeitraum eine im Branchendurchschnitt geringe Höhe auf. Zur Anpassung der Angebotsstruktur an die veränderte Nachfrage wurden in den Mobil-Raffinerien nur wenige Investitionen für den Neubau von Weiterverarbeitungsanlagen vorgenommen. Häufig fand nur eine Erweiterung bestehender Anlagen statt. Trotz des geringen Konversionsgrades mußte das Unternehmen keinen nennenswerten Rückgang seines Absatzvolumens hinnehmen [1].

Die Raffinerie Wilhelmshaven [2] wurde mit einer mindestoptimalen Betriebsgröße errichtet. Sie verfügte über keine Konversionsanlagen, weil die anfallenden schweren Produkte vorwiegend in nordeuropäische Länder exportiert werden sollten. Die rückläufige Nachfrage in diesen Märkten verminderte die Exportchancen, so daß in der Raffinerie verstärkt Produkte für den deutschen Markt verarbeitet wurden. Aufgrund der nun fehlenden Konversionsanlagen bestimmte der Absatz des schweren Rückstands

---

1) Das weitgehend stabile Absatzvolumen läßt sich wegen der unterdurchschnittlichen Konversionskapazitäten in den Mobil-Raffinerien nicht eindeutig erklären. Vermutlich ist es auf absatzpolitische Maßnahmen der ARAL und kostengünstige Produktimporte aus Saudi-Arabien zurückzuführen.

2) Siehe dazu: EHRENHAUß (1976) und BISCHOFF (1975).

die Auslastung. Der Plan zur Errichtung eines hochkonvertierenden Crackers wurde aufgegeben, als der katalytische Cracker in der Raffinerie Coryton ausgebaut und der schwere Rückstand aus Wilhelmshaven dort eingesetzt wurde [1)].

Die Raffinerie Wörth verfügte bereits seit ihrer Inbetriebnahme über einen katalytischen Cracker, der durch Umbauten stufenweise in seiner Kapazität erweitert wurde [2)]. Ein weiterer Ausbau der Konversion wurde wegen der vorhandenen Anlagen im südwestdeutschen Markt als nicht erfolgversprechend angesehen.

Die Destillationskapazität der Erdölraffinerie Neustadt (ERN) wurde 1973 ausgebaut, um sie der steigenden Nachfrage nach Mineralölprodukten im süddeutschen Markt anzupassen. Durch den Ausbau wurden gleichzeitig Betriebsgrößenvorteile realisiert, die eine kostengünstigere Verarbeitung gestatteten [3)]. Die Kapazität des vorhandenen katalytischen Crackers wurde erst 1977 an die erweiterte Destillationskapazität angepaßt. Zur Verbesserung der Ausbeutestruktur erfolgte 1981 der Bau eines Visbreakers, um den Anteil des schweren Rückstands an der Rohölausbeute zu reduzieren [4)].

---

1) O.V. (1978b), S. 336. Um die Ausbeutestruktur zu verbessern, wurde in der Wilhelmshavener Raffinerie 1979 ein Hydrodewaxer installiert, der jedoch nur eine geringfügige Verbesserung der Auslastung bewirkte und keine Konversionsanlage im engeren Sinn darstellt. Durch die Anlage konnte die Menge des schweren Rückstands nur um 5% gesenkt werden. Siehe: O.V. (1979a), S. 307 f.

2) Siehe: SIEBERT (1979), S. 9 f.

3) Zum Ausbau der ERN siehe: SINGER (1972), S. 302 ff.

4) O.V. (1978a), S. 162 f.

3.5.3.3. Petrochemische Verarbeitung

Die Mobil Oil war die einzige der betrachteten Mineralölgesellschaften, die sich nicht in die petrochemische Weiterverarbeitung integriert hatte. Das Unternehmen war jedoch zusammen mit VEBA OEL an der Erdölraffineri Neustadt (ERN) beteiligt. Die Neustädter Raffinerie versorgte das Petrochemische Werk Münchsmünster mit Rohbenzin zur Olefinerzeugung [1]. Dadurch ergaben sich für Mobil Oil keine Integrationsvorteile, aber Kostenersparnisse durch die gemeinsame Verbundproduktion.

3.5.4. Zusammenfassung

Die Auswertung der Anpassungen der Mobil Oil erklärt, welche Faktoren für den Verbleib oder die Schließung der Raffinerien ausschlaggebend waren:

<u>Mobil Bremen</u>

Für die Schließung waren die geringe Betriebsgröße der Raffinerie, die die zukünftige Nachfrage am Markt nicht mehr befriedigen konnte, und eine kostenungünstige Produktionsstruktur ausschlaggebend. Aus diesen Gründen wurde die Raffinerie nicht ausgebaut, sondern geschlossen und durch größere Verarbeitungskapazitäten in Wilhelmshaven ersetzt.

<u>Mobil Wilhelmshaven</u>

Für die Stillegung der Raffinerie war die rückläufige Nachfrage in Nordeuropa ausschlaggebend. Dadurch konnte die Auslastung der Raffinerie nicht mehr gewährleistet werden. Für die ausschließliche Versorgung des deutschen Marktes war die Raffine-

---

1) GIESE (1973), S. 313 ff.

rie wegen ihres ungünstigen Standortes und der fehlenden Konversionsanlagen nicht geeignet. Zudem konnte durch die Verfügbarkeit von konzerneigenen Kapazitäten in Großbritannien und Saudi-Arabien die Versorgung des norddeutschen Marktes kostengünstiger erfolgen. Daher wurde auch keine Konversionsanlage zur Anpassung der Produktausbeute an die geänderte Nachfrage mehr errichtet.

Mobil Wörth

Die Raffinerie verdankt ihre Wettbewerbsfähigkeit dem katalytischen Cracker, der eine bedarfsgerechte Rohölverarbeitung und damit hohe Auslastung der Kapazitäten erlaubte. Durch den Standort konnten kostengünstige Wiedereinsatzprodukte aus dem Mittelmeerraum bezogen werden. Die Raffinerie war daher dem Wettbewerbsdruck preisgünstiger Produkte aus Rotterdam nur in geringem Umfang ausgesetzt. Zudem verfügte Mobil Oil nach der Stillegung der Raffinerie Amsterdam über keinen transportkostengünstig gelegenen Verarbeitungsstandort im Ausland für die Versorgung des südwestdeutschen Marktes. Die Realisierung von Integrationsvorteilen beim Absatz war daher vom Bestand der Raffinerie Wörth abhängig.

Erdölraffinerie Neustadt

Der Erhalt der süddeutschen Raffinerie ist auf mehrere Faktoren zurückzuführen. Die fehlende Infrastruktur ermöglichte keine Lieferungen von Produkten in dieses geographisch abgegrenzte Marktgebiet, so daß die Raffinerie nur einem geringen Wettbewerb ausgesetzt war. Durch die petrochemische Verarbeitung ergaben sich Verbundvorteile, die die Wettbewerbsfähigkeit der Raffinerie zusätzlich erhöhten. Weil die Anteilseigner an der Sicherung der Integrationsvorteile bei der Versorgung des Marktes interessiert waren, wurde die Kapazität der Konversionsanlagen ausgebaut. Dadurch konnte die Auslastung der Raffinerien gesteigert werden.

3.6. VEBA OEL AG

3.6.1. Unternehmensaktivitäten

Die VEBA OEL AG war eine Tochtergesellschaft der deutschen VEBA AG, die sich in den Bereichen Energiewirtschaft, Mineralöl, Chemie und Handel betätigte. Aufgrund ihrer Verarbeitungskapazitäten und ihres Absatzvolumens war VEBA OEL die größte deutsche Mineralölgesellschaft.

Das Unternehmen war nicht in die inländische Erdöl- und Erdgas förderung integriert. Um die Raffinerien mit Rohöl zu versorgen, besaß das Unternehmen Beteiligungen an der Nordwestdeutschen Oelleitung (NWO), Rotterdam-Rhein-Pipeline (RRP), Südeuropäischen Pipeline (SEPL), Transalpine Leitung (TAL) und eine geringfügige an der Rhein-Main-Rohrleitung (RMR). Die Mineralölprodukte wurden über die Vertriebsorganisationen ARAL AG, an der VEBA OEL mit 56% beteiligt war, und über die Vetriebsfirmen Fanal, Raab Karcher und Strohmeyer abgesetzt. Mit den Chemischen Werken Hüls (CWH) war das Unternehmen auch in der petrochemischen Verarbeitung tätig.

Die VEBA OEL übernahm 1975 die Gelsenberg AG, um sich stärker in die Rohölförderung im Ausland zu integrieren [1]. Während sich VEBA OEL bis zu diesem Zeitpunkt vorwiegend in der petrochemischen Verarbeitung betätigt hatte, verfügte sie nur über geringe Aktivitäten in der Förderung. Gelsenberg hatte sich dagegen verstärkt in der Rohölförderung, dafür aber weniger auf der nachgelagerten petrochemischen Marktstufe engagiert, wodurch sich beide Unternehmen ergänzten [2]. Teile des

---

1) Um sich mit eigengeförderten Rohölen zu versorgen, ist das Unternehmen an der Deutschen Mineralöl-Explorations-GmbH (DEMINEX) beteiligt. Die DEMINEX ist ein Gemeinschaftsunternehmen deutscher Mineralölgesellschaften zur Exploration und Förderung von Rohöl im Ausland. Vor dem Zusammenschluß mit Gelsenberg verfügte das Unternehmen über einen Anteil von 18,5%, der sich nach der Übernahme auf 54% erhöhte. SCHÜRMANN (1981), S. 464.

2) Zu den Zielen der Fusion siehe: MONOPOLKOMMISSION (1975), S. 29.

ehemaligen Gelsenberg-Konzerns wurden 1979 an die Deutsche BP verkauft, um überschüssige Verarbeitungskapazitäten abzubauen und die Rohölversorgung durch ein vertraglich vereinbartes Bezugsrecht mit BP zu verbessern [1].

3.6.2. Entwicklung der Destillationskapazitäten

Der VEBA OEL gehörte eine Raffinerie in Gelsenkirchen-Scholven. Zusätzlich besaß sie Beteiligungen von 45% an den Oberrheinischen Mineralölwerken (OMW) in Karlsruhe und 50% an der Erdölraffinerie Ingolstadt (ERIAG). Außerdem erwarb sie 1973 von der amerikanischen Gulf, die sich vom europäischen Markt zurückzog, die Frisia-Raffinerie in Emden. Durch Übernahme der Gelsenberg 1975 erwarb das Unternehmen eine weitere Raffinerie in Gelsenkirchen-Horst und Beteiligungen von 25% an der Erdölraffinerie Speyer (ERS) und 50% an der Erdölraffinerie Neustadt (ERN).

Durch den Nachfragerückgang nach der 1.Ölkrise hatte sich die Auslastung in den Raffinerien der VEBA OEL spürbar verringert [2]. Nach dem Zusammenschluß mit Gelsenberg bestand ein deutlicher Kapazitätsüberschuß in der Mineralölverarbeitung. Dieser Überhang wurde ausschließlich durch Veräußerung von Raffineriebeteiligungen abgebaut. Lediglich in den Gelsenkirchener Standorten wurden Teilstillegungen kleinerer Destillationsanlagen vorgenommen.

---

1) Mit dem Verkauf erhielt VEBA OEL das Recht, bis zum Jahr 2000 jährlich 3 Mio t Rohöl von der BP-Muttergesellschaft zu beziehen. MONOPOL-KOMMISSION (1979), S. 47 f.

2) Zur Kapazitätsentwicklung und Anlagenauslastung des Unternehmens siehe Tab. 22. Die entsprechenden Angaben zu den einzelnen Raffinerien befinden sich in Tab. A 12-13, 23, 31-34.

Tab. 21: Anpassungen der VEBA OEL AG 1973-1988

1973	Emden:	Raffinerie mit 2,4 Mio t erworben
	Gelsenkirchen:	Destillationskapazität um 2,6 Mio t erweitert
1975	Ingolstadt:	Destillationskapazität um 4,0 Mio t (anteilig 2,0 Mio t) erweitert
	Übernahme von Gelsenberg mit Raffineriebeteiligungen in Gelsenkirchen, Neustadt und Speyer mit 11,2 Mio t Destillationskapazität	
1977	Neustadt:	Katalytischer Cracker erweitert
1978	Emden:	Raffinerie mit 2,4 Mio t veräußert
	Karlsruhe:	Katalytischer Cracker errichtet Thermischer Cracker erweitert
	Speyer:	Destillationskapazität um 5,2 Mio t (anteilig 1,3 Mio t) erweitert
1979	Verkauf von Gelsenberg mit Raffineriebeteiligungen in Speyer und Ingolstadt mit 5,5 Mio t Destillationskapazität	
1980	Gelsenkirchen:	Destillationskapazität um 4,0 Mio t vermindert
1981	Gelsenkirchen:	Coker erweitert
	Neustadt:	Visbreaker errichtet
1981-2	Karlsruhe:	Katalytischer Cracker erweitert
1982	Gelsenkirchen:	Destillationskapazität um 2,5 Mio t und petrochemische Kapazitäten vermindert
1983	Gelsenkirchen:	Hydrocracker errichtet Katalytischer Cracker stillgelegt Raffinerien zu 50% veräußert
1985	Karlsruhe:	Katalytischer Cracker erweitert
1986	Karlsruhe:	Raffinerieanteil zu 50% veräußert
	Neustadt:	Raffinerieanteil zu 75% veräußert

Tab. 22: Die Unternehmensentwicklung der VEBA OEL AG/Ruhr Oel GmbH (1000 t)

	RDK	KK	KG	RE	RA	AV	VG 1)	ARAL-AV
1973	17050	2145	7%	12700	74%	K.A.	-	9000
1974	17050	2145	7%	12700	74%	K.A.	-	9100
1975	30250	3645	12%	18500	61%	K.A.	-	9400
1976	29580	3555	12%	18400	62%	K.A.	-	9700
1977	29580	3855	13%	17200	58%	K.A.	-	10200
1978	28310	4780	17%	15900	56%	19700	144%	10300
1979	22810	4780	21%	15900	70%	17700	129%	10300
1980	19310	4880	25%	14100	73%	16200	119%	10300
1981	19310	5710	29%	11700	61%	13200	146%	9500
1982	16310	5850	35%	11900	73%	12800	127%	9600
1983	16310	7350	47%	12500	77%	12900	126%	9600
1984	16310	6810	44%	12500	77%	13400	122%	9600
1985	16310	6840	44%	13700	84%	13700	119%	9600
1986	14560	6340	47%	12700	87%	13800	106%	10000
1987	14560	6340	47%	13400	92%	13800	106%	10000
1988	14560	6340	47%	13800	95%	14200	103%	10000

1) Versorgungsgrad = Rohöldestillationskapazität : Absatzvolumen

Quelle: VEBA Oel AG (1973-1988), ARAL AG (1973-1988) und Firmenangaben.

Die VEBA OEL veräußerte die 1973 übernommene Raffinerie Frisia 1978 an die Bochumer Mineralölhandelsgesellschaft, nachdem die Kapazitäten seit 1975 nur noch teilweise genutzt wurden. In den OMW wurden die Kapazitäten wegen der hohen Auslastung nicht vermindert. Durch die Veränderung des Beteiligungsverhältnisses bei den OMW sank die unternehmenseigene Kapazität von 45% auf 33% [1]. In den Raffinerien in Ingolstadt und Speyer wurden aufgrund des vor der 1.Ölkrise erwarteten Nachfragezuwachses 1975 bzw. 1978 neue Destillationsanlagen in Betrieb genommen. Infolge des nicht vorhersehbaren Verbrauchsrückgangs trugen sie wesentlich zum Kapazitätsüberhang im Unternehmen bei [2]. Mit der Veräußerung der Gelsenberg an BP 1979 wurden die Beteiligungen an der ERIAG und ERS abgegeben und die unternehmenseigene Kapazität reduziert.

Durch ein Joint Venture mit der staatlichen Mineralölgesellschaft Petroleos de Venezuela SA (PDVSA) wurde zwischen 1983 und 1986 das Förderland Venezuela an den verbliebenen Raffinerien beteiligt [3]. Nachdem VEBA OEL ihre beiden Gelsenkirchener Raffinerien in das Gemeinschaftsunternehmen Ruhr Oel GmbH einbrachte, wurden 1986 auch die OMW und ERN mit einbezogen. Um die unternehmenseigene Kapazität der ERN wegen der geringen Auslastung zu vermindern, veräußerte VEBA OEL im gleichen Jahr eine 25%ige Beteiligung an der Raffinerie [4].

---

1) Siehe dazu Tab. A 7.

2) Zum Ausbau der ERIAG siehe: ANSELMI, MICHAELIS (1976), S. 214 ff. Zum Ausbau der ERS siehe: KLÜMPER, WALBE (1979), S. 68 ff.

3) An der Ruhr Oel GmbH sind VEBA OEL und PDVSA jeweils zu 50% beteiligt. Siehe: O.V. (1985g), S. 1 ff.

4) Nachdem die Saarbergwerke die Saarlandraffinerie in Völklingen geschlossen hatten, beteiligte sich das Unternehmen zur Deckung seines Absatzbedarfes an der ERN. Siehe: O.V. (1982h), S. 2.

Der Plan zum Bau weiterer Raffinerien in Brunsbüttel mit 5,5 Mio t und in Rheinberg mit 5,0 Mio t wurde nach 1973 ebenso aufgegeben wie die Erweiterung der Destillationskapazität bei den OMW auf 12,0 Mio t [1].

3.6.3. Erklärung der Anpassungen

VEBA OEL betätigte sich nicht in der inländischen Förderung. Als Have-not standen dem Unternehmen keine Gewinne aus dieser Marktstufe zur Verfügung, die einen Ausgleich von Verlusten in der Mineralölverarbeitung ermöglicht hätten. Durch den Beteiligungspartner Petroleos de Venezuela (PDVSA) ergab sich ab 1983 zwar die Möglichkeit zur Subventionierung der Verluste im Downstream-Bereich. Zu diesem Zeitpunkt hatte das Unternehmen seine Kapazitätsanpassungen schon weitgehend abgeschlossen. Die Kapazitätsentwicklung der VEBA OEL zeigt, daß die Anpassungen weit über dem Branchendurchschnitt lagen und frühzeitig vorgenommen wurden.

Die von PDVSA angebotenen schweren Rohöle wurden nur in geringem Umfang am Markt gehandelt. Eine bedarfsgerechte Verarbeitung dieser Rohöle erforderte hohe Konversionskapazitäten, über die nicht jeder Nachfrager verfügte. Dadurch war der Umfang potentieller Tauschpartner für diese Rohöle eingeschränkt, so daß sich erhöhte Koordinationskosten ergaben. Jene begünstigten eine Beteiligung der PDVSA an den VEBA-Raffinerien, weil entsprechende Weiterverarbeitungsanlagen bereits vorhanden waren. Nach der Beteiligung wurden in größerem Umfang venezolanische Rohöle in den Raffinerien der Ruhr Oel eingesetzt. Mit der Beteiligung der PDVSA ergaben sich Integrationsvorteile beim Rohölbezug aufgrund von Kostenersparnissen der unternehmensinternen Koordination, die die Wettbewerbsfähigkeit der Raffinerien stärkten.

---

1) O.V. (1971c), S. 181.

3.6.3.1. Standort

Das Unternehmen verfügte über keine Verarbeitungskapazitäten im Ausland, aus denen eine Belieferung mit Mineralölprodukten erfolgen konnte. Um die Integrationsvorteile beim Absatz zu sichern, wurden in der Regel die für die Versorgung wichtige Raffineriestandorte in den Marktgebieten der Bundesrepublik beibehalten. Als Ergebnis des starken Wettbewerbsdrucks auf dem norddeutschen Markt mußte sich das Unternehmen im Betrachtungszeitraum nur aus diesem zurückziehen.

Die Raffinerien in Gelsenkirchen versorgten den Absatzmarkt der VEBA OEL im westdeutschen Raum. Um mit den Produktimporten aus Rotterdam zu konkurrieren, wurden die Raffinerien ausgebaut. Die Produktionsstruktur und die Vorteile der Weiterverarbeitung von Mineralölprodukten zu petrochemischen Erzeugnissen bestimmten die Wettbewerbsfähigkeit der Standorte und sicherten die Existenz der Raffinerien.

Bereits vor der 1.Ölkrise erwarb das Unternehmen die Frisia-Raffinerie in Emden, um über eigene Raffineriekapazitäten im norddeutschen Markt zu verfügen. Durch den Standort außerhalb der Verbrauchszentren besaß die Raffinerie Transportkostennachteile beim Produktabsatz. Zusätzlich mußte sie mit Produktimporten aus Rotterdam konkurrieren. Durch den Nachfragerückgang nach der 1.Ölkrise entstanden deutliche Überkapazitäten in diesem Marktgebiet. Als die Auslastung der Destillation 1975 nach der Eröffnung der Mobil-Raffinerie in Wilhelmshaven drastisch sank, entschloß sich das Unternehmen zum Verkauf der Raffinerie [1]. Die Versorgung des Marktgebietes übernahm nach der Veräußerung 1978 der ARAL-Partner Mobil Oil aus seiner Wilhelmshavener Raffinerie. Damit gingen den ARAL-Anteilseignern keine Integrationsvorteile beim Mineralölabsatz verloren.

---

1) O.V. (1977b).

Die südwestdeutschen Raffinerien Oberrheinische Mineralölwerke (OMW) und Erdölraffinerie Speyer (ERS) standen ebenfalls in Konkurrenz zum Rotterdamer Markt. Durch die Möglichkeiten des Bezugs von kostengünstigen Wiedereinsatzprodukten aus dem Mittelmeerraum konnten sie jedoch besser mit den Fertigprodukten vom internationalen Markt konkurrieren. Aufgrund des Nachfragerückgangs und der steigenden Produktimporte entstand ein Kapazitätsüberhang im südwestdeutschen Markt. Da VEBA OEL bereits vor der Fusion über Verarbeitungskapazitäten mit einer günstigeren Produktionsstruktur bei den OMW verfügte, wurde die Beteiligung an der ERS wieder veräußert.

Die süddeutschen Raffinerien in Ingolstadt (ERIAG) und Neustadt (ERN) waren dem Wettbewerb mit Fertigproduktimporten aus Rotterdam nicht ausgesetzt. Nach der 1.Ölkrise konnten die Kapazitäten deshalb weitgehend ausgelastet werden. Der allgemeine Nachfragerückgang zu Beginn der 80er Jahre führte jedoch auch in diesem Markt zu einem Kapazitätsüberhang. Weil das Unternehmen nach der Übernahme von Gelsenberg über zwei Raffinerien verfügte, wurde die eigene Beteiligung an der ERIAG veräußert und der Absatzmarkt über die zur Gelsenberg gehörende ERN versorgt. Mit diesem Schritt konnten Überkapazitäten abgebaut werden, ohne Integrationsvorteile beim Produktabsatz zu verlieren.

3.6.3.2. Produktionsstruktur

Um die Produktausbeute der Raffinerien an die geänderte Bedarfsstruktur anzupassen, wurden von VEBA OEL überdurchschnittlich hohe Investitionen in Weiterverarbeitungsanlagen getätigt. Damit konnte eine gegenüber dem allgemeinen Nachfragerückgang geringere Minderung des Absatzvolumens erreicht werden. Das Unternehmen sicherte damit die Existenz seiner Raffinerien und die Versorgung des eigenen Absatzmarktes [1].

Nach dem Zusammenschluß von VEBA OEL und Gelsenberg verdoppelten sich die Rohölverarbeitungskapazitäten in Gelsenkirchen. Aufgrund des Nachfragerückgangs ergab sich ein Kapazitätsüberhang, den es abzubauen galt. Da an beiden Standorten wichtige, sich ergänzende Weiterverarbeitungsanlagen vorhanden waren, wurde keiner der Standorte geschlossen, sondern sowohl in Gelsenkirchen-Horst als auch -Scholven kleinere Destillationsanlagen außer Betrieb genommen. Um alle Verarbeitungsanlagen flexibel nutzen zu können, wurden die Raffinerien durch Rohrleitungen verbunden [2]. Durch den Abbau doppelt vorhandener Betriebseinrichtungen ließen sich Betriebsgrößenvorteile realisieren. Nach der 2.Ölkrise konnten durch den Verbund der Standorte nochmals kleinere Destillationsanlagen geschlossen werden ohne Betriebsgrößenvorteile aufgrund von zentralisierten Reserven zu verlieren.

Beide Standorte wurden beibehalten, weil jede Raffinerie über Konversionsanlagen verfügte. Während die Raffinerie in Gelsenkirchen-Horst mit einem katalytischen Cracker und einem Coker bereits einen sehr hohen Konversionsgrad hatte, besaß die in Gelsenkirchen-Scholven wegen ihres Visbreakers und eines katalytischen Crackers mit niedriger Kapazität allerdings geringere Umwandlungsmöglichkeiten für schweren Rückstand [3]. Aufgrund der schlechten Auslastung als Folge der Verbrauchsveränderungen nach der 2.Ölkrise wurde die Kapazität des Cokers erweitert [4]. Zur Verarbeitung der preisgünstigen schweren venezolanischen Rohöle wurde 1983 zusätzlich ein Hydrocracker in Gelsenkirchen-Scholven in Betrieb genommen.

---

1) Zu beachten ist, daß der starke Mengenrückgang aus dem Verkauf der Handelsunternehmen Fanal und Strohmeyer an die Deutsche BP resultiert.

2) FORTH (1981), S. 174 f.

3) ZÜRN (1972), S. 184 ff.

4) O.V. (1979c), S. 2.

Die Frisia-Raffinerie verfügte über keine Konversionsanlagen, mit denen eine Anpassung der Rohölausbeute an die veränderte Nachfragestruktur möglich gewesen wäre. Aufgrund der geringen Betriebsgröße der Destillationsanlagen lohnte sich der Bau einer Konversionsanlage nicht [1].

Die Kapazität der Erdölraffinerie Speyer (ERS) wurde Mitte der 70er Jahre erweitert, um eine mindestoptimale Betriebsgröße in der Destillation zu erreichen. Die Raffinerie verfügte bis dahin über keine Weiterverarbeitungsmöglichkeiten für den anfallenden schweren Rückstand. Mit der Erweiterung sollte gleichzeitig ein hochkonvertierender Cracker mit kostenminimaler Kapazität errichtet werden, um die Produktausbeute der geänderten Nachfrage anzupassen. Zur gleichen Zeit wurde bei den Oberrheinischen Mineralölwerken (OMW) die Konversionskapazität erheblich ausgebaut. In der Raffinerie wurde ein vorhandener Visbreaker erweitert und ein katalytischer Cracker errichtet. Mit dieser Erweiterung hätten sich bei einem Ausbau in Speyer im südwestdeutschen Raum Überkapazitäten ergeben. Wegen der daraus möglichen geringeren Rentabilität der Investition verzichtete VEBA OEL auf den Ausbau der ERS.

Eine ähnliche Situation bestand nach der Übernahme der Gelsenberg im süddeutschen Raum. In der Erdölraffinerie Ingolstadt (ERIAG) sollte zur Anpassung der Rohölausbeute an die geänderte Nachfrage eine Konversionsanlage zur Verarbeitung des schweren Rückstands errichtet werden. Nach der Beteiligung war das Unternehmen an einer Erweiterung nicht mehr interessiert, weil die neu dazugekommene Erdölraffinerie Neustadt (ERN) bereits über einen katalytischen Cracker verfügte. Es war daher kostengünstiger, die bestehende Anlage der ERN auszubauen und durch einen Visbreaker zu ergänzen anstatt einen hochkonvertierenden Cracker in der ERIAG zu errichten.

---

1) Die Frisia-Raffinerie gehört damit zu den Anlagen, die wegen ihrer geringen Betriebsgröße nicht ausgebaut, sondern geschlossen wurden.

3.6.3.3. Petrochemische Verarbeitung

Die VEBA OEL war vertikal in die petrochemische Weiterverarbeitung integriert. Von den Raffinerien Gelsenkirchen [1] und Neustadt [2] wurden Mineralölprodukte an die Chemischen Werke Hüls (CWH) in Marl und Münchsmünster geliefert [3].

In der Raffinerie Gelsenkirchen-Scholven wurden Olefine und Aromaten erzeugt und aus schwerem Rückstand Synthesegas produziert. Diese petrochemischen Grundstoffe wurden am Standort und bei CWH zu Sekundär- und Endprodukten weiterverarbeitet. In der Raffinerie Gelsenkirchen-Horst wurden ausschließlich Paraffine und Aromaten extrahiert. Durch die petrochemische Produktion in den Raffinerien ließen sich an beiden Standorten Verbundvorteile erzielen.

In Gelsenkirchen wurde ein Hydrocracker errichtet, um die Petrochemie mit kostengünstigem Hydrowachs zu versorgen. Mit dem Einsatz von Hydrowachs wurden die Mengen an zugekauftem Rohbenzin gesenkt und der Integrationsgrad erhöht. Aufgrund der gemeinsamen Produktion konnten beim Betrieb des Hydrocrackers Verbundvorteile durch den Bezug von Wasserstoff aus den petrochemischen Produktionsprozessen erzielt werden.

Die Erdölraffinerie Neustadt (ERN) belieferte die zur Gelsenberg gehörenden Petrochemischen Werke Münchsmünster. Die in dem Werk erzeugten Olefine wurden an die Hoechst AG und die Süddeutschen Kalkstickstoffwerke geliefert. Durch den

---

1) KNOPF (1968), S. 36 ff und JUNG (1973), S. 34 ff.

2) GIESE (1973), S. 313 f.

3) Zu den petrochemischen Kapazitäten siehe Tab. A 43.

geographisch abgegrenzten Markt und fehlende Bezugsmöglichkeiten für Rohbenzin aus anderen Märkten besaß die Neustädter Raffinerie eine hohe Bedeutung für die Versorgung der Petrochemie [1].

3.6.4. Zusammenfassung

Die Auswertung der Anpassungen der VEBA OEL erklärt, welche Faktoren für den Verbleib oder die Schließung der Raffinerien ausschlaggebend waren:

VEBA Gelsenkirchen-Horst und -Scholven

Durch den Verbund der beiden Raffinerien konnten Betriebsgrößenvorteile realisiert werden. Mit dem Ausbau der Crackkapazitäten wurde der Konversionsgrad deutlich erhöht und die Auslastung verbessert. Die vertikale Integration und die Verbundproduktion mit der Petrochemie ermöglichten Kostenersparnisse, die zu Standortvorteilen führten. Dadurch konnten die Raffinerien mit den Produktimporten aus Rotterdam konkurrieren. Zudem verfügte außer VEBA OEL keiner der ARAL-Anteilseigner über Verarbeitungskapazitäten im westdeutschen Markt. Mit dem Bestand dieser Raffinerien konnten Integrationsvorteile beim Mineralölabsatz erhalten werden.

Frisia Emden

Die Frisia-Raffinerie wurde von VEBA OEL erworben, um im norddeutschen Markt über eigene Verarbeitungskapazitäten zu verfügen. Durch den Nachfragerückgang nach der 1.Ölkrise und die Eröffnung der Wilhelmshavener Mobil-Raffinerie ergaben sich zunehmend Absatzschwierigkeiten, die sich durch fehlende Konversionsanlagen noch

1) Die bestehenden Verbundvorteile zwischen ERN und Petrochemischen Werken Münchsmünster waren ein weiterer Grund für den Tausch der ERIAG- gegen die ERN-Beteiligung.

verstärkten. Die Auslastung der Anlagen wurde zusätzlich durch die kostengünstigen Produktimporte ungünstig beeinflußt, so daß VEBA OEL die Raffinerie veräußerte. Mit der Übernahme der Versorgung des norddeutschen Marktes durch den ARAL-Partner Mobil Oil gingen keine Integrationsvorteile verloren.

Oberrheinische Mineralölwerke Karlsruhe

Die Raffinerie verfügte zu Beginn des Untersuchungszeitraumes nur über geringe Crackerkapazitäten. Durch den frühzeitig und deutlich erhöhten Konversionsgrad konnte die Raffinerie weitgehend ausgelastet und ihr Bestand gesichert werden. Zum Ausbau hatten sich die Anteilseigner entschlossen, weil mit dem Bestand der Raffinerie Integrationsvorteile beim Mineralölabsatz erhalten blieben. Ein weiterer Bestimmungsfaktor für die Wettbewerbsfähigkeit der Raffinerie war ihr Standort. Durch die Beschaffung von preisgünstigen Halbfertigerzeugnissen aus dem Mittelmeerraum konnte sie mit den Fertigprodukten aus Rotterdam konkurrieren.

Erdölraffinerie Speyer

Im Gegensatz zu den OMW verfügte die ERS über keine Weiterverarbeitungsanlagen. Da bereits in Karlsruhe der Ausbau der Konversion geplant war, beteiligte sich VEBA OEL nicht am vorgesehenen Ausbau in Speyer und verhinderte ihn damit letztlich. Aufgrund der ungünstigen Ausbringungsstruktur und der bestehenden Überkapazitäten veräußerte das Unternehmen die Beteiligung.

Erdölraffinerie Ingolstadt

Nach der Übernahme der Gelsenberg verfügte VEBA OEL über zwei Raffineriebeteiligungen im süddeutschen Markt, von denen die ERIAG wegen ihrer spezifischen Produktionsstruktur für die Versorgung des Absatzmarktes weniger geeignet war als die ERN. Eine Versorgung der Petrochemischen Werke Münchsmünster, die mit der Gelsenberg-Fusion zum Unternehmen gehörten, wäre aus Ingolstadt nur unter Verlust von Verbundvorteilen möglich gewesen. Wegen des fehlenden katalytischen Crackers konnte weder der Bedarf an leichten Mineralölprodukten noch an Rohbenzin ausreichend gedeckt werden. Daher wurde die Beteiligung an der ERN behalten und die an der ERIAG veräußert.

Erdölraffinerie Neustadt

Die wichtigsten Einflußfaktoren für die Existenz der ERN waren der geographisch abgegrenzte Markt und die befriedigenden Weiterverarbeitungsmöglichkeiten für schweren Rückstand. Die vertikale Integration in die Petrochemie und die Verbundproduktion stellten weitere Kostenvorteile dar, die den Erhalt der ERN sicherten.

3.7. Wintershall AG

3.7.1. Unternehmensaktivitäten

Die Wintershall war eine 100%ige Tochtergesellschaft des deutschen Chemiekonzerns BASF. Sie gehörte aufgrund der Verarbeitungskapazitäten und des Absatzvolumens zu den kleineren Mineralölgesellschaften in der Bundesrepublik. Das Unternehmen betätigte sich in den Bereichen Förderung, Verarbeitung, Absatz und Petrochemie.

Neben der Förderung im Inland war das Unternehmen an der DEMINEX beteiligt, die im Ausland Erdöl und Erdgas förderte [1]. Zum Transport des Rohöls zu den Raffinerien war das Unternehmen an den Pipelines der Nordwestdeutschen Oelleitung (NWO), Südeuropäischen Pipeline (SEPL) und Transalpinen Leitung (TAL) beteiligt. Die Mineralölprodukte wurden überwiegend über die Vertriebsorganisation ARAL, an der das Unternehmen mit 15% beteiligt war, und in geringerem Umfang unter eigenem Namen abgesetzt. Durch die Muttergesellschaft BASF und die Tochtergesellschaft Chemische Fabrik Wibarco war das Unternehmen vertikal in die petrochemische Weiterverarbeitung integriert.

3.7.2. Entwicklung der Destillationskapazitäten

Die Wintershall verfügte 1973 über eine Raffinerie in Lingen/ Ems, eine Schmierstoffraffinerie in Salzbergen sowie über eine 60%ige Beteiligung an der Erdölraffinerie Mannheim (ERM). 1978 übernahm das Unternehmen vom Beteiligungspartner

---

1) Wintershall ist an der DEMINEX zu 18,5% beteiligt.

Deutsche Marathon Petroleum die restlichen 40% der ERM. Das Unternehmen hat seine Kapazitäten im Betrachtungszeitraum durch Teilstilllegungen angepaßt, aber alle Standorte beibehalten [1] [2].

Die Kapazität der Raffinerie Lingen wurde im Betrachtungszeitraum durch Stillegung mehrerer Destillationsanlagen vermindert, um die Auslastung zu verbessern. Dagegen wurde die Kapazität der Schmierstoffraffinerie Salzbergen nur geringfügig verändert, weil die Anlagen durch die stabile Nachfrage nach Schmierstoffen weitgehend ausgelastet waren.

Tab. 23: Anpassungen der Wintershall AG 1973-1988

1974	Lingen:	Destillationskapazität um 0,25 Mio t vermindert
1977	Lingen:	Katalytischer Cracker stillgelegt Hydrocracker in Betrieb genommen
	Salzbergen:	Destillationskapazität um 0,06 Mio t vermindert
1978	Mannheim:	Übernahme des restlichen Anteils von 40%
1980	Mannheim:	Petrochemische Kapazitäten erweitert
1983	Mannheim:	Destillationskapazität um 2,1 Mio t vermindert Petrochemische Kapazitäten erweitert
1987	Lingen:	Destillationskapazität um 1,3 Mio t vermindert

1) Zur Kapazitätsentwicklung und Anlagenauslastung des Unternehmens siehe Tab. A 24. Die entsprechenden Angaben zu den einzelnen Raffinerien befinden sich in Tab. A 35-37.

2) 1989 wurde die ERM stillgelegt, so daß nur zwei Standorte in Norddeutschland bestehen blieben.

Tab. 24: Die Unternehmensentwicklung der Wintershall AG (1000 t)

	RDK	KK	KG	RE	RA	AV	VG 1)	ARAL-AV
1973	8470	1700	27%	7700	91%	7500	113%	9000
1974	8470	1700	27%	6200	73%	6100	139%	9100
1975	8220	1700	28%	5700	69%	5500	149%	9400
1976	8220	1700	28%	6200	75%	K.A.	-	9700
1977	8160	1840	33%	6200	76%	K.A.	-	10200
1978	10400	1840	26%	7900	76%	K.A.	-	10300
1979	10400	1840	26%	7800	75%	7500	139%	10300
1980	10400	1840	26%	6700	64%	6400	163%	10300
1981	10400	1840	26%	6100	59%	5700	182%	9500
1982	10400	1840	26%	5900	57%	5800	179%	9600
1983	8300	1840	33%	5600	67%	6000	138%	9600
1984	8300	1840	33%	5300	64%	6400	130%	9600
1985	8300	1840	33%	5700	69%	6700	124%	9600
1986	8300	1840	33%	6300	76%	7500	111%	10000
1987	7000	1840	39%	6000	86%	8000	88%	10000
1988	7000	1840	39%	6200	89%	7600	92%	10000

1) Versorgungsgrad = Rohöldestillationskapazität : Absatzvolumen

Quelle: ARAL AG (1973-1988), WINTERSHALL AG (1973-1988) und Firmenangaben.

Die Kapazität der ERM war 1972 durch den Bau einer neuen Destillationsanlage erweitert worden, um die erwartete Nachfrage im südwestdeutschen Markt abzudecken [1]. Durch den Verbrauchsrückgang nach der 1.Ölkrise konnte die Kapazität nicht mehr vollständig genutzt werden. Die unzureichende Auslastung führte 1983 zur Stillegung mehrerer Destillationsanlagen [2].

Bedingt durch die rückläufige Nachfrage auf dem Mineralölmarkt wurde der Bau einer Raffinerie in Eggolsheim zur Versorgung des süddeutschen Marktes nicht mehr realisiert.

3.7.3. Erklärung der Anpassungen

Durch die Integration in die Erdöl- und Erdgasförderung konnte Wintershall im Betrachtungszeitraum Gewinne in dieser Marktstufe erzielen. Es ist anzunehmen, daß diese Gewinne benutzt wurden, um Verluste im Downstream-Bereich auszugleichen. Dadurch wirkte sich der Kostendruck aufgrund nicht ausgegelasteter Kapazitäten nur in abgeschwächter Form aus, so daß die erforderlichen Anpassungen hinausgezögert werden konnten. Die insgesamt nur geringfügigen und relativ späten Anpassungen bestätigen diese Vermutung.

---

1) OSSENBRINK (1974), S. 120 ff.

2) O.V. (1983b), S. 4.

3.7.3.1. Standort

Die Wintershall besaß als nationale Mineralölgesellschaft in der Bundesrepublik zwei Verarbeitungsstandorte im Norden und einen im Südwesten. Außerdem verfügte das Unternehmen über eine Beteiligung an der Albatros-Raffinerie in Antwerpen.

In Norddeutschland betrieb das Unternehmen eine Raffinerie in Lingen und ein Schmierstoffwerk in Salzbergen. Die Raffinerie verarbeitete die im Emsland geförderten Rohöle sowie Importrohöle. Wegen ihrer Lage im Binnenland hatte sie gegenüber Wettbewerbern einen Transportkostenvorteil. Kostennachteile ergaben sich wegen der geringen Nachfragedichte am Standort außerhalb der Verbrauchszentren. Nach der 1.Ölkrise sank zwar die Auslastung, blieb aber wegen des geringen Wettbewerbs in den folgenden Jahren stabil. Die Kapazität wurde 1986 zeitverzögert angepaßt, um eine zufriedenstellende Auslastung der Raffinerie zu erzielen.

Wegen der geographischen Lage der Raffinerie Lingen im norddeutschen Binnenland war eine Belieferung mit Produkten aus Antwerpen zu transportkostenintensiv. Weil in Antwerpen die Möglichkeiten zur Weiterverarbeitung des schweren Rückstands fehlten, wurde die belgische Raffinerie wegen zu geringer Auslastung 1978 veräußert.

Infolge der in den 80er Jahren entstandenen Überkapazitäten herrschte auf dem Schmierstoffmarkt ein zunehmender Wettbewerb [1]. Von diesem Wettbewerb war das Werk Salzbergen wegen seiner Lage im Binnenland nicht so stark betroffen wie die im Hamburger Raum konzentrierten Produzenten. Zudem konnte das Werk seine Anlagen auslasten, weil es den größten Teil der Absatzmengen der ARAL lieferte [2].

---

1) Der Kapazitätsüberhang auf dem Schmierstoffmarkt wurde in den 80er Jahren auf 25% geschätzt. Siehe: O.V. (1988c), S. 7 f.

2) Mit der Lieferung von Schmierstoffen an ARAL durch VEBA OEL verminderte sich die Auslastung der Verarbeitungskapazitäten. VEBA OEL hatte sich 1988 am Schmierstoffwerk der Mobil Oil in Wedel beteiligt. Durch den Einlieferungsanspruch von VEBA OEL sanken die Absatzmengen der Wintershall an ARAL. Siehe dazu: O.V. (1988g), S. 6.

Aufgrund dieser Situation und dem verstärkten Einsatz von Halbfertigprodukten wurde die Kapazität des Werkes nahezu unverändert beibehalten.

Die Erdölraffinerie Mannheim (ERM) befand sich aufgrund ihres Standortes im südwestdeutschen Raum im Wettbewerb zu Importen aus Rotterdam. Durch die Möglichkeit, Halbfertigprodukte aus dem Mittelmeerraum zu beziehen, verfügte die Raffinerie mit ihren Erzeugnissen gegenüber den Fertigprodukten vom internationalen Markt über einen Kostenvorteil. Wegen der ungünstigen Produktionsstruktur genügte dieser Kostenvorteil nicht, einen hohen Nutzungsgrad der Verarbeitungsanlagen zu gewährleisten. Aufgrund der unzureichenden Auslastung entschloß sich das Unternehmen Anfang 1989 zur Schließung der Raffinerie. Die Entscheidung wurde begünstigt, weil die ARAL-Partner über wettbewerbsfähige Verarbeitungskapazitäten im Südwesten verfügten und mit der Schließung keine Integrationsvorteile beim Mineralölabsatz verloren gingen.

3.7.3.2. Produktionsstruktur

Die Wintershall investierte zur Auslastung ihrer Raffinerien in Weiterverarbeitungsanlagen und besaß dadurch im Betrachtungszeitraum einen im Branchenvergleich überdurchschnittlichen Konversionsgrad.

Die Raffinerie Lingen verfügte durch einen katalytischen Cracker und einen Coker über hohe Konversionskapazitäten, um die schweren inländischen Rohöle bedarfsgerecht zu verarbeiten. Ein Teil des schweren Rückstands wurde durch einen Verbund an die Schmierstoffraffinerie Salzbergen geliefert [1]. Mit der Errichtung eines Hydrocrackers nach der 1.Ölkrise konnte die Ausbeutestruktur an die veränderte Nachfrage angepaßt und die Auslastung verbessert werden [2].

Die Erdölraffinerie Mannheim (ERM) verfügte über keine Konversionskapazitäten, weil der überwiegende Teil des schweren Rückstands zur Synthesegaserzeugung an BASF geliefert wurde. Als die Produktion Ende der 70er Jahre auf Erdgas umgestellt wurde, sank der Bedarf an schwerem Rückstand bei der Muttergesellschaft. Parallel dazu ergaben die Nachfrageveränderungen auf dem Mineralölmarkt einen weiteren Verbrauchsrückgang.

Diese kontinuierliche Verschiebung der Nachfrage zu leichten Produkten führte in der ERM zu einer nachhaltig gesunkenen Auslastung. Divergierende Eigentümerinteressen verhinderten zunächst den Bau einer Konversionsanlage zur Anpassung des Angebots [3]. Nach der Übernahme des Marathon-Anteils 1978 entschied man sich für die Erweiterung der petrochemischen Anlagen [4]. Wegen der steigenden Nachfrage nach Aromaten wurde bei einer Investition in diesem Bereich mit einer höheren Rendite gerechnet als beim Bau eines Crackers.

In den 80er Jahren plante das Unternehmen in Mannheim erneut den Bau eines Crackers. Der Plan wurde verworfen, weil die nach der 2.Ölkrise verminderte Aus-

---

1) MÜLLER (1978), S. 181 ff.

2) O.V. (1978c), S. 105 f. Der Hydrocracker diente auch als Ersatz für den veralteten katalytischen Cracker.

3) Die Marathon hatte sich 1964 am Bau der Raffinerie beteiligt, um die in Nordafrika geförderten Rohöle zu verarbeiten. Durch den Verlust der eigenen Förderquellen in Nordafrika nach der 1.Ölkrise war das Unternehmen am Betrieb der Raffinerie nicht mehr interessiert.

4) Die zunehmende Nachfrage nach Aromaten führte dazu, daß in diesen Bereich investiert und die Errichtung einer Konversionsanlage verschoben wurde. Mit dem Ausbau der Olefinkapazitäten bei BASF 1980 fiel genügend Crackbenzin an, um eine Aromatenanlage zu errichten. Diese wurde 1983 in Betrieb genommen.

lastung der Destillationskapazität in Lingen einen unwirtschaftlichen Nutzungsgrad des dortigen Hydrocrackers bewirkte. Zur besseren Auslastung der ERM wurde statt einer Konversionsanlage eine Vakuumdestillation errichtet und das erzeugte Vakuumgasöl nach Lingen transportiert, um es dort in den Hydrocracker einzusetzen [1]. Durch die Belieferung mit Einsatzprodukten aus der unternehmenseigenen Raffinerie in Mannheim konnte die Versorgung der Konversionsanlagen in Lingen gesichert werden.

Das Unternehmen verzichtete auf den Bau eines Crackers in Mannheim auch deshalb, weil die Konkurrenten bereits umfangreiche Konversionskapazitäten im Südwesten errichtet hatten. Besonders durch die hohen Crackerkapazitäten bei den Oberrheinischen Mineralölwerken (OMW) in Karlsruhe bestand eine hohe Nachfrage nach schwerem Rückstand im Südwesten. Mit der Verringerung der Preisdifferenz zwischen leichten und schweren Produkten Mitte der 80er Jahre wurde die Investition in eine Weiterverarbeitungsanlage zunehmend unrentabel [2].

3.7.3.3. Petrochemische Verarbeitung

Zur Versorgung der petrochemischen Anlagen belieferten die Raffinerien in Lingen und Mannheim die Muttergesellschaft in Ludwigshafen und Antwerpen mit Rohbenzin. In der Raffinerie Lingen wurden in geringerem Umfang auch Paraffine und Aromaten gewonnen, die an BASF und das Chemische Werk Wibarco geliefert wurden [3].

---

1) O.V. (1986h), S. 4.

2) Durch das verringerte Preisdifferential zwischen schwerem Rückstand und leichten Produkten hatten Raffinerien ohne Crackanlagen gegenüber komplexen Konversionsraffinerien wegen ihrer geringeren Kapital- und Betriebskosten einen kurzfristigen Wettbewerbsvorteil. Langfristig konnten nur komplexe Raffinerien mit einer angepaßten Angebotsstruktur wirtschaftlich betrieben werden. Siehe dazu: WELBERGEN (1978), S. 200 und ERZINGER, ECKHARD (1986), S. 51.

3) Zu den petrochemischen Kapazitäten siehe Tab. A 44.

Die BASF wurde von der Erdölraffinerie Mannheim (ERM) mit schwerem Rückstand zur Synthesegaserzeugung versorgt. Durch die Nähe beider Produktionsstätten konnten Verbundvorteile realisiert werden. Nachdem die Synthesegasproduktion auf den Einsatz von Erdgas umgestellt wurde, konnte der schwere Rückstand nicht mehr im gleichen Umfang abgesetzt werden. Die sich daraus ergebende sinkende Rohölverarbeitung verminderte die weitere Bereitstellung größerer Mengen an Rohbenzin. Dadurch sank der bis dahin schon geringe Integrationsgrad zwischen der Mineralölverarbeitung und Petrochemie weiter.

Der Hydrocracker in Lingen wurde 1977 in Betrieb genommen, um den Integrationsgrad zwischen der Mineralölverarbeitung und der Petrochemie zu erhöhen. Der Bedarf an Rohbenzin konnte bis zu diesem Zeitpunkt nur zu einem geringen Teil aus den Raffinerien der Wintershall gedeckt werden. Mit dem zusätzlich aus Lingen gelieferten Rohbenzin wurde der Versorgungsgrad jedoch langfristig nur geringfügig erhöht, weil mit dem Ausbau der Olefinanlagen 1980 in Ludwigshafen der Rohbenzinbedarf weiter stieg [1)].

3.7.4. Zusammenfassung

Die Auswertung der Anpassungen der Wintershall erklärt, welche Faktoren für den Verbleib oder die Schließung der Raffinerien ausschlaggebend waren:

---

1) MOELL (1977), S. 167 und O.V. (1976), S. 6. Die Steamcrackeranlagen wurden trotz der sich am Markt abzeichnenden Überkapazitäten im Olefinbereich errichtet, um nicht mehr von Zukäufen abhängig zu sein und den Integrationsgrad zwischen den einzelnen Stufen der petrochemischen Verarbeitung zu erhöhen.

Wintershall Lingen und Salzbergen

Mit dem hohen Konversionsgrad in Lingen wurde eine optimale Anpassung der Rohölausbeute an die bestehende Nachfrage erreicht. Durch den Verbund mit der Schmierstoffraffinerie Salzbergen konnte der Teil des anfallenden Rückstands, der als schweres Heizöl nicht abzusetzen war, weiterverarbeitet werden. Durch die vertikale Integration in die petrochemische Weiterverarbeitung ergab sich ein weiterer Wettbewerbsvorteil. Zusätzlich verfügte die Raffinerie Lingen mit ihrem Standort über einen Transportkostenvorteil gegenüber ihren Konkurrenten. Die Summe der genannten Faktoren ermöglichten den Erhalt der Raffinerie.

Erdölraffinerie Mannheim

Die Raffinerie wurde 1989 relativ spät geschlossen. Anfänglich sprachen für den Erhalt der Raffinerie die Lage im südwestdeutschen Markt und die Möglichkeit des Bezugs von Halbfertigprodukten aus dem Mittelmeerraum, die einen Kostenvorteil gegenüber Produktimporten aus Rotterdam verschafften. Die fehlenden Konversionsanlagen und der sinkende Integrationsgrad in die Petrochemie führten letztendlich zur Schließung. Begünstigt wurde diese Entscheidung durch die vorhandenen Verarbeitungskapazitäten der ARAL-Beteiligungspartner, mit denen eine Versorgung des Marktgebietes nach der Stillegung der Raffinerie gesichert war.

4. Auswertung der Untersuchungsergebnisse

Zum Abschluß der Untersuchung erfolgt eine Auswertung der Fallstudien, um den Einfluß des Standortes, der Produktionsstruktur und der petrochemischen Verarbeitung auf den Anpassungsprozeß zu belegen [1]. Es zeigt sich, daß die Kapazitätsanpassungen durch mehrere Einflußfaktoren erklärbar sind, die sich gegenseitig beeinflussen und deshalb nicht isoliert betrachtet werden können [2]. Außerdem ist zu erkennen, daß die einzelnen Faktoren ein unterschiedliches Gewicht bei den Anpassungsentscheidungen hatten. Dabei ist zu berücksichtigen, daß der Einfluß auf die Unternehmensentscheidungen vom Zeitpunkt, den jeweiligen Rahmenbedingungen und der Merkmalsausprägung der Faktoren abhängig war.

4.1. Standort

Die Kapazitätsanpassungen in der Mineralölverarbeitung fielen in keinem Land Westeuropas so stark aus wie in der Bundesrepublik. Diese Anpassungen lassen sich durch die Marktschranken der nachfragebedingten Unterschiede bei den Verarbeitungskosten und der institutionellen Eingriffe erklären, die Importe in den deutschen Markt begünstigten. Die Folge war eine über den allgemeinen Verbrauchsrückgang hinausgehende Verminderung der inländischen Produktion und Verarbeitungskapazitäten.

---

1) Bei den Auswertungen werden vollständigkeitshalber neben den in den Fallstudien untersuchten Raffinerien auch die Verarbeitungsstandorte der Elf in Brunsbüttel und Essen, der Fina in Duisburg und Mühlheim, der Marathon in Burghausen und der Saarbergwerke in Völklingen berücksichtigt. Dadurch findet eine Betrachtung der gesamten Branche in der Bundesrepublik statt.

2) Zur Klassifizierung der Raffinerien nach den einzelnen Untersuchungskriterien, die die Grundlage der folgenden Auswertungen bilden, siehe Tab. 25.

Die genannten Marktschranken können jedoch nicht die regional unterschiedlichen Kapazitätsanpassungen in den vier Marktgebieten der Bundesrepublik erklären. Werden die Raffinerien nach ihrem inländischen Standort unterteilt, ergeben sich im Norden und Westen umfassendere Stillegungen als in den südlichen Marktgebieten, wobei die Verminderung im Südwesten wiederum stärker ausfiel als im Süden:

Tab. 25: Die Kapazitätsanpassungen nach Marktgebieten (Mio t)

Marktgebiet	1973	1988	Veränderung
Nord	33,2	15,3	-53,9%
West	51,4	23,5	-54,3%
Südwest	34,8	22,5	-35,3%
Süd	26,3	20,2	-23,2%
Gesamt	145,6	81,5	-44,0%

Diese unterschiedlichen Anpassungen sind vorwiegend auf die Verkehrsinfrastruktur zurückzuführen. Die vorhandenen Transportwege vom internationalen Markt in die regionalen Marktgebiete im Inland bestimmen den Zustrom der Importe. Während im süddeutschen Markt wegen fehlender Transportwege die Kapazitätsanpassungen dem Nachfragerückgang entsprechen, fielen sie in den anderen Marktgebieten deutlich höher aus. Die stärksten Anpassungen fanden im Norden und Westen aufgrund kostengünstiger Transportmöglichkeiten aus dem Ausland statt. Die geringeren Anpassungen in den südwestdeutschen Raffinerien im Vergleich zum westdeutschen Markt sind durch die größere Entfernung zum Rotterdamer Markt und durch die preisgünstigen Importe von Halbfertigprodukten aus dem Mittelmeerraum zu erklären [1].

1) Wenn auch einige Unternehmen ihre Standorte im Norden und Westen beibehielten, ist doch eine Tendenz zum Rückzug der Unternehmen auf die beiden südlichen Marktgebiete zu erkennen.

Tab. 26a: Klassifizierung der Raffinerien nach den Untersuchungskriterien

Standort	Destillations-kapazität 1973	1988	Markt-gebiet	Konver-sionsgrad 1)
BP Hamburg	5100	0	Nord	9%
BP Dinslaken	9900	0	West	22%
BP Vohburg	5100	5100	Süd	34%
Caltex Raunheim	4500	0	Südwest	14%
Deurag-Nerag Misburg	2550	0	Nord	48%
Elf Brunsbüttel	450	0	Nord	0%
Elf Essen	750	0	West	0%
ERD	2000	0	West	0%
ERIAG	3000	0	Süd	30%
ERM	5600	3500	Südwest	0%
ERN	7000	7000	Süd	21%
ERS	2800	0	Südwest	0%
Esso Hamburg	5500	3500	Nord	26%
Esso Köln	5700	0	West	11%
Esso Karlsruhe	9000	7500	Südwest	39%
Esso Ingolstadt	5000	4700	Süd	28%
Fina Mühlheim	500	0	West	0%
Frisia Emden	2400	0	Nord	0%
Gelsenberg Gelsenkirchen	7000	4500	West	57%
Marathon Burghausen	3200	3400	Süd	70%
Mobil Wilhelmshaven	0	0	Nord	0%
Mobil Bremen	1800	0	Nord	24%
Mobil Wörth	3500	4500	Südwest	23%
OJS Hamburg	400	0	Nord	54%
OMW Karlsruhe	7000	7000	Südwest	57%
Shell Hamburg	4300	4300	Nord	35%
Shell Monheim	500	0	West	12%
Shell Godorf	9000	8500	West	29%
Shell Ingolstadt	3000	0	Süd	7%
SLR Völklingen	2400	0	Südwest	0%
Texaco Heide	5600	4000	Nord	21%
UK Wesseling	6000	4500	West	51%
VEBA Gelsenkirchen	10000	6000	West	42%
Wintershall Lingen	4750	3200	Nord	85%
Wintershall Salzbergen	360	300	Nord	33%

1) Konversionsgad 1988 bzw. bei Stillegung der Rohöldestillationsanlagen.

Tab. 26b: Klassifizierung der Raffinerien nach den Untersuchungskriterien

Integration in die Rohölölförderung	Integration in den Mineralölabsatz	Integration in die Petrochemie	Verbund in die Petrochemie
nein	nein	nein	nein
nein	nein	nein	nein
nein	ja	nein	nein
ja/nein	nein	nein	ja
ja	nein	nein	nein
nein	ja	nein	nein
nein	ja	nein	nein
nein	nein	nein	nein
nein	ja	nein	nein
ja	nein	ja	ja
ja/nein	ja	ja	ja
nein	ja	nein	nein
ja	nein	nein	nein
ja	nein	nein	ja
ja	nein	nein	nein
ja	ja	nein	nein
nein	nein	nein	nein
nein	nein	nein	nein
nein	ja	ja	ja
nein	ja	ja	ja
ja	nein	nein	nein
ja	nein	nein	nein
ja	ja	nein	nein
nein	nein	nein	nein
ja/nein	ja/nein	nein	nein
ja	nein	nein	nein
ja	nein	nein	nein
ja	nein	nein	ja
ja	ja	nein	nein
nein	ja	nein	nein
ja	nein	nein	ja
nein	ja	ja	ja
nein	ja	ja	ja
ja	ja	ja	ja
ja	ja	nein	nein

Der unterschiedliche Zustrom von Importen läßt sich außerdem durch regional differenzierte Nachfragestrukturen im Inland erklären. Eine höhere Nachfrage nach leichten Produkten im Westen und Südwesten ist wegen der dort ansässigen chemischen Industrie und eine höhere Nachfrage nach schweren Produkten im Norden wegen des Bunkerbedarfs in der Schiffahrt zu verzeichnen. Dadurch fielen die Anpassungen im norddeutschen Markt gegenüber dem westdeutschen etwas geringer aus.

Zum Erhalt der Integrationsvorteile beim Mineralölabsatz fanden Raffineriestillegungen vorwiegend dann statt, wenn die Versorgung von anderen Verarbeitungsstandorten innerhalb eines Konzerns übernommen werden konnte. Dagegen wurden Stillegungen weitgehend vermieden, wenn mit der Schließung von Raffinerien Integrationsvorteile verloren zu gehen drohten:

Tab. 27: Die Kapazitätsanpassungen unter dem Gesichtspunkt der vertikalen Integration in den Mineralölabsatz (Mio t)

Versorgung möglich	1973	1988	Veränderung
ja	77,8	27,7	-64,4%
nein	67,9	53,8	-20,8%
Gesamt	145,6	81,5	-44,0%

Bei der Optimierung der Rohölverarbeitung hatten die großen internationalen Konzerne mit mehreren Standorten bessere Möglichkeiten als kleinere internationale und nationale Gesellschaften mit wenigen Standorten. Bei der Wahl der zu schließenden Raffinerien wurden von den großen Gesellschaften transportkostenungünstig gelegene

Standorte bevorzugt geschlossen, während logistisch wichtige Raffinerien im ARA-Gebiet oder an vergleichbar günstig gelegenen Standorten in der Regel erhalten blieben [1].

Wenn aufgrund der Verkehrsinfrastruktur oder fehlender unternehmenseigener Raffinerien keine Versorgung aus anderen Marktgebieten möglich war, sicherten die Unternehmen die Deckung ihrer Absatzmengen durch Lohnverarbeitung, langfristige Verträge oder Beteiligung an Raffinerien von Wettbewerbern.

Insgesamt gesehen sind die gestiegenen Importe auf eine Verlagerung der Rohölverarbeitung ins Ausland und nicht etwa auf eine Zunahme des Marktanteils der konzernungebundenen Importeure zurückzuführen. Die marktanteilsstarken Anbieter konnten trotz der hohen Anpassungen im Raffineriebereich ihre Marktstellung erfolgreich verteidigen.

---

1) So stiegen beispielsweise als Ergebnis der unternehmensinternen Optimierung die Importe aus Großbritannien bzw. Schweden nach der Schließung der Mobil-Raffinerie in Wilhelmshaven bzw. der BP-Raffinerie in Hamburg spürbar an. Dafür sanken die Importe nach der Veräußerung der Beteiligung durch Shell an der Raffinerie Reichstett deutlich ab.

4.2. Produktionsstruktur

Die Entwicklung der durchschnittlichen Kapazität der Raffinerien in der Bundesrepublik ist das Ergebnis einer tendenziell steigenden Betriebsgröße aufgrund eines verschärften Wettbewerbs [1]. Der trotzdem geringe Anstieg im Betrachtungszeitraum von 4,3 Mio t auf 4,6 Mio t ist auf die zahlreichen Teilstillegungen in den Raffinerien zurückzuführen.

Die Betriebsgröße der Destillation wirkte sich nicht in dem Sinn auf die Anpassungen aus, daß grundsätzlich kleinere Raffinerien stillgelegt und größere erhalten wurden. Zwar sind solche mit geringer Betriebsgröße wegen zu geringer Wirtschaftlichkeit weitgehend geschlossen worden, doch ist bei solchen mit hoher Kapazität kein eindeutiger Trend hinsichtlich des Verbleibs am Markt erkennbar.

Um einzelwirtschaftliche Kostenersparnisse zu erzielen, wurden Konversionsanlagen nur in Raffinerien mit ausreichender Destillationskapazität errichtet. Entsprechend waren die Unternehmen bestrebt, durch die Erweiterung der Destillationskapazität eine wettbewerbsfähige Betriebsgröße zu erreichen. In den meisten nach 1973 auf mindestoptimale Betriebsgröße ausgebauten Raffinerien wurden wegen der rückläufigen Nachfrage und der bereits am Markt bestehenden Konversionsanlagen keine Investitionen mehr vorgenommen und die Standorte zwangsläufig wegen der ungünstigen Produktionsstruktur geschlossen. Nachdem die Unternehmen die Destillationsanlagen erweitert hatten, fehlte häufig das Kapital für sofortige weitere Investitionen in Crackanlagen. Waren die Finanzmittel dann verfügbar, hatten die Wettbewerber in der Regel bereits Konversionsanlagen in ihren eigenen Raffinerien errichtet.

---

1) Die Konzentration der Verarbeitungskapazitäten ist auch durch den gestiegenen Anteil an leichten Produkten an der Gesamtnachfrage und die damit verbundenen geringeren Transportkosten zu erklären. Sie bewirkten eine absatzbedingt höhere mindestoptimale Betriebsgröße.

Die Auswertungen zeigen, daß die Anpassungen in den Raffinerien mit steigendem Konversionsgrad abnehmen, weil sich mit zunehmenden Weiterverarbeitungsmöglichkeiten für schweren Rückstand die Auslastung und damit die Wirtschaftlichkeit verbesserte. Während Standorte ohne Konversionsanlagen geschlossen wurden [1], blieben Raffinerien mit einem Konversionsgrad von mindestens 20% in der Regel erhalten [2]:

Tab. 28: Die Kapazitätsanpassungen nach dem Konversionsgrad (Mio t)

Konversionsgrad [3]	1973	1988	Veränderung
60%-100%	8,0	6,6	-17,5%
40%- 60%	33,0	22,0	-33,3%
20%- 40%	63,4	49,4	-22,1%
0%- 20%	41,4	3,5	-91,5%
Gesamt	145,6	81,5	-44,0%

In der Entwicklung der Crackverfahren spiegelt sich die Verbrauchsverschiebung zu leichten Produkten wider. Während die katalytischen Verfahren um 108,6% erweitert wurden, fällt der Zuwachs bei thermischen Prozessen mit 39,9% deutlich geringer aus. Damit erhöhte sich der Anteil der katalytischen Verfahren an den gesamten Konversionskapazitäten von 37,7% auf 47,2% [4]. Der relativ geringe Anstieg bei

1) Ausnahmen bilden das Bitumenwerk der Elf in Brunsbüttel und die erst 1989 geschlossene ERM.

2) Eine Ausnahme ist die BP-Raffinerie in Dinslaken. Nicht berücksichtigt wurden die Mobil-Raffinerie in Bremen, die nach der Eröffnung von Wilhelmshaven geschlossen, und die ERIAG, bei der nur die Destillationskapazitäten stillgelegt wurden.

3) Konversionsgrad 1988 bzw. bei Stillegung der Raffinerie.

4) Siehe Tab. 29.

Tab. 29 : Die Entwicklung der Konversionsverfahren (1000 t)

	Visbreaken	Thermisches Cracken	Coken	Katalytisches Cracken	Hydro-cracken	Gesamt kapazität
1973	5275	3040	3780	6835	480	19410
1974	5275	3040	3780	6835	480	19410
1975	5275	3040	3780	6410	480	18985
1976	5515	3040	3780	6555	480	19370
1977	5515	3030	3760	6700	1480	20485
1978	6075	3290	3960	9310	1780	24415
1979	7375	3290	3960	9580	1780	25985
1980	10655	3290	4060	9650	1780	29435
1981	11455	5090	4360	10120	1780	32805
1982	9255	5090	4360	10520	1900	31125
1983	9255	5090	4360	10555	4400	33660
1984	9255	5090	4360	10015	4400	33120
1985	7175	5090	5030	9820	4900	32015
1986	7250	4300	4510	9820	4900	30780
1987	8000	4300	4510	9210	4900	30920
1988	8000	4300	4620	10360	4900	32180

Quelle: MWV (1973-1988a,b).

Cokern ist auf die begrenzten Absatzmöglichkeiten für den anfallenden Koks zurückzuführen [1]. Der steile Kapazitätsanstieg bei Hydrocrackern in den 80er Jahren läßt sich durch die erst wenige Jahre zuvor erreichte technische Reife des Verfahrens erklären.

Bei den Investitionen in Konversionsanlagen läßt sich ein unterschiedliches Verhalten zwischen deutschen und internationalen Gesellschaften feststellen. Während internationale Konzerne häufig nur Erweiterungen an vorhandenen Konversionsanlagen vornahmen und sich bei Neubauten vorwiegend auf Crackverfahren mit geringem Upgrading und niedrigem Investitionsaufwand beschränkten, investierten deutsche Gesellschaften überwiegend in Cracker mit hohem Upgrading. Sie konnten ihre Raffinerien damit besser an die veränderte Nachfrage anpassen.

Zu dieser Strategie wurden die deutschen Gesellschaften gezwungen, weil sie über keine Raffinerien im Ausland verfügten, die für die Versorgung des deutschen Marktes zur Verfügung gestanden hätten. Dagegen verlagerten die internationalen Gesellschaften ihre Verarbeitung an kostengünstigere Standorte im Ausland und investierten dort in Konversionsanlagen. Ein Grund dafür ist, daß deren Raffinerien im Ausland eine logistisch günstigere Lage als die in der Bundesrepublik besaßen. Als Ergebnis läßt sich feststellen, daß die untersuchten Unternehmen zur Verbesserung der Wettbewerbsfähigkeit nur in versorgungspolitisch wichtigen Raffinerien Konversionsanlagen errichteten. Dadurch besteht ein Korrelation zwischen der Versorgungsfunktion und dem Konversionsgrad der Raffinerien.

In dem Maß wie die Unternehmen ihre Konversionskapazitäten ausbauten, beeinflußten sie ihre Angebotspalette und ihr Absatzvolumen. Um die Integrationsvorteile zwischen den Marktstufen Verarbeitung und Vertrieb auszuschöpfen, paßten die Mineralölgesell-

---

1) Deshalb wurde in jedem Marktgebiet nur ein Coker betrieben.

schaften ihre Destillationskapazitäten an das Absatzvolumen an. Damit ergibt sich auch über den Integrationsgrad ein indirekter Zusammenhang zwischen dem Erhalt von Destillationskapazitäten und dem Ausbau von Konversionsanlagen.

4.3. Petrochemische Verarbeitung

Die Anpassungen in der Mineralölverarbeitung sind unter dem Aspekt der petrochemischen Verarbeitung zunächst nicht signifikant:

Tab. 30: Die Kapazitätsanpassungen unter dem Gesichtspunkt der petrochemischen Verarbeitung (Mio t)

Petrochemische Verarbeitung	1973	1988	Veränderung
ja	78,3	44,6	-43,0%
nein	67,3	36,9	-45,3%
Gesamt	145,6	81,5	-44,0%

Der Einfluß der petrochemischen Verarbeitung auf den Anpassungsprozeß wird erst deutlich, wenn zwischen den Vorteilen vertikaler Integration und Verbundproduktion unterschieden wird.

Durch den fast ausschließlichen Einsatz von Mineralölprodukten in der Petrochemie sind der Mineralölmatkt und der chemische Markt in ihrer Entwicklung eng miteinander verknüpft. Der Rohölpreisanstieg als Folge der Ölkrisen führte zwangsläufig nicht nur zu einem Nachfragerückgang bei Mineralölprodukten, sondern auch bei petrochemischen Erzeugnissen. Dadurch mußten nicht nur in der Mineralölverarbeitung, sondern auch in der petrochemischen Verarbeitung Kapazitäten stillgelegt werden. Als Folge verloren einige petrochemische Raffinerien ihre Verbundvorteile und wurden ebenfalls geschlossen.

Die für die bestehenden petrochemischen Werken zuständigen Raffinerien blieben erhalten, wenn von ihrer Existenz die Realisierung von Verbund- und Integrationsvorteilen abhing. War zur Belieferung der Petrochemie eine Versorgung aus unternehmenseigenen ausländischen Kapazitäten möglich, blieb eine Raffinerie nur erhalten, wenn Verbundvorteile bestanden. Ausnahmen ergaben sich, wenn die Stillegung der petrochemischen Kapazitäten geplant und der Verlust der Verbundvorteile absehbar war. Petrochemische Raffinerien, von deren Existenz die Integrationsvorteile nicht abhingen oder die über keine Verbundvorteile verfügten, wurden ohne Rücksicht auf ihre Lieferantenfunktion geschlossen.

Tab. 31: Die Kapazitätsanpassungen unter dem Gesichtspunkt der vertikalen Integration und der Verbundproduktion (Mio t)

Möglicher Verlust von ...				
Verbund-vorteilen	Integrations-vorteilen	1973	1988	Veränderung
ja	ja	43,6	32,1	-26,4%
ja	nein	24,8	12,5	-49,6%
nein	nein	9,9	0,0	-100,0%
Gesamt		78,3	44,6	-43,0%

Ausschlaggebend für den Erhalt einer Raffinerie war neben den genannten Kriterien auch der Integrationsgrad. Bei fehlenden oder zu geringen Crackkapazitäten konnten Raffinerien ihre Liefermengen nicht ausreichend dem Bedarf der petrochemischen Weiterverarbeitung anpassen. In diesen Fällen wurden die Raffinerien ihrer Lieferantenfunktion nicht gerecht und in der Folge geschlossen [1]. Weil die Mengen bereitgestellter petrochemischer Einsatzstoffe von den verfügbaren Konversionskapazitäten abhing, bestand zwischen dem Konversions- und Integrationsgrad ein unmittelbarer Zusammenhang.

1) Die ERM wurde 1989 trotz bestehender Integrations- und Verbundvorteile geschlossen. Wegen der geringen Liefermengen an petrochemischen Einsatzstoffen ergaben sich zu geringe Vorteile, um die Raffinerie zu erhalten.

Die Unternehmensaktivitäten in der inländischen Förderung wirkten sich auf die Anpassungen in der Bundesrepublik aus. Durch die vertikale Integration in die inländische Erdöl- und Erdgasförderung verminderten die Haves ihre Raffineriekapazitäten in deutlich geringerem Umfang als die Have-nots. Zudem begannen die Have-nots mit ihren Kapazitätsanpassungen früher als die Haves.

Tab. 32: Die Kapazitätsanpassungen unter dem Gesichtspunkt der Integration in die inländische Rohölförderung (Mio t)

	1973	1988	Veränderung
Haves	72,8	46,9	-35,6%
Have-nots	72,8	34,6	-52,5%
Gesamt	145,6	81,5	-44,0%

Die geringeren Anpassungen von Destillationskapazitäten der Haves ließen sich nicht auf eine verbesserte Wettbewerbsfähigkeit aufgrund von vermehrten Investitionen in Weiterverarbeitungsanlagen zurückführen. Die Höhe der im Betrachtungszeitraum errichteten Crackkapazitäten zeigt nämlich keinen Unterschied zu den Investitionen der Have-nots in diesem Bereich. Daher liegt die Vermutung nahe, daß die Gewinne aus der inländischen Förderung zum Ausgleich von Verlusten im Downstream-Bereich genutzt wurden, um notwendige Kapazitätsanpassungen in den Raffinerien auf Wettbewerber abzuwälzen. In diesem Fall haben nicht nur die bereits untersuchten Einflußfaktoren, sondern auch die Verfügbarkeit finanzieller Ressourcen die Wettbewerbsfähigkeit und damit die Existenz der Raffinerien bestimmt.

Tab. A 1: Produktausbeute ausgewählter Rohölsorten

		Leicht-	Mittel- destillate	Schwer-	API- Grad	Schwefel- gehalt
Algerien:	Saharan Blend	22%	38%	38%	44	0,1%
	Zarzaitine	22%	38%	38%	43	0,1%
Deutschland:	Rühler Moor	8%	18%	74%	k.A.	k.A.
	Hankensbüttel	19%	27%	54%	k.A.	k.A.
Großbritannien:	Brent Blend	22%	34%	42%	38	0,4%
	Forties	19%	35%	44%	37	0,3%
Irak:	Basrah Light	20%	30%	47%	34	1,9%
	Kirkuk	22%	32%	43%	35	2,0%
Iran:	Light	17%	33%	48%	34	1,3%
	Heavy	16%	31%	52%	31	1,6%
Kuwait:		14%	29%	55%	31	2,5%
Libyen:	Zueitina	22%	38%	38%	41	0,3%
	Es Sider	16%	36%	46%	37	0,4%
Nigeria:	Forcados	12%	46%	40%	30	0,3%
Norwegen:	Ekofisk	27%	35%	36%	43	0,1%
	Statfjord	22%	37%	38%	38	0,3%
Saudi-Arabian:	Light	14%	34%	50%	33	1,8%
	Heavy	13%	26%	59%	28	2,8%
VAE:	Dubai	15%	34%	49%	31	2,0%
	Zakum	22%	38%	38%	41	1,0%
Venezuela:	Bachaquero	4%	23%	71%	17	2,4%
	Tia Juana Light	16%	33%	49%	32	1,1%

Quelle: PETROGUIDE (1985) und RÜHL (1981), S.120.

Tab. A 2: Die wichtigsten Rohölpipelines in der Bundesrepublik I

Pipeline	Streckenführung	Angeschlossene Raffinerien	Anteilseigner	
NDO	Wilhelmshaven-Hamburg	Esso Hamburg	Esso	51%
		BP Hamburg	BP	49%
NWO	Wilhelmshaven-Wesseling	Veba Gelsenkirchen	Ruhr Oel	25%
		Wintershall Lingen	Wintershall	20%
		Esso Köln	Esso	15%
		BP Dinslaken	BP	15%
		UK Wesseling	UK	14%
		ER Duisburg	Petrofina/CFP	11%
RRP	Rotterdam-Venlo-Wesel	Shell Godorf	Shell	40%
	Venlo-Raunheim	Gelsenberg Gelsenkirchen	Ruhr Oel	20%
		Caltex Raunheim	Mobil Oil	20%
		UK Wesseling	Chevron	10%
			Texaco	10%
SEPL	Lavera-Mannheim	Esso Karlsruhe	Exxon	22%
		ER Speyer	Shell	20%
		Shell Reichstett	Elf	14%
		Mobil Wörth	CFP	12%
		OMW Karlsruhe	Ruhr Oel	8%
		SLR Völklingen	BP	8%
		ER Mannheim	Mobil Oil	5%
			Wintershall	4%
			Texaco	4%
			Conoco	2%
			Petrofina	1%

Quelle: MWV (1973-1988a,b) und BP (1973-1988a).

Tab. A 3: Die wichtigsten Rohöl- und Produktpipelines in der Bundesrepublik II

Pipeline	Streckenführung	Angeschlossene Raffinerien und petrochemische Werke	Anteilseigner	
TAL	Triest-	Esso Ingolstadt	Esso	16%
	Ingolstadt-	Esso Karlsruhe	Shell	15%
	Karlsruhe	Shell Ingolstadt	BP	11%
		BP Vohburg	Mobil Oil	11%
		ER Neustadt	Ruhr Oel	11%
		OMW Karlsruhe	ENI	10%
		ER Ingolstadt	Texaco	9%
		Mobil Wörth	Marathon	7%
		Marathon Burghausen	Wintershall	7%
		ER Mannheim	Conoco	3%
		ER Speyer	CFP	2%
CEL	Genua-Ingolstadt	ER Ingolstadt	ENI	100%
		BP Vohburg		
RMR	Rotterdam-	Shell Godorf	Shell	41%
	Ludwigshafen	BP Dinslaken	BP	31%
		Caltex Raunheim	Texaco	20%
		BASF Ludwigshafen	Ruhr Oel	4%
		EC Dormagen	Mobil Oil	2%
			Chevron	2%
ARG	Antwerpen-Köln-	Caltex Raunheim	K.A.	
	Marl-Frankfurt	UK Wesseling		
		Esso Köln		
		BASF Ludwigshafen		
		ROW Wesseling		
		Veba Gelsenkirchen		
		EC Dormagen		

Quelle: MWV (1973-1988b) und BP (1973-1988a).

Tab. A 4: Der Mineralölverbrauch in der Bundesrepublik (1000 t) I

	1973	1974	1975	1976	1977	1978	1979	1980
Leichtdestillate	29337	28478	27815	30800	31832	33505	35137	34781
Rohbenzin	5619	4967	3545	4927	5280	5687	6549	11598
- Recycling und Chemierücklauf	0	0	0	202	226	229	227	3572
Vergaserkraftstoff	18505	18048	19747	20583	21809	23015	23307	23721
Flüssiggas	3052	3142	2622	3109	2734	2768	3124	2305
Raffineriegas	1800	2019	1601	2069	1906	1965	2070	453
Spezialbenzin	129	108	98	107	109	97	113	98
Testbenzin	191	154	162	168	180	164	161	140
Flugbenzin und Flugturbinen-kraftstoff leicht	41	40	40	39	40	38	40	38
Mitteldestillate	64790	56890	57183	62091	61068	64784	65884	56733
Dieselkraftstoff	10798	9955	10333	10889	11677	12174	13425	13009
Heizöl leicht	51963	44821	44839	49036	47142	50148	49925	41158
Flugturbinen-kraftstoff schwer	1961	2052	1949	2099	2184	2397	2456	2514
Leuchtöle	68	62	62	67	65	65	78	52
Schwerdestillate	40506	35019	31120	32608	30784	31258	31976	26378
Heizöl schwer	29706	24764	22436	24307	22063	22217	22343	20268
Schmierstoffe	1162	1052	1027	1082	1118	1141	1206	1138
Bitumen	4656	4648	4241	3848	3852	3891	3936	3383
Petrolkoks	1903	1833	1543	1573	1519	1380	1756	1397
Paraffine, Wachs	155	164	138	160	166	163	185	170
Schwefel, u.a.	2924	2558	1735	1638	2066	2466	2550	22
Inlandsabsatz	134633	120387	116118	125499	123684	129547	132997	117892

Tab. A 5: Der Mineralölverbrauch in der Bundesrepublik (1000 t) II

	1981	1982	1983	1984	1985	1986	1987	1988
Leichtdestillate	32159	32038	33200	33271	32672	33036	33700	35743
Rohbenzin	10949	10232	11748	11258	10504	9422	9284	10776
- Recycling und Chemierücklauf	4138	4041	4745	4931	4474	3977	4276	4513
Vergaserkraftstoff	22269	22730	23039	23641	23131	24163	25035	26019
Flüssiggas	2248	2172	2027	2131	2418	2447	2727	2429
Raffineriegas	556	695	884	905	857	727	728	802
Spezialbenzin	87	92	88	102	84	88	70	74
Testbenzin	154	127	129	137	123	140	107	123
Flugbenzin und Flugturbinen-kraftstoff leicht	34	31	30	28	29	26	25	33
Mitteldestillate	52285	49297	49845	50612	54377	59075	57141	56355
Dieselkraftstoff	13264	13450	13862	14035	14556	15482	15872	16389
Heizöl leicht	36435	33383	33477	33919	36893	40435	37982	36308
Flugturbinen-kraftstoff schwer	2541	2421	2458	2623	2884	3110	3235	3630
Leuchtöle	45	43	48	35	44	48	52	28
Schwerdestillate	21540	19874	17393	17001	15926	17260	14900	14215
Heizöl schwer	15845	14013	11434	10618	9826	10812	8755	8026
Schmierstoffe	1075	1032	1030	1044	1023	1076	1015	1065
Bitumen	2944	2991	2801	2926	2599	2671	2495	2465
Petrolkoks	1318	1426	1438	1600	1740	1879	1632	1446
Paraffine, Wachs	163	176	163	196	175	164	195	234
Schwefel, u.a.	195	236	527	617	563	658	808	979
Inlandsabsatz	105984	101209	100438	100884	102975	109371	105741	106313

Tab. A 6: Die Beteiligungsstruktur der Raffinerien I

Raffinerie	Zeitraum	Beteiligungs-unternehmen	Beteiligungs-verhältnis
Deurag-Nerag	1973-1986	Deutsche Shell	50%
Misburg		Esso	50%
ERIAG	1973-1979	Agip	50%
Ingolstadt		VEBA OEL	50%
	1979-1988	Agip	50%
		Deutsche BP	50%
ERM	1973-1978	Marathon	40%
Mannheim		Wintershall	60%
	1978-1988	Wintershall	100%
ERN	1973-1975	Gelsenberg	50%
Neustadt		Mobil Oil	50%
	1975-1986	Mobil Oil	50%
		VEBA OEL	50%
	1986-1988	Mobil Oil	50%
		PDVSA	13%
		Saarbergwerke	25%
		VEBA OEL	13%
ERS	1973-1975	Elf	75%
Speyer		Gelsenberg	25%
	1975-1979	Elf	75%
		VEBA OEL	25%
	1979-1984	Elf	75%
		Deutsche BP	25%
Frisia	1973-1978	VEBA OEL	100%
Emden	1978-1984	Bomin	100%
Gelsenberg	1973-1975	Gelsenberg	100%
Gelsenkirchen	1975-1983	VEBA OEL	100%
Horst	1983-1988	PDVSA	50%
		VEBA OEL	50%

Quelle: BP (1973-1988a).

Tab. A 7: Die Beteiligungsstruktur der Raffinerien II

Raffinerie	Zeitraum	Beteiligungs- unternehmen	Beteiligungs- verhältnis
VEBA	1973-1983	VEBA OEL	100%
Gelsenkirchen	1983-1988	PDVSA	50%
Scholven		VEBA OEL	50%
Esso	1973-1987	Esso	100%
Hamburg	1987-1988	Holborn	100%
Texaco	1973-1988	Deutsche Texaco	100%
Heide	1988	RWE-DEA	100%
OMW	1973-1976	Conoco	10%
Karlsruhe		Deutsche Texaco	45%
		VEBA OEL	45%
	1976-1978	Conoco	20%
		Deutsche Texaco	45%
		VEBA OEL	35%
	1978-1986	Conoco	25%
		Deutsche Texaco	42%
		VEBA OEL	33%
	1986-1988	Conoco	25%
		Deutsche Texaco	42%
		PDVSA	17%
		VEBA OEL	17%
	1986-1988	Conoco	25%
		RWE-DEA	42%
		PDVSA	17%
		VEBA OEL	17%
Caltex	1973-1982	Chevron	50%
Chevron		Deutsche Texaco	50%
UK	1973-1976	RWE	100%
Wesseling	1976-1984	Hoechst	25%
		RWE	75%
	1984-1988	RWE	100%
	1988	RWE-DEA	100%

Quelle: BP (1973-1988a).

Tab. A 8: Verarbeitungskapazitäten der BP-Raffinerie Hamburg (1000 t)

	RD	VD	VB	KG	R	RG	RE	RA
1973	5100	2400	0	0%	345	7%	3500	69%
1974	5100	2400	0	0%	345	7%	3600	71%
1975	5100	2400	0	0%	345	7%	3100	61%
1976	5100	2400	0	0%	345	7%	2700	53%
1977	5100	2400	0	0%	345	7%	2600	51%
1978	5100	2100	0	0%	345	7%	2600	51%
1979	4350	2100	0	0%	345	8%	2600	60%
1980	4350	2100	0	0%	345	8%	2400	55%
1981	2950	1200	0	0%	345	12%	2400	81%
1982	2950	1200	780	9%	345	12%	2300	78%
1983	0	1200	780	-	0	-	1700	-
1984	0	1200	780	-	0	-	0	-
1985	0	0	0	-	0	-	0	-
1986	0	0	0	-	0	-	0	-
1987	0	0	0	-	0	-	0	-
1988	0	0	0	-	0	-	0	-

Quelle: DEUTSCHE BP AG (1973-1988), MWV (1973-1988a,b), OGJ (1973-1988) und Firmenangaben.

Tab. A 9: Verarbeitungskapazitäten der Schmierstoffraffinerie Oelwerke Julius Schindler (1000 t)

	RD	VD	SA	KG	RE	RA
1973	400	300	330	54%	400	100%
1974	400	300	360	59%	400	100%
1975	400	300	360	59%	400	100%
1976	400	300	360	59%	360	90%
1977	430	300	360	54%	380	88%
1978	430	300	360	54%	350	81%
1979	430	300	360	54%	420	98%
1980	430	300	360	54%	380	88%
1981	430	300	360	54%	390	91%
1982	430	300	360	54%	400	93%
1983	430	300	360	54%	320	74%
1984	430	300	360	54%	320	74%
1985	0	700	230	-	220	-
1986	0	700	230	-	0	-
1987	0	700	230	-	0	-
1988	0	700	230	-	0	-

Quelle: DEUTSCHE BP AG (1973-1988), MWV (1973-1988a,b), OGJ (1973-1988) und Firmenangaben.

Tab. A 10: Verarbeitungskapazitäten der BP-Raffinerie Dinslaken (1000 t)

	RD	VD	VB	KC	KG	R	RG	RE	RA
1973	9900	1100	0	630	6%	570	6%	5100	52%
1974	9900	1100	0	630	6%	570	6%	5300	54%
1975	9900	1100	0	630	6%	570	6%	4700	47%
1976	9900	1100	0	675	7%	570	6%	5400	55%
1977	9900	2000	0	850	9%	570	6%	5000	51%
1978	9900	2000	0	850	9%	645	7%	5400	55%
1979	8600	2000	1300	850	15%	645	8%	7700	90%
1980	8600	2000	1300	885	15%	645	8%	5900	69%
1981	6000	2000	1300	885	22%	645	11%	5100	85%
1982	6000	2000	1300	885	22%	645	11%	4300	72%
1983	0	1300	1300	885	-	645	-	0	-
1984	0	1300	1300	885	-	645	-	0	-
1985	0	0	0	0	-	0	-	0	-
1986	0	0	0	0	-	0	-	0	-
1987	0	0	0	0	-	0	-	0	-
1988	0	0	0	0	-	0	-	0	-

Quelle: DEUTSCHE BP AG (1973-1988), MWV (1973-1988a,b), OGJ (1973-1988) und Firmenangaben.

Tab. A 11: Verarbeitungskapazitäten der BP-Raffinerie Vohburg (1000 t)

	RD	VD	TC 1)	KC	KG	R	RG	RE	RA
1973	5100	1100	0	600	12%	730	14%	4800	94%
1974	5100	1100	0	600	12%	730	14%	4300	84%
1975	5100	1100	0	600	12%	730	14%	3900	76%
1976	5100	1100	0	620	12%	730	14%	4200	82%
1977	5100	2000	0	850	17%	730	14%	4600	90%
1978	5100	2000	0	850	17%	730	14%	4700	92%
1979	5100	2000	0	850	17%	730	14%	4900	96%
1980	5100	2000	0	885	17%	735	14%	4700	92%
1981	5100	2000	0	885	17%	725	14%	4000	78%
1982	5100	2000	0	885	17%	725	14%	3300	65%
1983	5100	2000	0	920	18%	725	14%	4400	86%
1984	5100	2000	0	920	18%	725	14%	4300	84%
1985	5100	2000	0	920	18%	725	14%	4800	94%
1986	5100	2000	0	920	18%	725	14%	4700	92%
1987	5100	2000	1200	920	34%	725	14%	4600	90%
1988	5100	2000	1200	920	34%	725	14%	5200	102%

1) Durch Verbund mit ERIAG

Quelle: DEUTSCHE BP AG (1973-1988), MWV (1973-1988a,b), OGJ (1973-1988) und Firmenangaben.

Tab. A 12: Verarbeitungskapazitäten der Erdölraffinerie Speyer (1000 t)

	RD	KG	R	RG	RE	RA	RE Elf	Gelsenberg
1973	2800	0%	0	0	2800	100%	K.A.	K.A.
1974	2800	0%	0	0	2900	104%	K.A.	K.A.
1975	2800	0%	0	0	2600	93%	K.A.	K.A.
1976	2800	0%	0	0	2800	100%	K.A.	K.A.
1977	2800	0%	0	0	2500	89%	K.A.	K.A.
1978	8000	0%	900	130	3000	38%	2700	300
1979	8000	0%	900	130	5200	65%	3900	1300
1980	8000	0%	900	130	5000	63%	3900	1100
1981	5000	0%	900	130	2700	54%	2600	100
1982	5000	0%	900	130	2200	44%	1900	300
1983	5000	0%	900	130	1900	38%	1700	200
1984	0	-	0	0	600	-	600	0
1985	0	-	0	0	0	-	0	0
1986	0	-	0	0	0	-	0	0
1987	0	-	0	0	0	-	0	0
1988	0	-	0	0	0	-	0	0

Quelle: MWV (1973-1988a,b), OGJ (1973-1988) und Firmenangaben.

Tab. A 13: Verarbeitungskapazitäten der Erdölraffinerie Ingolstadt (1000 t)

	RD	VD	TC	KG	R	RG	RE	RA	RE Agip	RE Gelsenberg
1973	3000	0	0	-	615	21%	3000	100%	2700	300
1974	3000	0	0	-	1630	54%	2400	80%	2000	400
1975	7000	0	0	-	1630	23%	3400	49%	2100	1300
1976	7000	0	0	-	1630	23%	4400	63%	2600	1800
1977	7000	0	0	-	1630	23%	3600	51%	2400	1200
1978	7000	0	0	-	1590	23%	3800	54%	2700	1100
1979	4000	0	0	-	1590	40%	4200	105%	2200	2000
1980	4000	0	1800	30%	1590	40%	2800	70%	1300	1500
1981	4000	0	1800	30%	1590	40%	2700	68%	1500	1200
1982	4000	0	1800	30%	1590	40%	2800	70%	1400	1400
1983	4000	0	1800	30%	1590	40%	2200	55%	1000	1200
1984	4000	0	1800	30%	683	17%	2200	55%	1200	1000
1985	0	0	1800	-	683	-	1100	-	600	500
1986	0	750	1200	-	683	-	0	-	0	0
1987	0	750	1200	-	683	-	0	-	0	0
1988	0	750	1200	-	683	-	0	-	0	0

Quelle: ERIAG (1973-1988), MWV (1973-1988a,b), OGJ (1973-1988) und Firmenangaben.

Tab. A 14: Verarbeitungskapazitäten der Shell-Raffinerie Hamburg (1000 t)

	RD	VD	VB	KC	SA	KG	R	RG	RE	RA
1973	4300	2500	580	600	230	24%	400	9%	3500	81%
1974	4300	2500	580	600	230	24%	400	9%	3300	77%
1975	4300	2500	580	600	285	24%	400	9%	2700	63%
1976	4300	2500	820	600	285	26%	400	9%	3200	74%
1977	4300	2500	820	600	285	26%	400	9%	3700	86%
1978	4300	2500	820	620	285	27%	400	9%	3500	81%
1979	4300	2500	820	620	285	31%	700	16%	3500	81%
1980	4300	2500	820	620	285	31%	700	16%	3500	81%
1981	4300	2500	820	620	285	31%	700	16%	3200	74%
1982	4300	2500	820	620	285	31%	700	16%	2800	65%
1983	4300	2500	820	620	285	31%	700	16%	2400	56%
1984	4300	2500	820	620	330	31%	700	16%	2800	65%
1985	4300	2500	820	780	330	35%	700	16%	3500	81%
1986	4300	2500	820	780	330	35%	700	16%	4100	95%
1987	4300	2500	820	780	330	35%	700	16%	3900	91%
1988	4300	2500	820	780	330	35%	700	16%	4400	102%

Quelle: DEUTSCHE SHELL AG (1973-1988), MWV (1973-1988a,b), OGJ (1973-1988) und Firmenangaben.

Tab. A 15: Verarbeitungskapazitäten der Shell-Raffinerie Godorf (1000 t)

	RD	VD	VB	TC	HC	KG	R	RG	RE	RA
1973	9000	0	325	1600	0	13%	1000	11%	7100	79%
1974	9000	0	325	1600	0	13%	1000	11%	5700	63%
1975	9000	0	325	1600	0	13%	1000	11%	5300	59%
1976	9000	0	325	1600	0	13%	1000	11%	6300	70%
1977	9000	0	325	1600	0	13%	1000	11%	6200	69%
1978	9000	0	325	1600	0	13%	1170	13%	5900	66%
1979	9000	0	325	1600	0	13%	1170	13%	5800	64%
1980	9000	0	325	1600	0	13%	1170	13%	5000	56%
1981	9000	0	325	1600	0	13%	1170	13%	4700	52%
1982	9000	0	325	1600	0	13%	1170	13%	4800	53%
1983	8500	4000	325	1600	1000	29%	1660	20%	4600	54%
1984	8500	4000	325	1600	1000	29%	1660	20%	6700	79%
1985	8500	4000	325	1600	1000	29%	1660	20%	6300	74%
1986	8500	4000	400	1600	1000	29%	1660	20%	6800	80%
1987	8500	4000	400	1600	1000	29%	1660	20%	6000	71%
1988	8500	4000	400	1600	1000	29%	1660	20%	6500	76%

Quelle: DEUTSCHE SHELL AG (1973-1988), MWV (1973-1988a,b), OGJ (1973-1988) und Firmenangaben.

Tab. A 16: Verarbeitungskapazitäten des Shell-Schmierstoffwerkes Monheim (1000 t)

	RD	VD	SA	KG	RE	RA
1973	500	350	90	12%	400	80%
1974	500	350	90	12%	400	80%
1975	500	350	90	12%	370	74%
1976	500	350	90	12%	360	72%
1977	500	350	90	12%	360	72%
1978	500	350	90	12%	350	70%
1979	500	350	90	12%	350	70%
1980	500	350	90	12%	350	70%
1981	500	350	90	12%	320	64%
1982	500	350	90	12%	300	60%
1983	500	350	90	12%	280	56%
1984	500	350	90	12%	200	40%
1985	0	0	0	-	0	-
1986	0	0	0	-	0	-
1987	0	0	0	-	0	-
1988	0	0	0	-	0	-

Quelle: DEUTSCHE SHELL AG (1973-1988), MWV (1973-1988a,b), OGJ (1973-1988) und Firmenangaben.

Tab. A 17: Verarbeitungskapazitäten der Shell-Raffinerie Ingolstadt (1000 t)

	RD	VD	VB	KG	R	RG	RE	RA
1973	3000	650	550	6%	350	12%	2400	80%
1974	3000	650	550	6%	350	12%	2000	67%
1975	3000	650	550	6%	350	12%	2000	67%
1976	3000	650	550	6%	350	12%	2100	70%
1977	2800	650	550	6%	350	13%	2100	75%
1978	2800	650	550	6%	350	13%	2000	71%
1979	2800	650	550	6%	350	13%	2000	71%
1980	2800	650	550	6%	350	13%	1600	57%
1981	2800	650	550	6%	350	13%	1300	46%
1982	0	0	0	-	0	-	500	-
1983	0	0	0	-	0	-	0	-
1984	0	0	0	-	0	-	0	-
1985	0	0	0	-	0	-	0	-
1986	0	0	0	-	0	-	0	-
1987	0	0	0	-	0	-	0	-
1988	0	0	0	-	0	-	0	-

Quelle: DEUTSCHE SHELL AG (1973-1988), MWV (1973-1988a,b), OGJ (1973-1988) und Firmenangaben.

Tab. A 18: Verarbeitungskapazitäten der Shell-Raffinerie Reichstett (1000 t)

	RD	VD	VB	KC	KG	R	RG	RE 1)	RA 1)
1973	3700	0	800	0	0%	650	18%	2000	113%
1974	3700	0	800	0	0%	650	18%	1700	96%
1975	3700	0	800	0	0%	650	18%	1100	62%
1976	4200	0	880	0	0%	650	15%	1400	69%
1977	4200	0	880	0	0%	650	15%	1400	69%
1978	4200	0	880	0	0%	650	15%	1200	60%
1979	4200	0	880	0	0%	650	15%	1000	50%
1980	4200	0	880	0	0%	650	15%	900	45%
1981	4200	0	880	0	0%	650	15%	800	40%
1982	4200	0	880	0	0%	650	15%	600	30%
1983	4200	2500	880	600	21%	650	15%	200	10%
1984	4200	2500	880	600	21%	650	15%	0	0%
1985	4200	2500	880	600	21%	650	15%	0	0%
1986	4200	2500	880	690	23%	650	15%	0	0%
1987	4200	2500	880	690	23%	650	15%	0	0%
1988	4200	2500	880	690	23%	650	15%	0	0%

1) Anteiliger Rohöleinsatz der Deutschen Shell AG, die bis 1983 über einen Anteil von 48% verfügte.

Quelle: CFP/TOTAL (1988), S. 67, O.V. (1980d), S. 5 und Firmenangaben.

Tab. A 19: Verarbeitungskapazitäten der Raffinerie Deurag-Nerag Misburg (1000 t)

	RD	VD	TC	C	SA	KG	R	RG	RE	RA
1973	2550	390	200	540	120	44%	300	12%	2400	94%
1974	2550	390	200	540	120	44%	300	12%	2200	86%
1975	2550	390	200	540	120	44%	300	12%	2000	78%
1976	2550	390	200	540	120	44%	300	12%	2100	82%
1977	2250	390	190	520	120	48%	300	13%	2000	89%
1978	2250	390	190	520	120	48%	300	13%	1900	84%
1979	2250	390	190	520	120	48%	300	13%	1800	80%
1980	2250	390	190	520	120	48%	300	13%	1600	71%
1981	2250	390	190	520	120	48%	300	13%	1600	71%
1982	2250	390	190	520	120	48%	300	13%	1500	67%
1983	2250	390	190	520	120	48%	300	13%	1500	67%
1984	2250	390	190	520	120	48%	300	13%	1400	62%
1985	2000	280	190	520	100	54%	300	15%	1300	65%
1986	0	0	0	0	0	-	0	-	0	-
1987	0	0	0	0	0	-	0	-	0	-
1988	0	0	0	0	0	-	0	-	0	-

Quelle: DEUTSCHE SHELL AG (1973-1988), ESSO AG (1973-1988), MWV (1973-1988a,b), OGJ (1973-1988) und Firmenangaben.

Tab. A 20: Verarbeitungskapazitäten der Texaco-Raffinerie Heide (1000 t)

	RD	VD	VB	KC	SA	KG	R	RG	RE	RA
1973	5600	2300	0	430	180	10%	670	12%	4600	82%
1974	5600	2300	0	430	200	10%	670	12%	5400	96%
1975	5600	2300	0	430	220	10%	670	12%	4100	73%
1976	5600	2300	0	430	220	10%	670	12%	4100	73%
1977	5600	2300	0	430	220	10%	670	12%	4100	73%
1978	5600	2300	0	430	220	10%	670	12%	4200	75%
1979	5600	2300	0	430	220	10%	670	12%	4500	80%
1980	5600	2300	0	430	250	11%	670	12%	4300	77%
1981	5600	2300	0	430	250	11%	780	14%	4200	75%
1982	5200	2300	0	430	250	11%	780	15%	3200	62%
1983	5200	2300	0	430	250	11%	780	15%	3200	62%
1984	5200	2300	0	430	250	11%	780	15%	3000	58%
1985	4000	2300	0	430	250	15%	780	20%	3300	83%
1986	4000	1600	0	430	250	15%	780	20%	3600	90%
1987	4000	1600	750	430	250	21%	780	20%	3600	90%
1988	4000	1600	750	430	250	21%	780	20%	3900	98%

Quelle: DEUTSCHE TEXACO AG (1973-1988), MWV (1973-1988a,b), OGJ (1973-1988) und Firmenangaben.

Tab. A 21: Verarbeitungskapazitäten der Caltex-Raffinerie Raunheim (1000 t)

	RD	VD	HC	KG	R	RG	RE	RA
1973	4500	1400	480	14%	160	4%	4300	96%
1974	4500	1400	480	14%	160	4%	4000	89%
1975	4500	1400	480	14%	160	4%	3500	78%
1976	4500	1400	480	14%	160	4%	3300	73%
1977	4500	1400	480	14%	160	4%	3000	67%
1978	4500	1400	480	14%	160	4%	3200	71%
1979	4500	1400	480	14%	160	4%	4200	93%
1980	4500	1400	480	14%	160	4%	3200	71%
1981	4500	1400	480	14%	160	4%	2700	60%
1982	0	0	0	-	0	-	1300	-
1983	0	0	0	-	0	-	0	-
1984	0	0	0	-	0	-	0	-
1985	0	0	0	-	0	-	0	-
1986	0	0	0	-	0	-	0	-
1987	0	0	0	-	0	-	0	-
1988	0	0	0	-	0	-	0	-

Quelle: DEUTSCHE TEXACO AG (1973-1988), MWV (1973-1982a,b), OGJ (1973-1988) und Firmenangaben.

Tab. A 22: Verarbeitungskapazitäten der Raffinerie Union Rheinische Braunkohlen Kraftstoff Wesseling (1000 t)

	RD	VD	VB	HC	KG	R	RG	RE	RA
1973	6000	0	2000	0	11%	750	13%	4500	75%
1974	6000	0	2000	0	11%	350	6%	3500	58%
1975	6000	0	2000	0	11%	390	7%	3600	60%
1976	6000	0	2000	0	11%	390	7%	4000	67%
1977	6000	0	2000	0	11%	390	7%	3800	63%
1978	6000	0	2000	300	18%	390	7%	3600	60%
1979	6000	0	2000	300	18%	390	7%	4300	72%
1980	6000	0	2000	300	18%	390	7%	3400	57%
1981	6000	0	2000	300	18%	390	7%	3600	60%
1982	4500	0	1500	900	37%	390	9%	3100	69%
1983	4500	0	1500	900	37%	390	9%	3200	71%
1984	4500	0	1500	900	37%	390	9%	3700	82%
1985	4500	2800	1500	1400	51%	390	9%	3300	73%
1986	4500	2800	1500	1400	51%	680	15%	4100	91%
1987	4500	2800	1500	1400	51%	680	15%	4000	89%
1988	4500	2800	1500	1400	51%	680	15%	4500	100%

Quelle: UNION RHEINISCHE BRAUNKOHLEN KRAFTSTOFF AG (1973-1988), MWV (1973-1988a,b), OGJ (1973-1988) und Firmenangaben.

Tab. A 23: Verarbeitungskapazitäten der Raffinerie Oberrheinische Mineralölwerke Karlsruhe (1000 t)

	RD	VD	VB	KC	KG	R	RG	RE	RA	RE 1) VEBA OEL	Texaco	Conoco
1973	7000	1100	940	0	4%	910	13%	6100	87%	3200	2700	K.A.
1974	7000	1100	940	0	4%	910	13%	7000	100%	2900	3000	K.A.
1975	7000	1100	940	0	4%	910	13%	5100	73%	2900	2200	K.A.
1976	7000	1100	940	0	4%	910	13%	5500	79%	2700	2400	K.A.
1977	7000	1100	940	0	4%	910	13%	6000	86%	2500	2600	K.A.
1978	7000	5620	1500	2300	40%	1100	16%	6100	87%	2200	2600	K.A.
1979	7000	5620	1500	2300	40%	1100	16%	6800	97%	2100	2900	K.A.
1980	7000	5620	1500	2300	40%	1100	16%	7000	100%	2100	3000	K.A.
1981	7000	5620	1500	2700	46%	1300	19%	7700	110%	1900	2800	K.A.
1982	7000	5620	1500	3100	51%	1300	19%	7500	107%	2000	2500	K.A.
1983	7000	5620	1500	3100	51%	1300	19%	7600	109%	1500	2500	K.A.
1984	7000	5760	1500	3100	51%	1300	19%	8400	120%	1500	3100	1700
1985	7000	5760	1500	3500	57%	1300	19%	8700	124%	1800	3300	1700
1986	7000	5760	1500	3500	57%	1300	19%	8800	126%	1600	3300	1800
1987	7000	5760	1500	3500	57%	1300	19%	9600	137%	1800	3500	2100
1988	7000	5760	1500	3500	57%	1300	19%	8600	123%	2200	3600	2100

1) Abweichungen zwischen dem Rohöleinsatz der Gesellschafter und dem Gesamtrohöleinsatz ergeben sich aufgrund von Lohnverarbeitungsmengen durch OMW.

Quelle: CONOCO MINERALÖL GMBH (1984-1988), DEUTSCHE TEXACO AG (1973-1988), VEBA OEL AG (1973-1988), MWV (1973-1988a,b), OGJ (1973-1988) und Firmenangaben.

Tab. A 24: Verarbeitungskapazitäten der Esso-Raffinerie Hamburg (1000 t)

	RD	VD	KC	SA	KG	R	RG	RE	RA
1973	5500	750	420	120	9%	600	11%	4200	76%
1974	5500	750	420	120	9%	600	11%	4000	73%
1975	5500	750	420	120	9%	600	11%	3400	62%
1976	5500	750	500	120	11%	600	11%	3700	67%
1977	5500	750	500	0	9%	600	11%	3500	64%
1978	5500	750	750	0	14%	600	11%	3200	58%
1979	5500	1000	750	0	14%	600	11%	3700	67%
1980	5500	1000	750	0	14%	600	11%	3400	62%
1981	5500	1000	750	0	14%	600	11%	3100	56%
1982	5500	1000	750	0	14%	600	11%	3400	62%
1983	5500	1000	750	0	14%	600	11%	3200	58%
1984	5500	1000	750	0	14%	600	11%	3300	60%
1985	4500	1000	830	0	18%	600	13%	2800	62%
1986	4500	1000	830	0	18%	600	13%	3200	71%
1987	0	0	0	0	0%	0	0%	0	0%
1988	3500	800	900	0	26%	600	17%	3300	94%

Quelle: ESSO AG (1973-1988), MWV (1973-1988a,b), OGJ (1973-1988) und Firmenangaben.

Tab. A 25: Verarbeitungskapazitäten der Esso-Raffinerie Köln (1000 t)

	RD	VD	VB	KG	R	RG	RE	RA
1973	5700	900	0	0	400	7%	4400	77%
1974	5700	900	0	0	400	7%	4000	70%
1975	5700	900	0	0	400	7%	2500	44%
1976	5700	900	0	0	400	7%	3400	60%
1977	5700	900	0	0	400	7%	2900	51%
1978	5700	900	0	0	400	7%	1900	33%
1979	5700	900	0	0	400	7%	1400	25%
1980	5700	900	1930	11%	400	7%	2000	35%
1981	5700	900	1930	11%	400	7%	1700	30%
1982	0	0	0	-	0	-	0	-
1983	0	0	0	-	0	-	0	-
1984	0	0	0	-	0	-	0	-
1985	0	0	0	-	0	-	0	-
1986	0	0	0	-	0	-	0	-
1987	0	0	0	-	0	-	0	-
1988	0	0	0	-	0	-	0	-

Quelle: ESSO AG (1973-1988), MWV (1973-1988a,b), OGJ (1973-1988) und Firmanangaben.

Tab. A 26: Verarbeitungskapazitäten der Esso-Raffinerie Karlsruhe (1000 t)

	RD	VD	VB	TC	C	KG	R	RG	RE	RA
1973	9000	2250	0	1240	0	9%	1250	14%	5900	66%
1974	9000	2250	0	1240	0	9%	1200	13%	4700	52%
1975	8000	2250	0	1240	0	10%	1200	15%	4000	50%
1976	8000	2250	0	1240	0	10%	1200	15%	4900	61%
1977	8000	2250	0	1240	0	10%	1200	15%	4600	58%
1978	8000	2250	0	1500	0	12%	1200	15%	4100	51%
1979	8000	2250	0	1500	0	12%	1200	15%	4600	58%
1980	8000	2600	1350	1500	0	18%	1200	15%	4500	56%
1981	8000	2600	1350	1500	0	18%	1200	15%	4000	50%
1982	8000	2600	1350	1500	0	18%	1200	15%	3700	46%
1983	8000	2600	1350	1500	0	18%	1200	15%	4400	55%
1984	7500	2600	1350	1500	0	19%	1200	16%	4600	61%
1985	7500	2600	1350	1500	770	37%	1200	16%	4000	53%
1986	7500	2600	1350	1500	770	37%	1200	16%	4500	60%
1987	7500	2600	1350	1500	770	37%	1200	16%	4800	64%
1988	7500	2600	1350	1500	880	39%	1200	16%	5700	76%

Quelle: ESSO AG (1973-1988), MWV (1973-1988a,b), OGJ (1973-1988) und Firmenangaben.

Tab. A 27: Verarbeitungskapazitäten der Esso-Raffinerie Ingolstadt (1000 t)

	RD	VD	KC	KG	R	RG	RE	RA
1973	5000	1300	800	16%	640	13%	3770	75%
1974	5000	1300	800	16%	640	13%	3320	66%
1975	5000	1300	800	16%	640	13%	2590	52%
1976	5000	1300	800	16%	640	13%	3530	71%
1977	5000	1300	800	16%	640	13%	3600	72%
1978	5000	1300	800	16%	640	13%	2840	57%
1979	5000	1300	1000	20%	640	13%	4070	81%
1980	5000	1750	1000	20%	550	11%	3790	76%
1981	5000	1750	1000	20%	550	11%	3030	61%
1982	5000	1750	1000	20%	550	11%	3330	67%
1983	5000	1750	1000	20%	550	11%	3070	61%
1984	4700	1750	1000	21%	550	12%	2920	62%
1985	4700	1750	1050	22%	550	12%	2730	58%
1986	4700	1750	1050	22%	550	12%	3160	67%
1987	4700	1750	1050	22%	550	12%	3610	77%
1988	4700	1750	1300	28%	550	12%	3350	71%

Quelle: ESSO AG (1973-1988), MWV (1973-1988a,b), OGJ (1973-1988) und Firmenangaben.

Tab. A 28: Verarbeitungskapazitäten der Mobil-Raffinerie Bremen (1000 t)

	RD	VD	KC	SA	KG	R	RG	RE	RA
1973	1800	350	425	60	24%	200	11%	1400	78%
1974	1800	350	425	60	24%	200	11%	1400	78%
1975	0	0	0	0	-	0	-	500	-
1976	0	0	0	0	-	0	-	0	-
1977	0	0	0	0	-	0	-	0	-
1978	0	0	0	0	-	0	-	0	-
1979	0	0	0	0	-	0	-	0	-
1980	0	0	0	0	-	0	-	0	-
1981	0	0	0	0	-	0	-	0	-
1982	0	0	0	0	-	0	-	0	-
1983	0	0	0	0	-	0	-	0	-
1984	0	0	0	0	-	0	-	0	-
1985	0	0	0	0	-	0	-	0	-
1986	0	0	0	0	-	0	-	0	-
1987	0	0	0	0	-	0	-	0	-
1988	0	0	0	0	-	0	-	0	-

Quelle: MWV (1973-1988a,b), MOBIL OIL AG (1973-1988), OGJ (1973-1988) und Firmenangaben.

Tab. A 29: Verarbeitungskapazitäten der Mobil-Raffinerie Wilhelmshaven (1000 t)

	RD	KG	R	RG	RE	RA
1973	0	-	0	-	0	-
1974	0	-	0	-	0	-
1975	8000	0%	1400	18%	0	0%
1976	8000	0%	1400	18%	2900	36%
1977	8000	0%	1400	18%	4400	55%
1978	8000	0%	1400	18%	4100	51%
1979	8000	0%	1400	18%	3600	45%
1980	8000	0%	1400	18%	5100	64%
1981	8000	0%	1400	18%	4800	60%
1982	8000	0%	1400	18%	5000	63%
1983	8000	0%	1400	18%	4300	54%
1984	8000	0%	1400	18%	3800	48%
1985	0	-	0	-	1300	-
1986	0	-	0	-	0	-
1987	0	-	0	-	0	-
1988	0	-	0	-	0	-

Quelle: MWV (1973-1988a,b), MOBIL OIL AG (1973-1988), OGJ (1973-1988) und Firmenangaben.

Tab. A 30: Verarbeitungskapazitäten der Mobil-Raffinerie Wörth (1000 t)

	RD	VD	KC	KG	R	RG	RE	RA
1973	3500	2100	630	18%	550	16%	3200	91%
1974	3500	2100	630	18%	550	16%	2700	77%
1975	3500	2100	630	18%	550	16%	3000	86%
1976	3500	2100	630	18%	550	16%	2900	83%
1977	3500	2100	630	18%	550	16%	2600	74%
1978	3500	2100	670	19%	590	17%	2900	83%
1979	3500	2100	740	21%	590	17%	2900	83%
1980	3500	2100	740	21%	590	17%	3100	89%
1981	3500	2100	810	23%	590	17%	3100	89%
1982	3500	2100	810	23%	590	17%	3100	89%
1983	3500	2100	810	23%	590	17%	3400	97%
1984	3500	2100	810	23%	590	17%	2700	77%
1985	3500	2100	810	23%	590	17%	2900	83%
1986	3500	2100	810	23%	590	17%	3600	103%
1987	4500	2500	1030	23%	630	14%	3100	69%
1988	4500	2500	1030	23%	610	14%	4000	89%

Quelle: MOBIL OIL AG (1973-1988), MWV (1973-1988a,b), OGJ (1973-1988) und Firmenangaben.

Tab. A 31: Verarbeitungskapazitäten der Erdölraffinerie Neustadt (1000 t)

	RD	VD	VB	KC	KG	R	RG	RE	RA	RE Mobil Oil	VEBA OEL	Saar-berg-werke
1973	7000	1200	0	600	9%	750	11%	5600	80%	2700	2900	0
1974	7000	1200	0	600	9%	750	11%	5700	81%	2800	2900	0
1975	7000	1200	0	600	9%	750	11%	5500	79%	2900	2600	0
1976	7000	1200	0	600	9%	750	11%	5600	80%	2800	2800	0
1977	7000	1200	0	1200	17%	750	11%	5100	73%	2600	2500	0
1978	7000	2500	0	1200	17%	750	11%	5400	77%	2600	2800	0
1979	7000	2500	0	1200	17%	750	11%	5600	80%	2800	2800	0
1980	7000	2500	0	1200	17%	750	11%	5400	77%	2800	2600	0
1981	7000	2500	800	1200	21%	750	11%	4500	64%	2600	1900	0
1982	7000	2500	800	1200	21%	750	11%	4500	64%	2400	2100	0
1983	7000	2500	800	1200	21%	750	11%	5100	73%	2600	2500	0
1984	7000	2500	800	1200	21%	750	11%	4600	66%	2500	2100	0
1985	7000	2500	800	1200	21%	750	11%	5000	71%	2800	2200	0
1986	7000	2500	800	1200	21%	750	11%	4600	66%	2200	1500	900
1987	7000	2500	800	1200	21%	750	11%	5300	76%	2500	1500	1300
1988	7000	2500	800	1200	21%	750	11%	5000	71%	2400	1500	1100

Quelle: MWV (1973-1988a,b), MOBIL OIL AG (1973-1988), VEBA OEL AG (1973-1988), OGJ (1983-1988) und Firmenangaben.

Tab. A 32: Verarbeitungskapazitäten der Gelsenberg-Raffinerie Gelsenkirchen-Horst (1000 t)

	RD	VD	C	KC	KG	R	RG	RE	RA
1973	7000	800	1200	620	38%	1370	20%	6200	89%
1974	7000	800	1200	620	38%	1370	20%	5600	80%
1975	7000	800	1200	620	38%	1370	20%	4500	64%
1976	7000	800	1200	620	38%	1370	20%	4600	66%
1977	7000	800	1200	620	38%	1370	20%	4700	67%
1978	7000	800	1200	620	38%	1370	20%	4400	63%
1979	7000	800	1200	620	38%	1370	20%	4700	67%
1980	5500	800	1300	620	51%	1370	25%	3900	71%
1981	5500	800	1600	620	61%	1200	22%	3000	55%
1982	4500	800	1600	620	74%	1200	27%	3700	82%
1983	4500	800	1600	620	74%	1200	27%	3900	87%
1984	4500	800	1600	0	60%	1200	27%	3700	82%
1985	4500	800	1500	0	57%	1200	27%	4300	96%
1986	4500	800	1500	0	57%	1200	27%	3700	82%
1987	4500	800	1500	0	57%	1200	27%	4200	93%
1988	4500	800	1500	0	57%	1200	27%	4600	102%

Quelle: MWV (1973-1988a,b), OGJ (1973-1988), VEBA OEL AG (1973-1988) und Firmenangaben.

Tab. A 33: Verabeitungskapazitäten der VEBA-Raffinerie Gelsenkirchen-Scholven (1000 t)

	RD	VD	VB	KC	HC	KG	R	RG	RE	RA
1973	10000	530	880	220	0	5%	910	9%	7200	72%
1974	10000	530	880	220	0	5%	910	9%	7300	73%
1975	10000	530	880	220	0	5%	910	9%	5300	53%
1976	10000	530	880	220	0	5%	910	9%	4900	49%
1977	10000	530	880	220	0	5%	910	9%	4700	47%
1978	10000	530	880	220	0	5%	910	9%	5000	50%
1979	10000	530	880	220	0	5%	820	8%	6200	62%
1980	7500	530	880	220	0	7%	820	11%	5600	75%
1981	7500	530	880	220	0	7%	820	11%	4900	65%
1982	6000	530	880	220	0	9%	500	8%	4200	70%
1983	6000	1800	880	220	1500	41%	500	8%	4600	77%
1984	6000	1800	880	300	1500	42%	500	8%	5200	87%
1985	6000	1800	880	300	1500	42%	500	8%	5400	90%
1986	6000	1800	880	300	1500	42%	500	8%	5900	98%
1987	6000	1800	880	300	1500	42%	500	8%	5900	98%
1988	6000	1800	880	300	1500	42%	500	8%	5500	92%

Quelle: MWV (1973-1988a,b), OGJ (9173-1988), VEBA OEL AG (1973-1988) und Firmenangaben.

Tab. A 34: Verarbeitungskapazitäten der Frisia-Raffinerie Emden (1000 t)

	RD	KG	R	RG	RE	RA
1973	2400	0%	420	18%	2300	96%
1974	2400	0%	420	18%	2100	88%
1975	2400	0%	420	18%	1200	50%
1976	2400	0%	420	18%	900	38%
1977	2400	0%	420	18%	900	38%
1978	2400	0%	420	18%	0 1)	-
1979	2400	0%	420	18%	0 1)	-
1980	2400	0%	420	18%	0 1)	-
1981	2400	0%	420	18%	0 1)	-
1982	2400	0%	255	11%	0 1)	-
1983	2400	0%	255	11%	0 1)	-
1984	0	-	0	-	0	-
1985	0	-	0	-	0	-
1986	0	-	0	-	0	-
1987	0	-	0	-	0	-
1988	0	-	0	-	0	-

1) Seit 1978 nur noch Einsatz von Halbfertigerzeugnissen.

Quelle: ERDÖLWERKE FRISIA AG (1973-1977), MWV (1973-1988a,b), OGJ (1973-1977) und Firmenangaben.

Tab. A 35: Verarbeitungskapazitäten der Wintershall-Raffinerie Lingen (1000 t)

	RD	VD	C	KC	HC	KG	R	RG	RE	RA
1973	4750	850	840	860	0	48%	800	17%	4400	93%
1974	4750	1750	840	860	0	48%	800	17%	4100	86%
1975	4500	1750	840	860	0	51%	800	18%	3700	82%
1976	4500	1750	840	860	0	51%	800	18%	3600	80%
1977	4500	1750	840	0	1000	61%	1450	32%	3800	84%
1978	4500	1750	840	0	1000	61%	1450	32%	3700	82%
1979	4500	1750	840	0	1000	61%	1450	32%	4000	89%
1980	4500	1750	840	0	1000	61%	1450	32%	3600	80%
1981	4500	1750	840	0	1000	61%	1450	32%	3300	73%
1982	4500	1750	840	0	1000	61%	1450	32%	3300	73%
1983	4500	1750	840	0	1000	61%	1450	32%	3200	71%
1984	4500	1750	840	0	1000	61%	1180	26%	3200	71%
1985	4500	1750	840	0	1000	61%	1180	26%	3500	78%
1986	4500	1750	840	0	1000	61%	1180	26%	3600	80%
1987	3200	1750	840	0	1000	85%	1180	37%	3200	100%
1988	3200	1750	840	0	1000	85%	1180	37%	3300	103%

Quelle: MWV (1973-1988a,b), OGJ (1973-1988), WINTERSHALL AG (1973-1988) und Firmenangaben.

Tab. A 36: Verarbeitungskapazitäten der Wintershall-Schmierstoffraffinerie Salzbergen (1000 t)

	RD	VD	SA	KG	RE	RA
1973	360	150	150	27%	350	97%
1974	360	150	150	27%	340	94%
1975	360	150	150	27%	310	86%
1976	360	150	150	27%	310	86%
1977	300	150	150	33%	310	103%
1978	300	150	150	33%	300	100%
1979	300	150	150	33%	300	100%
1980	300	150	150	33%	300	100%
1981	300	150	150	33%	300	100%
1982	300	150	150	33%	300	100%
1983	300	150	150	33%	290	97%
1984	300	150	150	33%	300	100%
1985	300	150	150	33%	310	103%
1986	300	150	150	33%	300	100%
1987	300	150	150	33%	280	93%
1988	300	150	150	33%	270	90%

Quelle: MWV (1973-1988a,b), OGJ (1973-1988), WINTERSHALL AG (1973-1988) und Firmenangaben.

Tab. A 37: Verarbeitungskapazitäten der Erdölraffinerie Mannheim (1000 t)

	RD	VD	KG	R	RG	RE	RA
1973	5600	0	0%	300	5%	5000	89%
1974	5600	0	0%	600	11%	3000	54%
1975	5600	0	0%	600	11%	2900	52%
1976	5600	0	0%	600	11%	3800	68%
1977	5600	0	0%	600	11%	3500	63%
1978	5600	0	0%	600	11%	3900	70%
1979	5600	0	0%	600	11%	3600	64%
1980	5600	0	0%	600	11%	2900	52%
1981	5600	0	0%	600	11%	2500	45%
1982	5600	0	0%	600	11%	2300	41%
1983	3500	0	0%	800	23%	2100	60%
1984	3500	0	0%	800	23%	1800	51%
1985	3500	0	0%	500	14%	1900	54%
1986	3500	0	0%	500	14%	2400	69%
1987	3500	1000	0%	500	14%	2500	71%
1988	3500	1000	0%	500	14%	2700	77%

Quelle: MWV (1973-1988a,b), WINTERSHALL AG (1973-1988), OGJ (1973-1988) und Firmenangaben.

Tab. A 38: Petrochemische Verarbeitungskapazitäten der EC Dormagen und der BP-Raffinerie Dinslaken (1000 t)

	E	P	C4	B	T	X	A	PA
1973	460	350	270	165	95	45	300	50
1974	460	350	270	160	95	45	300	50
1975	460	350	310	180	100	45	300	50
1976	460	350	310	180	100	45	300	50
1977	460	350	310	180	100	45	300	50
1978	820	600	335	180	100	45	300	50
1979	740	520	335	200	100	45	300	50
1980	740	520	335	200	100	45	300	50
1981	740	520	335	200	100	45	300	50
1982	740	520	335	200	100	45	300	50
1983	500	350	335	200	100	45	300	50
1984	500	350	335	200	100	45	300	50
1985	500	350	335	200	100	0	300	0
1986	500	350	335	200	100	0	300	0
1987	500	350	335	200	100	0	300	0
1988	500	350	335	200	100	0	300	0

Quelle: O.V. (1974-1982) und Firmenangaben.

Tab. A 39: Petrochemische Verarbeitungskapazitäten der ROW und der Shell-Raffinerie Godorf (1000 t)

	E	P	C4	B	T	X
1973	1050	500	175	250	220	250
1974	1050	500	175	250	220	250
1975	1050	500	175	250	220	250
1976	1050	500	175	250	220	250
1977	1050	500	175	250	220	250
1978	1050	500	175	250	220	250
1979	1050	500	175	250	220	250
1980	1050	500	175	250	220	250
1981	950	450	130	250	220	250
1982	650	320	130	250	220	250
1983	650	320	130	250	220	250
1984	650	320	130	250	220	250
1985	650	320	130	250	220	250
1986	650	320	150	275	270	250
1987	650	320	150	275	270	250
1988	650	320	150	275	270	250

Quelle: O.V. (1974-1982) und Firmenangaben.

Tab. A 40: Petrochemische Verarbeitungskapazitäten der Texaco-Raffinerie Heide und der Caltex-Raffinerie Raunheim (1000 t)

	E	P	C4	B	T	X	E	P	C4
1973	80	55	20	20	57	53	320	150	80
1974	80	55	20	20	57	53	320	150	80
1975	80	55	20	20	57	53	320	150	80
1976	80	55	20	20	57	53	320	150	80
1977	80	55	20	20	57	53	320	150	80
1978	80	55	20	20	57	53	320	150	80
1979	80	55	20	20	57	53	320	150	80
1980	80	55	20	24	63	53	320	150	80
1981	80	55	20	24	63	53	320	150	80
1982	80	55	20	24	63	53	320	150	80
1983	80	55	20	24	63	53	320	150	80
1984	80	55	20	24	63	53	320	150	80
1985	80	55	20	24	63	53	0	0	0
1986	80	55	20	24	63	53	0	0	0
1987	80	55	20	24	63	53	0	0	0
1988	80	55	20	24	63	53	0	0	0

Quelle: O.V. (1974-1982) und Firmenangaben.

Tab. A 41: Petrochemische Verarbeitungskapazitäten der UK-Raffinerie Wesseling (1000 t)

	E	P	C4	B	T	X	A	M
1973	480	295	210	0	0	90	400	550
1974	480	295	210	0	0	90	400	550
1975	480	295	210	0	0	110	400	550
1976	500	295	210	0	0	110	400	500
1977	500	295	210	0	0	110	400	500
1978	520	300	180	0	0	110	260	390
1979	520	300	180	0	0	110	0	350
1980	520	300	180	0	0	110	0	350
1981	520	300	180	120	70	110	0	350
1982	440	250	150	120	70	110	0	350
1983	440	250	150	120	70	110	0	350
1984	440	250	150	120	70	110	0	350
1985	440	250	150	120	140	220	0	350
1986	440	250	150	120	140	220	0	350
1987	440	250	150	120	140	220	0	350
1988	440	250	150	120	140	220	0	350

Quelle: O.V. (1974-1982) und Firmenangaben.

Tab. A 42: Petrochemische Verarbeitungskapazitäten in der Esso-Raffinerie Köln (1000 t)

	E	P	C4
1973	120	85	40
1974	120	85	40
1975	120	85	40
1976	120	85	40
1977	450	240	140
1978	450	240	140
1979	450	240	140
1980	450	240	140
1981	450	240	140
1982	450	240	140
1983	450	240	140
1984	450	240	140
1985	0	0	0
1986	0	0	0
1987	0	0	0
1988	0	0	0

Quelle: O.V. (1974-1982) und Firmenangaben.

Tab. A 43: Petrochemische Verarbeitungskapazitäten der CWH/VEBA-Raffinerien Gelsenkirchen und der Petrochemischen Werke Münchsmünster (1000 t)

	E	P	C4	B	T	X	A	M	PA	E	P	C4
1973	550	360	210	220	215	135	950	200	60	200	130	65
1974	550	360	210	220	215	135	950	200	60	200	130	65
1975	550	360	210	220	215	135	950	200	65	200	130	65
1976	550	360	210	220	215	235	950	200	65	200	130	65
1977	550	360	210	220	215	235	950	200	65	200	130	65
1978	550	360	210	220	215	235	405	200	70	200	130	65
1979	550	360	210	270	215	235	405	200	70	200	130	65
1980	550	360	210	270	215	235	405	200	70	200	130	65
1981	550	360	210	270	215	235	405	200	100	200	130	65
1982	400	260	210	270	215	235	405	200	100	200	130	65
1983	400	260	210	270	215	235	405	200	100	200	130	65
1984	400	260	210	270	215	235	405	200	100	200	130	65
1985	400	260	210	270	215	235	405	200	100	200	130	65
1986	400	260	210	270	215	235	405	200	100	200	130	65
1987	400	260	210	270	215	235	405	200	100	200	130	65
1988	440	280	210	270	215	235	405	240	100	200	130	65

Quelle: O.V. (1974-1982) und Firmenangaben.

Tab. A 44: Petrochemische Verarbeitungskapazitäten der BASF Ludwigshafen/Erdölraffinerie Mannheim und der Wintershall-Raffinerie Lingen (1000 t)

	E	P	C4	B	T	X	A	M	B	Pa
1973	190	100	60	0	0	0	800	250	58	25
1974	180	100	50	0	0	0	800	220	58	25
1975	180	100	50	0	0	0	800	220	58	25
1976	180	100	50	0	0	0	800	220	58	25
1977	150	80	50	0	0	0	800	220	75	25
1978	150	80	50	0	0	0	800	220	75	30
1979	150	80	50	0	0	0	800	220	75	30
1980	450	245	150	0	0	0	800	220	75	30
1981	450	245	150	0	0	0	800	220	75	30
1982	450	245	150	0	0	0	800	220	75	30
1983	450	245	150	140	170	105	800	220	75	30
1984	450	245	150	140	170	105	800	220	75	30
1985	450	245	150	140	170	105	800	220	75	30
1986	450	245	150	140	170	105	800	220	75	30
1987	450	245	150	140	170	105	800	220	75	30
1988	450	245	150	140	170	105	800	220	75	30

Quelle: O.V. (1974-1982) und Firmenangaben.

Literaturverzeichnis

Adelman, Morris (1972), The World Petroleum Market, Baltimore - London

Anselmi, Vittorio und **Michaelis**, Karl (1976), Die Erweiterung der ERIAG-Raffinerie in Ingolstadt, in: Oel, 14.Jg., Nr.8, S.214-219

ARAL AG (1973-1988), Geschäftsberichte, Bochum

Assmann, Horst (1975), Esso - 55 Jahre im Dienste der Chemie - Werk Köln wird beträchtlich erweitert, in: Oel, 12.Jg., Nr.10, S.279-283

Assmann, Horst (1989), Produktdifferenzierung als Wettbewerbsinstrument, in: Mineralölrundschau, 37.Jg., Nr.7, S.125-130

Autenrieth, Karlheinz (1982), Die grenzüberschreitende Fusionskontrolle in Theorie und Praxis, Konstanz

Bailey, Elizabeth E. und **Friedlaender**, Ann F. (1982), Market Structure and Multiproduct Industries, in: Journal od Economic Literature, 20.Jg., Nr.9, S.1024-1048

Bain, Joe S. (1962), Barriers to New Competition, Cambridge

Bain, Joe S. (1968), Industrial Organization, New York - London - Sidney, 2.Auflage

Bannuscher, Herbert und **Gierke**, Otto-Martin von (1977), Mineralöl ist mehr als nur Energie - Ein stark differenziertes Produktionsprogramm, in: **Institut für Bilanzanalysen** (Hrsg.), Frankfurt, S.28-34

Bartels, Werner (1984), Strukturbedingte Kapazitätsanpassung, in: **Funk**, Joachim und **Hax**, Herbert (Hrsg.) Kapazitätsrisiken und Unternehmenspolitik, Zeitschrift für betriebswirtschaftliche Forschung, Sonderheft 18, S.32-64

Baum, Herbert (1983), Wettbewerbspolitik auf dem Treibstoffmarkt, Baden - Baden

Baumol, William und **Willig**, Robert (1981), Fixed Costs, Sunk Costs, Entry Barriers and Sustainability of Monopoly, in: Quarterly Journal of Economics, 96.Jg., Nr.3, S.405-431

Beckenstein, Alan, **Kaufer**, Erich, **Murphy**, R. Dennis, **Scherer**, Frederic (1975), The Economics of Multiplant-Operation, London - Cambridge/USA

Bischoff, F. (1975), Mobil-Raffinerie Wilhelmshaven, in: Oel, 13.Jg., Nr.5, S.129-133

Bössmann, Eva (1982), Volkswirtschaftliche Probleme der Transaktionskosten, in: Zeitschrift für die gesamte Staatswissenschaft, 138.Jg., Nr.4, S.664-679

Bössmann, Eva (1983), Unternehmungen, Märkte, Transaktionskosten - Die Koordination ökonomischer Aktivitäten, in: Wirtschaftswissenschaftliches Studium, 12.Jg., Nr.3,

BP (1973-1988a), Zahlen aus der Mineralölwirtschaft, Hamburg

BP (1973-1989b), BP Statistical Review of World Energy, London

BP (1982), Petrochemie und Polymere, Hamburg

BP (1989), Das Buch vom Erdöl, Hamburg, 5.Auflage

Buddenberg, Hellmuth (1982), Strategieplanung und -umsetzung am Beispiel der Deutschen BP Aktiengesellschaft, in: **Jacob**, Herbert (Hrsg.), Schriften zur Unternehmensführung, Strategisches Management 1, S.5-16, Wiesbaden

Buddenberg, Hellmuth (1986), Niedrige Ölpreise - Renaissance für das Mineralöl?, in: Zeitschrift für Energiewirtschaft, 10.Jg., Nr.3, S.169-172

Bührens, Jürgen (1979), Programmplanung bei Kuppelproduktion -Anpassungsmaßnahmen zur Harmonisierung von Produktions- und Nachfrageverhältnissen bei Kuppelproduktion unter besonderer Berücksichtigung der Absatzpolitik, Hamburg

Bundeskartellamt (1981), Untersagung eines Zusammenschlußes zwischen Heizölhersteller und -händler, in: Wirtschaft und Wettbewerb, 31.Jg., Nr.1, S.76-88

Burchard, Hans-Joachim (1980), Funktionsweise der internationalen Ölmärkte, in: **Siebert**, Horst (Hrsg.), Erschöpfbare Ressourcen, Berlin, S.461-474

Burchard, Hans-Joachim (1981), Die Mineralölverarbeitung im Spannungsfeld eines sich wandelnden Ölmarktes, in: Zeitschrift für Energiewirtschaft, 5.Jg., Nr.4, S.223-231

Busch, Peter Christian und **Hillmann**, Gerd (1968), Die Rhein-Main-Rohrleitung - ein modernes Transportmittel für Mineralölprodukte, in: Oel, 6.Jg., Nr.10, S.312-320

Buzzell, Robert (1984), Bringt vertikale Integration Vorteile?, in: Harvard Manager, 6.Jg., Nr.1, S.51-59

Caves, Richard und **Porter**, Michael (1976), Barriers to Exit, in: **Masson**, Robert T. und **Qualls**, David R. (Hrsg.), Essays on Industrial Organization in Honor of Joe S.Bain, Cambridge/ Massachusetts, S.39-69

Caves, Richard und **Porter**, Michael (1977), From Entry Barriers to Mobility Barriers: Conjectural Decisions and contrived Deterance to new Competion, in: Quarterly Journal of Economics, 91.Jg., Nr.2, S.241-261

CFP/Total (1988), Les Raffineries D'Europe de L'Quest, Paris

Chem Systems (1986), Study of the costs by the refining industry in the member countries in order to comply with environmental legislation, Studie im Auftrag der EG-Kommission, London

Coase, Ronald (1960), The Nature of the Firm, in: **Boulding**, Kenneth und **Stigler**, George (Hrsg.) Readings in Price Theory, Homewood/Illinois, S.331-351

Conoco Mineralöl GmbH (1984-88), Geschäftsberichte, Hamburg

Cronenberg, Martin (1985), Die Rolle des Mineralöls in der deutschen Energiepolitik, in: Zeitschrift für Energiewirtschaft, 9.Jg., Nr.1, S.26-29

Demsetz, Harold (1982), Barriers to Entry, in: American Economic Review, 72.Jg., S.47-57

Deutsche BP AG (1973-1988), Geschäftsberichte

Deutsche Bundesbank (1989), Statistische Beihefte zu den Monatsberichten der deutschen Bundesbank, Reihe 5: Die Währungen der Welt, Nr.3

Deutsche Presseagentur (1986), Ölmacht OPEC, Hamburg

Deutsche Shell AG (1973-1988), Geschäftsberichte, Hamburg

Deutsche Texaco AG (1973-1988), Geschäftsberichte, Hamburg

Deutsche Texaco (1972), Die Raffineriekapazität wächst nicht schnell genug, Hamburg

Diederichs, Helmut (1982), Unternehmensplanung in einem Mineralölunternehmen, in: **Energiewirtschaftliches Institut** (Hrsg.), Unternehmensplanung in der Energiewirtschaft, München, S.24-44

Diederichs, Helmut (1984a), Downstream Investitions- und Anpassungsprobleme der deutschen Mineralölindustrie, in: Betriebswirtschaftliche Forschung und Praxis, 36.Jg., Nr.2, S.132-164

Diederichs, Helmut (1984b), Preisbildung für Mineralölprodukte in der BRD, in: **Esso** (Hrsg.), Fakten und Faktoren, Hamburg

Dirrheimer, Manfred, **Wagner**, Karin und **Hübner**, Thomas (1981), Vertikale Integration in der Mineralöl- und chemischen Industrie, Königstein/Taunus

Dirrheimer, Manfred (1985), Transaktionstheorie, Theorie der Eigentumsrechte und Wettbewerbspolitik, in: **Milde**, Hellmuth und **Monissen**, Hans G. (Hrsg.), Rationale Wirtschaftspolitik in komplexen Gesellschaften, Stuttgart - Berlin - Köln - Mainz, S.454-465

DIW (1985), Empirische Untersuchungen von industriellen Größenvorteilen (EOS) nach der Methode der Ingenieurschätzungen, Berlin

Eckhardt, Axel und **Erzinger**, Frank (1986), Rafinerieindustrie in Europa - eine Standort- und Kursbestimmung, in: Zeitschrift für Energiewirtschaft, 10.Jg., Nr.1, S.47-56

Edens, Reimer und **Herlyn**, Folkert (1977), Auf dem Wege zur Chemie-Raffinerie, in: Oel, 14.Jg., Nr.11, S.300-304

Edye, Eckhart (1978), Anpassung der Raffinerien an die sich ändernde Bedarfsstruktur, in: Oel, 16.Jg., Nr.5, S.124-125

EG-Kommission (1986), Der Ölmarkt der Gemeinschaft, Ölraffinerien und Außenhandel mit Raffinerieprodukten (Arbeitsunterlage der Kommission), Brüssel

EG-Kommission (1988), Mitteilung der Kommission an den Rat über " Den Mineralölmarkt und die Mineralölverarbeitende Industrie in der Gemeinschaft - Jüngste Entwicklungen und Aussichten bis 1995", Brüssel

Ehrenhauß, Karl-Martin (1976), Die Mobil-Raffinerie Wilhelmshaven, in: Erdöl und Kohle - Erdgas - Petrochemie, 29.Jg., Nr.10, S.449-452

Erdölwerke Frisia AG (1973-1977), Geschäftsberichte, Emden

ERIAG (1973-1988), Geschäftsberichte, Ingolstadt

Esso AG (1973-1988), Geschäftsberichte, Hamburg

Eurostat (1973-1988), Statistisches Jahrbuch, Statistisches Amt der europäischen Gemeinschaften (Hrsg.), Brüssel - Luxemburg

Fischer, Alois K. (1978), Der Mineralölaußenhandel der Sowjetunion, in: Annuaire Europeen du Petrole, Hamburg, S.1/28-1/35

Fischer, K.- D. (1976), Stagnation in der westeuropäischen Raffineriekapazität, in: Annuaire Europeen du Petrole, Hamburg, S.44-53

Forth, Henning (1981), Die Werksgruppe Ruhr der Veba Oel, in: Oel, 19.Jg., Nr.7, S.172-178

Frankel, Paul H. und **Newton**, Walter L. (1970), Zur vergleichenden Bewertung von Rohölen, in: Oel, 8.Jg., Nr.2, S.49-53

GEWOS (1988), Perspektiven der Mineralölindustrie - Analyse des Beschäftigungsrückganges und der weiteren Entwicklung in der bundesdeutschen mineralölverarbeitenden Industrie, Hamburg

Giese, Werner (1973), Die Petrochemischen Betriebe Münchsmünster der Gelsenberg AG, in: Oel, 11.Jg., Nr.11, S.313-315

Giesel, Harald (1975), Unternehmenswachstum und Wettbewerb, Baden-Baden

Habibi, Ardeschir (1985), Vertikale Integration als Industrialisierungsstrategie für die OPEC-Staaten, Marburg (Dissertation)

Hachmeier, Werner und **Mohnfeld**, Jochen (1986), Die Entwicklung des Mineralölmarktes in der Bundesrepublik Deutschland im Jahre 1985, in: Zeitschrift für Energiewirtschaft, 10.Jg., Nr.2, S.131-151

Harms, Uwe (1980), Nordsee '80, in: Oel, 18.Jg., Nr.9, S.226-234 und Nr.10, S.256-266

Hasenack, Wilhelm (1974), Betriebsstillegung, in: **Grochla**, Erwin, und **Wittmann**, Waldemar (Hrsg), Handwörterbuch der Betriebswirtschaft, Stuttgart, 4.Auflage, Sp.636-654

Herberg, Horst (1981), Gesamtwirtschaftliche Auswirkungen der Ölkrisen, in: Wirtschaftswissenschaftliches Studium, 10.Jg., Nr.8, S.359-366

Heuer, Roland **Schmitt**, Dieter und **Schulz**, Walter (1989), Daten zur Kosten- und Ertragslage der Mineralölindustrie in der Bundesrepublik Deutschland im Jahre 1988, in: Zeitschrift für Energiewirtschaft, 13.Jg., Nr.2, S.73-83

Hielle, Ingrid (1987), Die OPEC: Ursprung und Geschichte des Gegenkartells, in: **Buddenberg**, Hellmuth (Hrsg.), Umbrüche - Neue Strukturen in Wirtschaft und Gesellschaft, Herford, S.171-246

Hölker, Franz-Josef und **Raudszus**, Frank (1985), Die Konzentration in der Energiewirtschaft, Frankfurt - New York

Issel, M. (1972), Die Bedeutung von Produktrohrleitungen, Münster (Dissertation)

Jacob, Herbert (1985), Preisbildung und -wettbewerb in der Industriewirtschaft - Eine empirische Untersuchung, Köln - Berlin - Bonn - München

Jönck, Uwe (1975), Rohstoffsicherung und langfristige Unternehmensstrategie, in: Betriebswirtschaftliche Forschung und Praxis, 27.Jg., Nr.4, S.309-316

Jürgensen, Harald (1972), Entwicklungstendenzen im Mineralölverkehr, Göttingen

Jürgensen, Harald (1977), Mineralölmärkte ohne Gleichgewicht, in: Wirtschaftsdienst, 57.Jg., Nr.8, S.409-414

Jürgensen, Harald (1978), Mineralölmärkte ohne Gleichgewicht -Abhilfen und kein Ende, in: Hamburger Jahrbuch für Wirtschafts-und Gesellschaftspolitik, Bd.23, Tübingen, S.97-107

Jürgensen, Harald (1980), Die Auswirkungen alternativer Abschöpfungen von "Windfall Profits" auf den Wettbewerb bei Mineralölerzeugnissen und die Höhe der gewinnbaren Reserven, in: **Siebert**, Horst (Hrsg.), Erschöpfbare Ressourcen, Berlin, S.571-588

Jürgensen, Harald (1984), Mineralölindustrie, in: **Oberender**, Peter, Marktstruktur und Wettbewerb in der Bundesrepublik Deutschland, München, S.139-168

Jung, H. (1973), Raffinerie und Petrochemie im Verbund, in: Oel, 11.Jg., Nr.2, S.34-38

Kantzenbach, Erhard (1967), Die Funktionsfähigkeit des Wettbewerbs, Göttingen, 2.Auflage

Kantzenbach, Erhard (1984), Internationaler Wettbewerb und nationale Zusammenschlußkontrolle, in: **Aldrup**, Dieter, **Berg**, Hartmut und **Kantzenbach**, Erhard (Hrsg.), Weltwirtschaft und nationale Wirtschaftspolitik - Strukturprobleme der achtziger Jahre, Jahrbuch für Sozialwissenschaft, Bd.25, Nr.2/3, Göttingen, S.443-458

Kaufer, Erich (1980), Industrieökonomik, München

Klaue, Siegfried (1987), Einige Bemerkungen zur Marktstruktur und zum Marktverhalten in der Mineralölwirtschaft, in: Mineralöl, 35.Jg., Nr.9, S.181-191

Klümper, H. und **Walbe**, R. (1979), Mineralölprodukte aus Speyer - Die Erweiterung der Erdoel-Raffinerie Speyer, in: Oel, 17.Jg., Nr.3, S.68-74

Knopf, Hans Jürgen (1968), Scholven-Chemie AG - Raffinerie und Petrochemie im Verbund, in: Oel, 6.Jg., Nr.2, S.36-39

Kohlmorgen, Thomas (1977), Rotterdams Rolle in der deutschen Ölversorgung, in: Oel, 15.Jg., Nr.10, S.284-287

Kohlmorgen, Thomas (1978), Planungsprobleme in einem integrierten Mineralölunternehmen, in: **Energiewirtschaftliches Institut** (Hrsg.),Planung in der Energiewirtschaft, München , S.114-127

Koutsoyannis, A. (1979), Modern Microeconomics, London - Basingstoke, 2. Auflage

Krämer, Ulrich (1981), Mineralölwerk Grasbrook erweitert, in: Oel, 19.Jg., Nr.12, S.330-332

Kruse, Jörn (1985), Ökonomie der Monopolregulierung, Hamburg

Küting, Karlheinz und **Schubert**, Werner (1981), Unternehmenszusammenschlüsse, München

Kuper, H. (1982), Künftige Rohstoffversorgung für Olefinanlagen in Westeuropa, in: Erdöl und Kohle - Erdgas - Petrochemie, 35.Jg., Nr.3, S.119-123

Layer, Manfred (1979), Kapazität: Begriff, Arten und Messung, in: **Kern**, Werner (Hrsg.), Handwörterbuch der Produktionswirtschaft, Stuttgart, Sp.871-882

Lefeldt, Mathias (1982), Zur Neuordnung der Mineralölstatistik, in: Oel, 20.Jg., Nr.4, S.99-103

Ludewig, Johannes (1977), Der Rotterdamer Markt, in: Oel, 15.Jg., Nr.6, S.164-166

Männel, Wolfgang (1979), Verbundwirtschaft, in: **Kern**, Werner (Hrsg.), Handwörterbuch der Produktionswirtschaft, Stuttgart, Sp.2077-2093

Marquardt, Klaus (1983), Auf den Spuren der Ölkrise - eine Weltindustrie verändert ihre Strukturen, in: **Jahrbuch für Bergbau, Energie, Mineralöl und Chemie**, Essen, S.5-39

Meyerhöfer, Walter (1979), Die Vertriebsstrukturen auf dem Mineralölmarkt der Bundesrepublik Deutschland, Berlin - München

Meyer-Renschhausen, Martin (1982), Differentialrenten in der westdeutschen Erdöl- und Erdgasgewinnungsindustrie, in: Wirtschaftsdienst, 62.Jg., Nr.5, S.248-253

Mitchell, Eduard J. (1976), The Case of Vertical Integration, in: **Markun**, P. (Hrsg.), The Future of American Oil, S.133-179

Mobil Oil AG (1973-88), Geschäftsberichte, Hamburg

Möglich, Klaus (1977), Öl-Bazar Rotterdam, in: Esso-Magazin, 29.Jg., Nr.2, S.3-9

Moell, Hans (1977), Die Rohstoff- und Energieversorgung der BASF, in: Oel, 15.Jg., Nr.6, S.166-168

Mönig, Walter, **Schmitt**, Dieter, **Schneider**, Hans-Karl und **Schürmann**, Heinz-Jürgen (1977), Konzentration und Wettbewerb in der Energiewirtschaft, München

Monopolkommission (1975), Sondergutachten Nr.2: Wettbewerbliche und strukturelle Aspekte einer Zusammenfassung von Unternehmen im Energiebereich (Veba-Gelsenberg), Baden-Baden

Monopolkommission (1976), Mehr Wettbewerb ist möglich, Hauptgutachten 1973/75, Baden-Baden

Monopolkommission (1979), Sondergutachten Nr.8: Zusammenschlußvorhaben der Deutschen BP AG und der Veba AG, Baden-Baden

Monopolkommission (1982), Fortschritte bei der Konzentrationserfassung, Hauptgutachten 1980/81, Baden-Baden

Monopolkommission (1986), Gesamtwirtschaftliche Chancen und Risiken wachsender Unternehmensgrößen, Hauptgutachten 1984/85, Baden-Baden

Müller, Heiko (1971), Die Bedeutung der europäischen Küsten als Standorte der Mineralölraffinerien, Köln (Dissertation)

Müller, Klaus Walter (1982), Preisbildung auf dem Mineralölmarkt, in: Zeitschrift für Energiewirtschaft, 6.Jg., Nr.2, S.108-113

Müller, Michael (1987), Anpassung der Mineralölverabeitung der Bundesrepublik Deutschland an die Produktennachfrage des Jahres 2000 - Eine modellgestützte Analyse, Jülich (Dissertation)

Müller, Walter (1978), Erdölraffinerie Emsland, in: Oel, 16.Jg., Nr.7, S.181-188

Müller-Michaelis, Wolfgang (1979), Anpassungsbemühungen der Mineralölindustrie durch den Bau von Konversionsanlagen, in: Zeitschrift für Energiewirtschaft, 3.Jg., Nr.2, S.118-122

Müller-Michaelis, Wolfgang und **Schmid**, Jürgen (1984), Unternehmenspolitische Anpassungsstrategien in der Mineralölindustrie, in: Zeitschrift für Energiewirtschaft, 8.Jg., Nr.4, S.239-244

Müller-Michaelis, Wolfgang (1986), Der Stellenwert des Mineralöls in der Energieversorgung in langfristiger Perspektive unter Berücksichtigung der Umbrüche am internationalen Ölmarkt, Vortrag an der Universität Oldenburg vom 15.12.

Müller-Michaelis, Wolfgang (1987), Der Umbruch auf den Welt- energiemärkten und unternehmenspolitische Anpassungsstrategien, in: **Buddenberg**, Hellmuth (Hrsg.), Umbrüche - Neue Strukturen in Wirtschaft und Gesellschaft, Herford, S.283-310

MWV (1973-1988a), Jahresberichte, Hamburg

MWV (1982-1988b), Mineralölzahlen, Hamburg

MWV (1980), Mineralöl im Transportmarkt, Hamburg

MWV (1984), Mineralöl und Umweltschutz, Hamburg, 2.Auflage

MWV (1985), Mineralöl und Raffinerien, Hamburg

MWV (1987), Nationale Alleingänge im Umweltschutz gefährden die inländische Mineralölindustrie, Hamburg

Nagel, Dieter (1968), Die ökonomische Bedeutung der Mineralölpipelines, **Shell** (Hrsg.), Hamburg

Neu, Axel (1985), Anpassungen des Energieverbrauchs in den Industrieländern, in: **Giersch**, Herbert (Hrsg.), Die Weltwirtschaft, Tübingen, Nr.1, S.160-180

Oil and Gas Journal (1973-1988), Worldwide Refining

Oschmann, Fritz (1978), Möglichkeiten und Grenzen der Rohölversorgung von außerhalb der OPEC, in: Oel, 16.Jg., Nr.5, S.126-128

Ossenbrink, Friedrich (1974), Die Erdöl-Raffinerie Mannheim, in: Oel, 12.Jg., Nr.5, S.120-125

Otremba, Walther (1980), Marktzugangsbeschränkungen als Problem der Wettbewerbspolitik, Düsseldorf

Paetow, Holger (1985), Die Entwicklung der Mineralölindustrie und deren Auswirkungen auf die Beschäftigung, in: WSI-Mitteilungen, 38.Jg., Nr.11, S.675-685

Panzar, John und **Willig**, Robert (1977), Economies of Scale in multi-output Production, in: The Quarterly Journal of Economics, 91.Jg., Nr.3, S.481-493

Panzar, John und **Willig**, Robert (1981), Economies of Scope, in: The American Economic Review, 71.Jg., Nr.2, S.268-272

Pass, Fritz (1982), Verarbeitung von Rohöl - Raffinerietechnik, in: **Brecht**, Christoph, v. **Gratkowski**, Wolf, **Kuhlmann**, Bernhard, **Spöker**, Hermann und **Pass**, Fritz (Hrsg.), Gewinnung und Transport von Erdöl und Erdgas, und Verarbeitung von Erdöl (Raffinerietechnik), München - Wien, S.48-157

Petroguide Ltd. (1985), Petroguide, London

Picot, Arnold (1982), Der Transaktionskostenansatz in der Organisationstheorie, in: Die Betriebswirtschaft, 42.Jg., Nr.2, S.267-284

Prentzel, Felix Alexander (1971), Aspekte der langfristigen Rohstoffversorgung in der chemischen Industrie, in: **Friedrich-Ebert-Stiftung** (Hrsg.), Mineralische Rohstoffwirtschaft, Bonn -Bad Godesberg, S.61-68

Rauscher, Michael und **Siebert**, Horst (1985), Die vertikale Integration erdölexportierender Länder, Konstanz

Rehfeld, Dieter (1986), Bestimmungsfaktoren der Energiepolitik in der Bundesrepublik Deutschland, Frankfurt

Repenning, Klaus (1966), Aromaten aus Erdöl, in: Oel, 4.Jg., Nr.2, S.36-41

Repenning, Klaus (1969), Petrochemie in Deutschland - Gedanken zum künftigen Wachstum unter technischen und wirtschaftlichen Aspekten, in: Oel, 7.Jg., Nr.2, S.34-37

Richardson, G.B.(1972), The Organization of Industry, in: The Economic Journal, 82.Jg., Nr.327, S.883-896

Riebel, Paul (1955), Die Kuppelproduktion - Betriebs- und Marktprobleme, Köln - Opladen

Riebel, Paul (1979), Kuppelproduktion, in: **Kern**, Werner (Hrsg.), Handwörterbuch der Produktionswirtschaft, Stuttgart, Sp.1009-1022

Riebel, Paul (1983), Kuppelproduktion und -kalkulation, in: **Verlag Moderne Industrie** (Hrsg.), Managementenzyklopädie, Landsberg/Lech, 2.Auflage, S.875-900

Riediger, Bruno (1971), Die Verarbeitung des Erdöls, Berlin - Heidelberg - New York

Riffel, Egon (1971), Die Mineralölwirtschaft in der Bundesrepublik Deutschland, in: **Meynen**, E. (Hrsg.), Geographisches Taschenbuch, Wiesbaden, S.79-101

Ritzer, Hermann (1982), Auswirkungen einer veränderten Rohstoffbasis auf die Produktion in Olefin-Anlagen, in: Erdöl und Kohle - Erdgas - Petrochemie, 35.Jg., Nr.3, S.124-128

Roedenbeck, Heinz (1974), Kosten und Ertrag - Eine Betrachtung zur Situation in der Mineralölindustrie der Bundesrepublik Deutschland, in: Oel, 12.Jg., Nr.2, S.36-39

Rühl, Walter (1981), Erdöl und Erdgas, in: **Bischoff**, Gerhard und **Gocht**, Werner (Hrsg.), Energiehandbuch, Braunschweig, 4.Auflage, S.120-182

Rummert, Hans-Joachim (1983), Trendwende auf dem Ölmarkt?, in: Glückauf, 119.Jg., Nr.9, S.444-448

Rummert, Hans-Joachim (1986a), Konfrontation auf dem Weltölmarkt, in: Glückauf, 122.Jg., Nr.5, S.380-387

Rummert, Hans-Joachim (1986b), Ölpreiszyklus und langfristige Energieversorgung, in: Glückauf, 122.Jg., Nr.10, S.672-676

RWE-DEA Mineralöl und Chemie AG (1988), Geschäftsberichte, Hamburg

Sachverständigenrat zur Begutachtung der gesamtwirtschaftlichen Entwicklung (1983), Gegen Pessimismus, Jahresgutachten 1982/82, Stuttgart - Mainz

Sammet, Rolf (1981), Die Energiesituation in den 80er und 90er Jahren aus der Sicht der chemischen Industrie, in: **Gemper**, Bodo (Hrsg.), Energieversorgung, München, S.243-249

Scharpenberg, K. (1965), Condea Brunsbüttel, in: Oel, 3.Jg., Nr.12, S.440-443

Schaufuss, Joachim (1985), Frankreich - Raffinerien sterben langsamer als in den Nachbarländern, in: Die Welt vom 10.9.

Scherer, Frederic (1980), Industrial Market Structure and Economic Performance, Boston

Schiffer, Hans Wilhelm (1979), Der französische Mineralölmarkt, in: Glückauf, 115.Jg., Nr.7, S.305-313

Schiffer, Hans Wilhelm (1980a), Das belgische Ölpreissystem, in: Oel, 18.Jg., Nr.9, S.238-241

Schiffer, Hans Wilhelm (1980b), Preissysteme und Preisentwicklung für Mineralölprodukte im EG-Vergleich, in: Oel, 18.Jg., Nr.10, S.270-277

Schiffer, Hans Wilhelm (1981a), Internationaler Vergleich von Mineralölmarktstrukturen und -politiken - Vergleich zwischen den Ölmärkten der Bundesrepublik Deutschland, Frankreichs, Großbritanniens und Italiens, in: Zeitschrift für Energiewirtschaft, 5.Jg., Nr.1, S.12-29

Schiffer, Hans Wilhelm (1981b), Bedeutung und Funktion der Spotmärkte für die Ölversorgung, in: Glückauf, 117.Jg., Nr.1, S.47-54

Schiffer, Hans Wilhelm (1982), Preissysteme und Preisentwicklung für Mineralölerzeugnisse im internationalen Vergleich, in: Zeitschrift für Energiewirtschaft, 6.Jg., Nr.2, S.96-107

Schiffer, Hans Wilhelm (1984), Trendwende im Energieverbrauch, in: **Schmitt**, Dieter (Hrsg.), Der Energiemarkt im Wandel - Zehn Jahre nach der Ölkrise, München, S.36-85

Schmidt, Frank (1985), Trotz Rationalisierung noch immer "rote Zahlen", Vortrag anläßlich der Jahrespressekonferenz des MWV am 14.5., Hamburg

Schmitt, Dieter (1980), Wie entwickeln sich die Ölpreise?, in: Wirtschaftsdienst, 60.Jg.1980, Nr.3, S.127-131

Schmitt, Dieter und **Schürmann** Heinz-Jürgen (1981), Grundsatzüberlegungen zur Abschöpfung von Windfall-Profits, in: Wirtschaftsdienst, 61.Jg., Nr.8, S.378-381

Schmitt, Dieter und **Schürmann**, Heinz-Jürgen (1982), Kosten - Preise - Gewinne in der Mineralölindustrie, in: Jahrbuch für Sozialwissenschaft, 33.Jg., Nr.1, S.29-49

Schneider, Hans-Karl (1975), Zur Ökonomik der Rohölpreisbildung, in: Betriebswirtschaftliche Forschung und Praxis, 27.Jg., Nr.4, S.344-356

Schneider, Hans-Karl (1976), Entwicklungsprobleme des Welterdölmarktes, in: **Giersch**, Herbert (Hrsg.), Die Versorgung der Weltwirtschaft mit Rohstoffen, Berlin, S.56-73

Schönfellinger, Hanns (1978), Das Erdöl und seine Produkte in der Energiewirtschaft, in: **Bauer**, L. (Hrsg.), Aktuelle Probleme der Energiewirtschaft, Wien, S.66-79

Schöttler, Bodo (1971), Maßnahmen zur Kostensenkung in der Mineralölverarbeitung und im Vertrieb von Mineralölprodukten, Köln (Dissertation)

Schürmann, Heinz-Jürgen (1980), Multinationale Energieunternehmen und ihre energiepolitische Beurteilung, München

Schürmann, Heinz-Jürgen (1981), Veba und Deminex: Konzentration deutscher Energie- und Ölinteressen - eine Zwischenbilanz, in: Glückauf, 117.Jg., Nr.8, S.461-473

Schürmann, Heinz-Jürgen (1982), Unternehmensinterne Subventionspotentiale im Mineralölsektor: Kontroverse Bewertung und ölpolitische Schlußfolgerungen, in: Zeitschrft für Energiewirtschaft, 6.Jg., Nr.2, S.114-118

Schürmann, Heinz-Jürgen (1983a), Strukturkrise im Mineralölsektor der Bundesrepublik Deutschland, in: Glückauf, 119.Jg., Nr.3, S.129-133

Schürmann, Heinz-Jürgen (1983b), Neuorientierungen im internationalen Ölbereich und Konsequenzen für den deutschen Mineralölmarkt, in: Zeitschrift für Energiewirtschaft, 7.Jg., Nr.2, S.136-147

Schürmann, Heinz-Jürgen (1984a), Anpassungsprozesse auf den deutschen Ölmärkten unter besonderer Berücksichtigung der internationalen Marktzusammenhänge, München

Schürmann, Heinz-Jürgen (1984b), Der Ölmarkt im Umbruch, in: **Schmitt**, Dieter (Hrsg.), Der Energiemarkt im Wandel - 10 Jahre nach der Ölkrise, München S.3-35

Schürmann, Heinz-Jürgen (1984c), Konsolidierung der Ölmärkte? -Anmerkungen zu einer Studie, in: Zeitschrift für Energiewirtschaft, 8.Jg., Nr.1, S.43-52

Schürmann, Heinz-Jürgen (1985a), "Weg vom Öl" - Eine Fehlentscheidung?, in: Bild der Wissenschaft, Nr.7, S.92-98

Schürmann, Heinz-Jürgen (1985b), Strukturwandel in der Mineralölwirtschaft - politische Handlungszwänge, in: Heizöl und Kohle, Nr.6, S.2-8

Schürmann, Heinz-Jürgen (1985c), Gefährdet das internationale Umfeld die nationalen Anpassungsprozesse der Mineralölindustrie?, in: Zeitschrift für Energiewirtschaft, 9.Jg., Nr.1, S.43-50

Schürmann, Heinz-Jürgen (1985d), Deutsche Mineralölverarbeitungsindustrie: Strukturkrise ohne Ende?, in: Glückauf, 121.Jg., Nr.21, S.1666-1673

Schürmann, Heinz-Jürgen (1986), Entwicklungstendenzen in der Energieversorgung - ein aktueller Rückblick und ein offener Vorblick, in: Zeitschrift für Energiewirtschaft, 10.Jg., Nr.4, S.235-249

Schürmann, Heinz-Jürgen (1987), Newcomer in der Mineralölverarbeitung, in: Handelsblatt vom 17.9.

Schulze-Trautmann, Helmuth (1981), Wandlungen in der Raffineriestruktur der deutschen BP, in: Oel, 19.Jg., Nr.6, S.150-156

Seidenfus, Hellmuth St. (1977), Internationale Preis- und Wettbewerbsverzerrungen im Energiesektor, in: **Energiewirtschaftliches Institut** (Hrsg.), Preisbildung in der Energiewirtschaft, München, S.222-241

Shell (1981), Absatz- und Versorgungsstruktur in Süddeutschland/Konsequenzen für unsere Raffinerie Ingolstadt, unveröffentlichtes Mitarbeiterrundschreiben vom 14.10., Hamburg

Shell (1985a), Weltenergie - Daten und Fakten, Hamburg

Shell (1985b), Die Zukunftsaussichten der Petrochemie, Hamburg

Shell (1986), Mineralöl und OPEC, Hamburg

Shell (1987), Der Ölpreis, Hamburg

Shell (1989a), Transportgut Öl, Hamburg

Shell (1989b), Grenzen der Motorisierung in Sicht - Shell-Prognose des PKW-Bestandes bis zum Jahr 2010, Hamburg

Siebert, Max (1979), Raffinerien passen sich an - Beispiel: Raffinerie Wörth der Mobil Oil AG, in: Oel, 17.Jg., Nr.1, S.6-10

Sigloch, Jochen (1974), Unternehmenswachstum durch Fusion, Berlin

Singer, Adolf (1972), Raffinerie Neustadt im Ausbau, in: Oel, 10.Jg., Nr.11, S.302-307

Stange, Karl (1982), Die Petrochemie in den achtziger Jahren -Welche Fehler gilt es zu vermeiden?, in: Oel, Nr.3, S.60-66

Stolpa, Gerhard (1978), Neue Ausbauphase bei der EC-Erdölchemie, in: Oel, Nr.2, S.32-38

Streck, Wolf Rüdiger (1984), Chemische Industrie, Berlin - München

Streicher, Heinz (1963), Raffineriestandorte und Rohrleitungspolitik, Hamburg

Stümke, Wilhelm (1981), Strategische Planung bei der Deutschen Shell AG, in: **Steinmann**, Heinz (Hrsg.), Planung und Kontrolle, München, S.331-347

Sundhoff, Edmund (1968), Preis- und Mengenpolitik bei verbundener Produktion, in: **Sundhoff**, Edmund (Hrsg.), Distributionswirtschaft, Köln - Opladen, S.301-358

Teece, David (1976), Vertical Integration in the US Oil Industry, in: **Mitchell**, Edward (Hrsg.), Vertical Integration in the Oil Industry, Washington, S.105-189

Torrens, Ian (1981), Chancing Structures in the World Oil Market, Paris

Tuchtfeldt, Egon (1964), Engpässe und Überkapazitäten als Problem der Strukturpolitik, in: **Ohm**, Hans (Hrsg.), Methoden und Probleme der Wirtschaftspolitik, Berlin, S.101-122

Turner, F. C. (1969), Zur Bewertung von Rohölen, in: Oel, 7.Jg., Nr.12, S.378-385

Unger, Laszlo (1981), Vom Massenerzeugnis zur Spezialität: Ein Weg zur Rentabilität - Eine Studie über Industriestrategie - aufgezeigt am Beispiel der chemischen Industrie, in: Chemische Industrie, 33.Jg., Nr.8, S.465-467 und Nr.10, S.612-615

Union Rheinische Braunkohlen Kraftstoff AG (1973-1988), Geschäftsberichte, Wesseling

VCI (1973-1988a), Jahresberichte, Frankfurt

VCI (1973-1988b), Chemiewirtschaft in Zahlen, Frankfurt

VEBA OEL AG (1973-1988), Geschäftsberichte, Gelsenkirchen

Verboom, Eeuwout (1987), Das Prognoseproblem bei Investitions- und Desinvestitionsentscheidungen in der Mineralölwirtschaft, in: **Adam**, Dietrich (Hrsg.), Neuere Entwicklungen in der Produktions- und Investitionspolitik, Wiesbaden, S.317-332

o.V. (1963), Raffineriezentrum Straßburg, in: Oel, 1.Jg., Nr.12, S.242-243

o.V. (1971a), Shell Worms, in: Oel, 9.Jg., Nr.8, S.243

o.V. (1971b), Shell Ingolstadt auf 8,5 Mio t, in: Oel, 9.Jg., Nr.9, S.273

o.V. (1971c), Vorausschätzung der westdeutschen Rohöl-Verarbeitungskapazität, in: Oel, 9.Jg., Nr.6, S.181

o.V. (1972a), BP geht nach Germersheim, in: Oel, 10.Jg., Nr.3, S.59

o.V. (1972b), Esso modernisierte Hamburger Raffinerie, in: Oel, Nr.10, S.270-271

o.V. (1972c), Texaco hat Bayern im Auge, in: Oel, 10.Jg., Nr.5, S.146

o.V. (1972d), Die Lücke wird größer, weniger Raffineriekapazität - mehr Produkten-Importe, in: Oel, 10.Jg., Nr.9, S.252-253

o.V. (1973), Erweiterungen der Raffinerie Heide, in: Oel, 11.Jg., Nr.7, S.193-196

o.V. (1974-82), Übersicht über die wichtigsten Erzeuger petrochemischer Vorprodukte in der Bundesrepublik, in: Oel, verschiedene Jahrgänge

o.V. (1976), BASF sieht Naphta-Engpaß, in: Europe Oil Telegram, 14.Jg., Nr.43, S.6

o.V. (1977a), Erdölchemie plant Petrochemie in Dinslaken, in: Erdöl und Kohle, Erdgas, Petrochemie, 30.Jg., Nr.2, S.100

o.V. (1977b), Bomin kauft Frisia-Raffinerie von Veba, in: Europe Oil telegram, 15.Jg., Nr.32, S.2

o.V. (1977c), Esso-Chemie baut aus, in: Oel, 15.Jg., Nr.5, S.134-135

o.V. (1978a), Mehr Nachverarbeitung in Neustadt, in: Oel, 16.Jg., Nr.6, S.162-163

o.V. (1978b), Mobil auf dem Weg in die achtziger Jahre, in: Oel, 16.Jg., Nr.12, S.334-337

o.V. (1978c), Hydrocracker für Lingen, in: Oel, 16.Jg., Nr.4, S.105-106

o.V. (1979a), Mehr leichte Produkte aus Wilhelmshaven - Mobil-Programm zur Erweiterung der Konversion, in: Oel, 17.Jg., Nr.11, S.305-309

o.V. (1979b), OMW-Ausbau in Karlsruhe - Verbesserung der Verarbeitungsstruktur, in: Oel, 17.Jg., Nr.7, S.185-189

o.V. (1979c), Veba: 165 Mio DM für Modernisierung und Ausbau in Gelsenkirchen-Horst, in: Europe Oil Telegram, 17.Jg., Nr.21, S.2

o.V. (1980a), Konversionsanlage für Elf-Raffinerie Speyer, in: Europe Oil Telegram, 18.Jg., Nr.59, S.2

o.V. (1980b), Umbau der BP-Raffinerie Finkenwerder, in: Europe Oil Telegram, 18.Jg., Nr.72, S.4a

o.V. (1980c), Deutsche Shell baut Konversionsanlage in der Raffinerie Godorf, in: Europe Oil telegram, 18.Jg., Nr.9, S.1

o.V. (1980d), Raffinerie Reichstett-Vendenheim wird ausgebaut, in: Europe Oil Telegram, 18.Jg., Nr.22, S.5

o.V. (1980e), Shell drosselt Durchsatz, in: Europe Oil Telegram, 18.Jg., Nr. 59, S.4

o.V. (1981a), Caltex: Gasölentschwefelung wird nicht gebaut, in: Europe Oil Telegram, 19.Jg., Nr.38, S.1

o.V. (1981b), Esso schließt Raffinerie Köln, in: Europe Oil Telegram, 19.Jg., Nr.92, S.1

o.V. (1981c), Deutsche tanken am günstigsten, in: Europe Oil Telegram, 19.Jg., Nr.82, S.8

o.V. (1981d), Ausdünnen ohne Störung, in: Wirtschaftswoche, 35.Jg., Nr.31, S.16-18

o.V. (1981e), Auf der Exportwoge, in: Wirtschaftswoche, 35.Jg., Nr.36, S.92-96

o.V. (1981f), Shell schließt Raffinerie Ingolstadt - Lohnverarbeitungsabkommen mit BP und ERIAG, in: Erdölinformationsdienst, 35.Jg., Nr.16, S.1

o.V. (1982a), Ruin oder Renaissance der Petrochemie, in: Industriemagazin, 13.Jg., Nr.6, S.16-20

o.V. (1982b), Deutsche BP stoppt Rohölverarbeitung in Dinslaken, in: Europe Oil Telegram, 20.Jg., Nr.13, S.2

o.V. (1982c), Neues Konzept für Raffinerie Speyer, in: Europe Oil Telegram, 20.Jg., Nr. 11, S.6

o.V. (1982d), Mobil schließt Raffinerie Amsterdam, in: Europe Oil Telegram, 20.Jg., Nr.36, S.6

o.V. (1982e), Rohölverarbeitung bei Shell-Ingolstadt eingestellt, in: Europe Oil Telegram, 20.Jg., Nr.38, S.2

o.V. (1982f), Deutsche Shell will Beteiligung an Raffinerie Reichstett aufgeben, in: Europe Oil Telegram, 20.Jg., Nr.49, S.8

o.V. (1982g), Einstellung der Rohölverarbeitung bei Caltex-Raunheim, in: Europe Oil Telegram, 20.Jg., Nr.38, S.1

o.V. (1982h), Veba Oel: Lohnverarbeitung für Saarberg - Kooperation mit Petroven, in: Europe Oil Telegram, 20.Jg., Nr.67, S.2

o.V. (1982i), Kernproblem hohe Überkapazitäten/Rheinschiffahrt - Partikuliere verschärfen den Wettbewerb, in: Die Welt vom 27.11.

o.V. (1982k), Special Petrochemie: Im Tal des Jammers, in: Wirtschaftswoche, 36.Jg., Nr.37, S.96-106

o.V. (1983a), Shell-Francaise übernimmt deutschen Reichstett-Anteil, in: Erdölinformationsdienst, 37.Jg., Nr.32, S.3

o.V. (1983b), Weitere Kapazitätsreduzierung bei Wintershall in Mannheim, in: Europe Oil Telegram, 21.Jg., Nr.60, S.4

o.V. (1983c), Raffinerien - Ein Tief folgt dem anderen, in: Wirtschaftswoche, 37.Jg., Nr.26, S.110

o.V. (1983d), Texaco übernimmt Raffinerie- und Vertriebsaktivitäten der Chevron, in: Europe Oil Telegram, 21.Jg., Nr.75, S.2-4

o.V. (1983e), UK Wesseling wieder ganz bei Rheinbraun, in: Europe Oil Telegram, 21.Jg., Nr.99, S.8

o.V. (1984a), Esso: Mit dem Coker zur Wiedergesundung, in: Europe Oil Telegram, 22.Jg., Nr.59/60, S.10

o.V. (1984b), Im Jet-Stream, in: Der Spiegel, 38.Jg., Nr.28, S.36

o.V. (1984c), Voraussichtliche Entwicklung der Mineralölverarbeitung in Westeuropa, in: Annuaire Europeen du Petrole, Hamburg, S.1/21-1/26

o.V. (1984d), Deutsche Texaco: 6% Absatzwachstum durch Chevron-Übernahme, in: Europe Oil Telegram, 22.Jg., Nr.55, S.5-6

o.V. (1985a), Zur Lage der mineralölverarbeitenden Industrie in der Bundesrepublik Deutschland, in: Erdöl und Kohle - Ergas - Petrochemie, 39.Jg., Nr.6, S.256-257

o.V. (1985b), Ungestillter Durst, in: Wirtschaftswoche, 39.Jg., Nr.38, S.46-60

o.V. (1985c), Deutsche BP: Vom größten Raffineur zum Handelsunternehmen - British Petroleum stützt Umstrukturierung mit 500 Mio DM, in: Europe Oil Telegram, 23.Jg., Nr.10/11, S.3

o.V. (1985d), Esso-Chemie: Schließung der Ethylen- und Olefinanlage in Köln, in: Europe Oil Telegram, 23.Jg., Nr.69, S.2

o.V. (1985e), Shell-Raffinerie Godorf: Kooperation mit BASF, in: Europe Oil Telegram, 23.Jg., Nr.76, S.6

o.V. (1985f), Caltex-Raunheim macht dicht, in: Europe Oil Telegram, 23.Jg., Nr.96, S.2

o.V. (1985g), Veba verstärkt Kooperation mit Venezuela, in: Europe Oil Telegram, 23.Jg., Nr.84, S.1-3

o.V. (1985h), Wandel am Rohöl- und Produktenmarkt, in: Europe Oil Telegram, 23.Jg., Nr.82, S.4

o.V. (1986a), Ölpreise - Sprünge ins Ungewisse, in: Wirtschaftswoche, 40.Jg., Nr.16, S.14-20

o.V. (1986b), Miniriese mit Profil - Kuwait Petroleum, in: Wirtschaftswoche, 40.Jg., Nr.40, S.160-163

o.V. (1986c), Deutsche Texaco übernimmt alle Geschäftsanteile der Condea, in: Europe Oil Telegram, 24.Jg., Nr.107, S.5

o.V. (1986d), Hoechst beendet Abnahmen bei Caltex, in: Europe Oil Telegram, 22.Jg., Nr.3, S.6

o.V. (1986e), Elf: Lohnverarbeitung bei Mobil Oil in Wörth, in: Erdölinformationsdienst, 40.Jg., Nr.40, S.8

o.V. (1986f), Abbau bei Deurag-Nerag - Künftig Rohölumschlag für Hamburg, in: Europe Oil Telegram, 24.Jg., Nr.8, S.2

o.V. (1986g), Rätselraten um Raffinerie Wilhelmshaven dauert an, in: Europe Oil Telegram, 24.Jg., Nr.37/38, S.3

o.V. (1986h), Wintershall baut eine Vakuumdestillationsanlage, in: Europe Oil Telegram, 24.Jg., Nr.82, S.4

o.V. (1987a), Mit nuovo espiro - Wirtschaftlicher Raffinerieverbund, in: Industriemagazin, 18.Jg., Nr.4, S.107-110

o.V. (1987b), Visbreaker in der Texaco-Raffinerie Heide in Betrieb, in: Europe Oil Telegram, 25.Jg., Nr.71, S.1

o.V. (1987c), Saudi-Arabien an europäischen Raffinerien interessiert, in: Europe Oil Telegram, 25.Jg., Nr.87, S.8

o.V. (1987d), Shell-Bitumenproduktion nach Godorf und Hamburg verlagert, in: Europe Oil Telegram, 25.Jg., Nr.81, S.3

o.V. (1987e), Die Versorgung des deutschen Mineralölmarktes durch Raffineure und Handelsgesellschaften, in: Erdölinformationsdienst, 41.Jg., Nr.26, S.6-7

o.V. (1988a), Die Not mit raffinierten Verlusten, in: Industriemagazin, 19.Jg., Nr.6, S.120-133

o.V. (1988b), Holborn bringt Probleme für Importhandel und Lagerhalter, in: Europe Oil Telegram, 26.Jg., Nr.80, S.1

o.V. (1988c), Drückende Überkapazitäten auch bei den Schmierstoffproduzenten, in: Erdölinformationsdienst, 42.Jg., Nr.41, S.7-9

o.V. (1988d), Shell-Raffinerie Hamburg-Harburg zunächst weiter im Betrieb, in: Europe Oil Telegram, 26.Jg., Nr. 48, S.4

o.V. (1988e), Gesteigerte Schlagkraft durch den Texaco-Kauf, in: Handelsblatt vom 6.7.

o.V. (1988f), DEA - die neue RWE-Mineralölmarke, in: Europe Oil Telegram, 26.Jg., Nr.104, S.1-4

o.V. (1988g), Vertrag Mobil Oil/Veba Oel unterzeichnet, in: Europe Oil Telegram, 26.Jg., Nr. 90, S.6

o.V. (1988h), Stromriese RWE greift nach Texaco, in: Der Spiegel, 42.Jg., Nr.18, S.112-115

o.V. (1989), Raffinerie Wilhelmshaven steht weiter zum Verkauf, in: Europe Oil Telegram, 27.Jg., Nr.57, S.5

Wallmann, Karl Gerhard (1969), Wirtschaftliche Methoden der Investitionsplanung - einschließlich Standortplanung - in der mineralölverarbeitenden Industrie, München

Wanner, Heinrich (1988), Rheinschiffahrt abseits einer Koordination - Weitreichende Wettbewerbsverzerrungen, in: Neue Zürcher Zeitung vom 24.8.

Watermann, Heinz-Richard (1982), Freie Fahrt seit mehr als 100 Jahren, in: Das Parlament vom 4.9.

Welbergen, Johannes C. (1975), Staatliche Zielvorgaben und einzelwirtschaftliche Entscheidungen, in: **Energiewirtschaftliches Institut** (Hrsg.), Neuorientierungen in der Energiewirtschaft, München, S.85-104

Welbergen, Johannes C. (1978), Mineralölwirtschaft in der Entscheidung - Optionen für die Zukunft?, in: Zeitschrift für Energiewirtschaft, 2.Jg., Nr.3, S.196-204

Welbergen, Johannes C. (1980), Gefahren für zukünftige Investitionen uund unternehmerische Risikobereitschaft durch fiskalische Interventionen, in: **Siebert**, Horst (Hrsg.), Erschöpfbare Ressourcen, Berlin, S.561-570

Williamson, Oliver (1971), The Vertical integration of Production: Market Failure Considerations, in: The American Economic Review, 61.Jg., Nr.2, S.112-123

Williamson, Oliver (1979), Transaction Cost Economics: The Gouvernance of Contractual Relations, in: Journal of Law and Economics, 22.Jg., S.233-261

Williamson, Oliver (1985), The Economic Institutions of Capitalism - Firms, Markets, Relational Contracting, New York - London

Willms, Manfred (1977), Das zweifache Strukturproblem der Mineralölindustrie, in: Wirtschaftsdienst, 57.Jg., Nr.12, S.613-618

Willms, Manfred (1981), Strukturpolitik, in: Vahlens Kompendium der Wirtschaftstheorie und -politik, München, Bd.2, S.331-357

Wintershall AG (1973-88), Geschäftsberichte, Kassel

Wirtschaftsverband Erdöl- und Erdgasgewinnung (1973-1988), Jahresberichte

Woller, Reinhard (1985), Die Chemie, Köln

Zilikens, Paul (1974), Rheinische Olefinwerke - Das Unternehmen 20 Jahre nach der Gründung, in: Oel, 12.Jg., Nr.3, S.66-69

Zimmermann, Rolf (1982), Die Verarbeitung von Rohöl als Problem operativer Entscheidungen in mineralölverarbeitenden Unternehmen, Köln (Dissertaion)

Zürn, Günter (1972), Petrolkokserzeugung bei Gelsenberg, in: Oel, 10.Jg., Nr.7, S.184-187